跨境学位项目的质量保障研究

叶 林 著

ZHEJIANG UNIVERSITY PRESS
浙江大学出版社

图书在版编目(CIP)数据

跨境学位项目的质量保障研究 / 叶林著. —杭
州:浙江大学出版社，2019.12
ISBN 978-7-308-19877-6

Ⅰ.①跨… Ⅱ.①叶… Ⅲ.①学位教育—国际教育—
教育质量—研究 Ⅳ.①G64

中国版本图书馆 CIP 数据核字(2019)第 286896 号

跨境学位项目的质量保障研究

叶 林 著

责任编辑	石国华	
责任校对	杨利军	牟杨茜
封面设计	周 灵	
出版发行	浙江大学出版社	

(杭州市天目山路 148 号 邮政编码 310007)
(网址:http://www.zjupress.com)

排 版	杭州星云光电图文制作有限公司
印 刷	杭州高腾印务有限公司
开 本	710mm×1000mm 1/16
印 张	13
字 数	250 千
版 印 次	2019 年 12 月第 1 版 2019 年 12 月第 1 次印刷
书 号	ISBN 978-7-308-19877-6
定 价	48.00 元

序一

　　欣闻叶林博士的专著《跨境学位项目的质量保障研究》即将由浙江大学出版社刊行,特此祝贺,并作序如下。

　　叶林博士于 2002 年 4 月作为我的硕士生开始研究中外合作办学等问题,2004年 4 月以优异成绩毕业并直接进入博士课程学习,在硕士阶段研究成果的基础上,着重研究跨境高等教育质量保障问题,2007 年 3 月获得博士学位。本书是其在博士学位论文基础上修改完成的。

　　与大多数自费来日学习的国内留学生一样,叶林博士也是一边打工,一边完成学业的。在学期间,由于家人和孩子一同来日,在紧张的学习和打工生活之外,他还尽可能照顾家人,也是一位称职的丈夫和父亲。特别值得一提的是,由于学业优秀和研究成果突出,他是高等教育研究开发中心第一位获得广岛大学优秀学生称号的博士生。尽管叶林博士已经回国工作多年,他为人宽厚的品德,特别是勤奋好学和治学严谨的精神,至今仍然为广岛大学高等教育研究开发中心许多教师称道,更是众多学生,尤其来自国内的留学生"心向往之"的楷模。

　　第一,正是具备了诸多的素养和能力,叶林博士的专著无论是篇章布局,还是研究问题的提出以及讨论等,都反映了作者严谨规范的治学风格以及宽厚的专业功底。第二,由于作者十分娴熟地运用比较研究方法、历史分析方法以及问卷调查方法等,跨境教育以及质量保障问题得以从多种视角和不同方位予以阐述。第三,专著不仅探讨输出国的质量保障问题,还同时论述了马来西亚、新加坡等国家以及我国内地与香港特别行政区的境外输入学位项目质量保障的相关问题。在选择案例上,不仅关注西方发达国家的动态,而且还将新兴经济体的变化也作为研究对象。因此,本书在我们面前展现了一幅描绘跨境教育质量保障的恢宏画面。最后,从对各种专业术语或定义的分析以及众多的引文中不难看出,叶林博士不仅熟练掌握了日语,其英语也颇有功力。与近年来不少"海归"博士相比,叶林博士尽管在日多年,但其专著的中文表达自然流畅,可读性非常强。总之,与现有国内外众多的相关研究相比,叶林博士的专著的确给人独具特色和耳目一新的感觉。

　　从专著中先行研究整理以及有关数据分析等部分不难看出,叶林博士在 2007年提交博士论文之后一直都在关注跨境教育问题的研究动向。我个人感觉,与

2007 年 3 月提交博士论文时相比,叶林博士看待问题的视角似乎更为宏观,分析问题也更为深刻。尽管有不少难以体察的变化,但他这种孜孜不倦追求学术的态度没有改变。

在过去的 40 多年中,伴随着中国改革开放步伐的加快,中国高等教育与世界的联系也不断扩大与逐步加深。与以往任何时代和目前大多数国家和地区相比,中国高等教育国际化进程中面临着众多更为复杂的挑战。叶林博士的专著只是探讨了中国高等教育国际化过程中涉及的跨境学位质量保障问题,尽管其不少观点尚有进一步商榷的余地,但本书毕竟为读者提供了大量的信息和比较前沿的研究成果,对推动这一领域的深入研究有重要的参考价值。我衷心期望叶林博士今后能够取得更多丰硕的研究成果。

黄福涛
日本广岛大学高等教育研究开发中心

序二

　　欣闻叶林老师长年来从事的跨境教育研究之成果即将出版，首先表达我的祝贺之意。跨境教育是全球化和信息化时代必要的一种教育形态，本书研究的正是这一重要的选题。

　　在广岛大学的六年期间，叶老师一直从事这一专题的研究，同时也经历过异国他乡的艰辛。作为目睹他一步步走来的见证者，我发现叶老师无论在学业还是生活上都很细心，他属于值得赞赏的那种一丝不苟的人。而且，很多日本人都非常喜欢和他交往，我也同样。因为有一种亲切感，所以我总是称呼他为"叶君"。

　　我觉得叶老师在跨境教育研究上取得杰出成绩的原因有以下几点。

　　第一，语言能力。在进行跨境教育研究时，需要熟知不同国家（地区）的教育制度，作为研究之基础，至少应该掌握两个国家的语言。叶老师能够自如地使用母语、日语和英语。而且，在当年众多的中国留日学生中，他的日语能力被认为是一流的。他还阅读了大量英文文献，可以说，叶老师具备了坚实的语言基础。

　　第二，谋篇布局能力。从本书的目录中也可以看出，跨境教育形态多样，在实际运作过程中还会用到远程技术，教师自身也需要到海外去授课。因此，需要在综合各种因素的基础上对质量保障问题进行系统论述。谋篇布局是高等教育研究中不可缺少的一种能力。叶老师具备了撰写具有说服力的论文应有的谋篇布局的能力。

　　第三，人格魅力（我认为这是影响研究的间接要素）。叶老师的人品是推动其研究的强大后盾。留学期间，为了获取研究信息，在其教师的带领下（日本制度规定），叶老师曾多次赴国外进行调研。无论在哪里，对方都给予了热情接待，为叶老师的研究提供了充足的信息。

　　教育国际化越来越受到人们的重视。对跨境教育的质量保障是确保教育国际化健康发展的重要条件。这一选题确实具有重要的现实意义。叶老师选择了这一全球化背景下的高等教育研究主题，从正面入手，对质量保障展开论述，最终以专著的形式出版。

　　我确信，这本书将会对从事高等教育工作的相关人士以及学生提供有益的信息。

广岛大学名誉教授　北垣郁雄

出版に寄せて

　　叶林先生には、これまで永らく研究してこられたトランスナショナル教育を集大成されたことに対し、まずはお慶びを申し上げたいと思います。国を越えたトランスナショナル教育は、グローバル化やICT化の時代には必須の教育形態と思われ、重要なテーマを研究対象とされたと感じます。

　　叶先生は、広島大学に在籍された6年の間、一貫してそのテーマを研究してこられました。異国の地でのご苦労もあったと思います。しかし、永らく叶先生の活動を拝見しましたが、学業か日常生活かを問わず、細かいことにも気を配られ、良い意味で几帳面な方であったと思います。また、多くの日本人にも愛される存在でした。私も、自然に親しみを感じたためか、いつとなく、叶先生を「叶くん」と君付けで呼んでいました。

　　叶先生がこのたびトランスナショナル教育で大きな成果を上げられたのには、やはりそれなりの理由があると思います。

　　第一は、卓越した語学力です。トランスナショナル教育の研究では、複数の国にまたがる教育制度を熟知していなければなりません。ですから、研究の基礎として、少なくとも当該2ヶ国語を習得していることが必要です。叶先生は、母国語、日本語および英語という3つの言語を自在にこなすことができます。しかも、叶先生の日本語力は、当時、日本に留学する多くの中国人の中でトップクラスと思われました。その上で、英語の論文も多読されるわけですから、完璧な語学的基礎力を有した学生であったと言えます。

　　第二は、優れた論理構成力です。目次からも窺えるとおり、トランスナショナル教育にはいろいろな形態があります。実運用では、遠隔技術を取り入れることもあります。教員自身が国を越えて異動することもあります。したがって、その質保証を論じるには、さまざまな要因を考慮し、系統立てて論じなければなりません。高等教育研究の中でもとりわけ論理構成力が求められます。そして、叶先生は説得力ある論文を構成するための論理構成力を充分に持ち合わせておられた、と言えます。

　　そして第三に、人間力です。（研究上間接的な要素とは思いますが）叶先生ご自身のお人柄が、研究推進の強力なバックアップとなったと思います。叶先生は、研究情報を得るため、中国等の海外に旅行されたことがあります。制度上、教員が引率するという形を採りましたが、どこに訪問しても、快く応対してくれ、叶先生が必要とする研究情報を十二分に提供してくれたと思います。

　　教育の国際化は、年々盛んになっています。その活動の一つであるトランスナショナル教育は、質保証が教育の国際化を適正に運用するための要件です。ですから、叶先生は、極めて重要な今日的テーマを取り上げたことになります。グローバルな時代に必要とされる高等教育研究テーマを取り上げてその課題に正面から切り込み、質保証を論じ、成果を書籍としてまとめられました。

　　この出版は、高等教育に携わる大学関係者や学生に対し、有益な情報を提供するものと確信いたします。

広島大学名誉教授　北垣郁雄

目　录

第一章 绪 论

第一节 问题的提出

最近十年,在高等教育国际化进程中最受人关注的现象是跨境高等教育(Cross-border Higher Education)。"无边界高等教育观察组织"(Observatory on Borderless Higher Education,OBHE①)的一份报告书,向我们展示了跨境高等教育在全球发展的迅猛势头:全美规模最大的私立高校菲尼克斯大学(University of Phoenix),在波多黎各、荷兰、墨西哥、加拿大等国家开设了学位课程;荷兰商学院(Business School Netherlands)在尼日利亚创办了海外分校②(International Branch Campus,IBC)······暨南大学或许是第一家赴海外(泰国)开办分校的中国高校③;桂冠教育公司(Laureate Education)不但在西班牙、瑞士和法国拥有了自己的高校,而且正在收购智利、墨西哥、巴拿马、哥斯达黎加的私立高校;迪拜在"科技与媒体自由区"建设了"知识村",吸引了英国伦敦政治经济学院(London School of Economics and Political Science)、印度玛尼帕尔大学(Manipal University)、澳大利亚卧龙岗大学(University of Wollongong)在"知识村"内开设分校和提供特许(Franchise)课程;英国威斯敏斯特大学(Westminster University)成为巴林王国大学(Kingdom University-Bahrain)的重要合作伙伴,还计划为尼日利亚、乌兹别克

---

① OBHE 最初是由英联邦大学联盟(Association of Commonwealth Universities)和英国大学联盟(Universities UK)共同创建的。成立后的第一年内(2001 年 7 月—2002 年 7 月),获得了上述两机构和英格兰高等教育基金委员会(HEFCE)的资金援助。目前,已经发展成为全球性的战略服务咨询机构(部分数据来自 http://www.obhe.ac.uk/,2006-09-01)。

② 截至 2011 年年底,世界各地分布着 200 家可以授予学位的海外分校,目前,海外分校的热潮正在从中东地区向亚洲,特别是中国和新加坡转移(William et al.,2012),2017 的数据显示,全球海外分校数量已经上升到 263 家,被认为是最有野心和具最长久生命力的跨境高等教育形式(Rachael,2019)。

③ 2003 年,教育部批准暨南大学在曼谷筹建曼谷学院。一年前,北京语言大学和泰国易三仓大学联合创办了北京语言大学曼谷学院,此外,南京大学 1993 年即在新加坡设立了 MBA 教学点。

斯坦、哈萨克斯坦等国的新建高校提供服务。这段文字中出现了海外分校、企业大学、特许课程、远距离教育等让人眼花缭乱的跨境高等教育提供形式。但这仅仅只是冰川的一角,跨境高等教育正在以我们无法想象的发展速度和无法预料的创新模式不断发展。

关于跨境高等教育的定义有很多版本,其中广为人知的是欧洲委员会(Council of Europe)和联合国教科文组织(UNESCO)给出的定义:"跨境高等教育指的是在拥有学位授予权机构所在地以外的国家(地区),学习者所接受的所有类型和传递形式的高等教育学习项目、一系列的学习课程或教育服务(包括远距离教育)。这类项目可属于办学所在地的教育系统,也可独立于任何一国(地区)教育系统之外。"(2007)

本书关注的是跨境高等教育中可以授予学位的项目,即跨境学位项目(Cross-border Degree Program,CDP)。它是跨境教育项目中的主体部分。2003 年 5 月,澳大利亚大学在海外 42 个国家运营着 1569 个高等教育学习项目,其中约 80% 可以授予学位(AVCC,2005)。

跨境学位项目出现于 20 世纪 80 年代后期。美国、英国、澳大利亚等国的高等院校在招收国际留学生时,作为一种附加制度,和其他国家高等院校尝试共同开发合作项目(Sachi,2004)。1995 年,世界贸易组织(WTO)制定并颁布了《服务贸易总协定》(General Agreement on Trade in Service,GATS),要求其成员在提高透明度和逐步自由化的条件下,不断扩大全球服务贸易。包括跨境学位项目在内的跨境高等教育活动也被纳入到了 GATS 的教育服务贸易的范畴中。在其影响下,跨境学位项目的性质也开始发生变化。

早期的跨境学位项目,可视为是一种国家战略,旨在向其他国家宣传自己的文化和价值观。而在贸易自由化的影响下,以获取机构利益为目的的跨境学位项目逐渐在全世界普及。刊登在英国文化协会(British Council)网站上的一段文字便是一个很好的例证:"开展跨境教育可以给英国院校带来如下机遇:第一,可以开拓具有巨大潜力的新的学生市场,他们希望获得英国学位,但又无意赴英国留学;第二,可以开发新的财源;第三,可以在新的市场上树立品牌形象;第四,可以借此推进国际事业及国际化战略;第五,可以带来更多的合作计划,如科学研究。"[①]

包括跨境学位项目在内的跨境高等教育已经成为高等教育国际化不可分割的部分,人们对它寄予厚望。根据英国文化协会的预测,到 2020 年,对跨境学位项目的需求将扩大 4 倍(Anthony et al.,2004)。澳大利亚教育国际开发署(IDP Education Australia)则机构认为,到 2025 年,在澳大利亚高校的海外跨境项目中学习

---

① 参见英国文化协会网:http://www.britishcouncil.org/tne-about.htm。英国文化协会成立于 1934 年,主要致力于促进英国文化、教育、国际关系的拓展和交流。

的学生将占到其国际学生总数的 44%(Anthony et al.,2002)。更有学者大胆判断,在跨境学位项目中就读的学生数量将会超过那些远渡重洋赴海外留学的学生数(Stephen,2001)。

本书以中国为主要研究对象。在国外学者看来,中国是"最具发展潜力的跨境高等教育市场"(David,2011)。中国的跨境学位项目主要是以中外合作办学项目的形式存在的。高等教育领域的中外合作办学发展至今已经取得了很大的成绩,但是依然存在许多亟待解决的问题。加勒特曾指出:中国恐怕是世界上宣传最过度,但却没有经过充分分析的纷繁复杂的跨境教育市场(Richard R,2003a),中国依然存在不少没有经过政府审核的跨境学位项目,国家质量保障机构应该发挥更积极的作用(Richard,2004a,2004b)。我国政府对此有着清醒的认识,在一份要求进一步加强中外合作办学秩序的通知中,教育部对目前合作办学中存在的问题做了如下总结:有些地方和学校没有对外方的资质和办学能力进行仔细核查;偏重在办学成本相对低廉的学科(专业)低水平重复办学;未能悉心谋划合作办学的办学模式和教学安排;办学质量难以保证;一些地方和学校背离中外合作办学的公益性原则,追逐经济利益;更有个别地区和学校缺乏依法办学和维护教育主权的意识违规办学,损害教师和学生的合法权益(教育部,2007)。

其实,不只是中国存在这样的问题,跨境高等教育具有浓厚的营利色彩,许多国家尚未对此做好足够的准备。在这种情况下,就读跨境学位项目的学生们极有可能接受低质量的教育(UNESCO/OECD,2005)。而且,从质量保障的观点来看,跨境学位项目中的课程与输出该项目的大学本部的其他课程相比,在总体上应具有等同的水准和质量,不会因为教学地点和方式的不同而降低和削弱(毕家驹,1998)。但事实上,两者在学生数量、全职教师数量、学习成绩评价方法、教育设施设备等众多方面存在差异,对输入该项目的大学来说,要想维持和输出大学相等的学习环境是十分困难的(David,2003)。这一系列问题对跨境学位项目的输出国和输入国提出了严峻的挑战,即便是那些已经建构了较为完善的质量保障体系的国家,多数情况下也并没有将跨境学位项目纳入在他们的外部质量保障体系中(Antony,2006)。构建一种有效的跨境高等教育质量保障体系,已经成为世界各国长期面临的重要课题(Robin et al.,2003;Kurt et al.,2004;Paul et al.,2010)。

第二节 国内外研究现状

随着跨境高等教育在全球范围内的普及,相应的研究成果也不断涌现,其数量用"汗牛充栋"来形容也不为过。在本节中,笔者尝试以时间为主线,对国内外有关跨境高等教育质量保障的研究成果进行概述。查阅文献时所利用的数据库主要包括:"EBSCO 学术期刊集成全文数据库"(EBSCO Academic Search Premier)、"科学指南全文数据库"(Science Direct)、"泰勒—弗朗西斯社科数据库"(Taylor & Francis SSH)以及"中国知网"(National Knowledge Infrastructure,CNKI)、"读秀中文学术搜索"。

一、国外研究现状

从 20 世纪 80 年代起,国际社会开始关注高等教育的质量问题,进入 20 世纪 90 年代,对质量保障的研究走向了组织化。1991 年,"国际教育质量保障中心"(Center for Quality Assurance in International Education,CQAIE)和"国际高等教育质量保障协会"(International Network for Quality Assurance Agencies in Higher Education,INQAAHE)①相继在美国和中国香港成立。世界银行(World Bank)、联合国教科文组织(UNESCO)和欧洲委员会等机构也开展了一系列针对质量保障的研究。到了 20 世纪 90 年代中期,随着发展中国家的加入,在全世界范围内兴起了对高等教育质量保障理论与实践的研究热潮。进入 21 世纪后研究取得了很大的进展,出台了一些迄今仍具有广泛影响力的文本,为各国(地区)构建质量保障体系的基本框架提供了重要参考。如 2003 年"国际高等教育质量保障协会"(INQAAHE)制定的《良好行动指南》(Guidelines of Good Practice,GGP),2005 年"欧洲高等教育质量保障协会"(European Association for Quality Assurance in Higher Education,ENQA)②、"欧洲学生联合会"(European Students' Union,ESU)、"欧洲大学协会"(European University Association,EUA)和"欧洲高等学校协会"(European Association of Higher Education Institutions,EURASHE)等四家权威机构联手制定了《欧洲高等教育区质量保障标准和准则》(The European Standards and Guidelines for Quality Assurance,ESG)。在开展质量保障研究的过程中,跨境高等教育也逐渐进入了学者们的研究视野。

(一)国际和区域组织

在跨境高等教育的发展过程中,诸多国际和区域组织扮演了重要的角色。它们成为推动跨境高等教育质量保障研究的重要平台。最早投入到跨境教育质量保

---

① 有关该组织的概况、实践活动、发展规划等详情可参见:赵立莹. 国际化背景下高等教育质量保障组织发展研究[M]. 北京:中国社会科学出版社,2016:43-82.

② 有关该组织的发展背景、职责、实践、发展趋势等详情可参见:赵立莹. 国际化背景下高等教育质量保障组织发展研究[M]. 北京:中国社会科学出版社,2016:83-149.

障理论研究和实践探索中去的是"跨国教育全球联盟"（Global Alliance for Trans-national Education，GATE）。虽然 GATE 已不再单独存在①，但它的贡献是不可忽视的。1995 年成立以来，"跨国教育全球联盟"以探讨跨国教育质量保障为己任，先后制定了《跨国教育原则》（*Principles for Transnational Education*，1996）和《GATE 授权手册》（*GATE Certification Manual*，1997），还对部分高校设在海外的专业进行了认证（accreditation）。《跨国教育原则》是迄今为止最早对跨境教育质量保障原则做出系统概括和阐述的文献。

在最近的十多年期间，以联合国教科文组织、经济合作与发展组织（OECD）为代表的国际和区域组织，制定了一系列行动指南，为各国构建跨境高等教育质量保障体系奠定了坚实的基础。现列举若干如下：

（1）1999 年，在耶路撒冷召开的一次有关跨境高等教育的工作会议上，联合国教科文组织"欧洲高等教育中心"（UNESCO/CEPES）和欧洲委员会共同递交了《提供跨境教育的良好实施准则》（Code of Good Practice in the Provision of Transnational Education），2001 年经"里斯本认证协定委员会"（Lisbon Recognition Convention Committee）认可后正式颁布实施。

（2）2004 年，"加拿大大学和学院联合会"（Association of Universities and Colleges of Canada，AUCC）、"美国教育协会"（American Council on Education，ACE）、"国际大学联合会"（International Association of Universities，IAU）以及"美国高等教育认证委员会"（Council for Higher Education Accreditation，CHEA）联合起草了一份《分享高质量的跨境高等教育：代表世界高等院校的声明》（*Sharing Quality Higher Education Across Borders：A Statement on Behalf of Higher Education Institutions Worldwide*），该文件提出了实施跨境高等教育的十项原则，并对国家和高等院校提出了行动建议。全世界有超过 30 家的高等教育协会在该声明上签字。2006 年，该文本的内容被进一步充实和调整，新增了"良好实践清单"（Checklist for Good Practice），跨境高等教育的原则也从十项调整为八项。

（3）2005 年，联合国教科文组织和经济合作与发展组织联合发表了《跨境高等教育质量保障的指导方针》（*Guidelines for Quality Provision in Cross-border Higher Education*）。这一文本在世界各国引起广泛关注。

这一时期国际和区域组织出版的重要文献还有：OECD 出版的《高等教育的质量和认可：跨境的挑战》（*Quality and Recognition in Higher Education：The Cross-border Challenge*，2004）和《国际化与高等教育的贸易：机遇与挑战》（*Inter-*

① 2003 年，GATE 并入"美国远距离教育协会"（United States Distance Learning Association）。

nationalisation and Trade in Higher Education:Opportunities and Challenges, 2004)、UNESCO 和"亚太地区高等教育质量保障协会"(Asia Pacific Quality Network,APQN)①编制的《实用手册:管理跨境教育质量》(*UNESCO/APQN Toolkit:Regulating the Quality of Cross-Border Education*,2006),以及 OECD 和世界银行合作的《跨境高等教育:能力建设之路》(*Cross-border Tertiary Education:A Way Towards Capacity Development*,2007)。

在国际和区域组织的推动下,已经有超过 60 多个国家(地区)对自己的质量保障体系进行了改革,但是,多数国家(地区)及其质量保障机构的工作重心依然放在本国(地区)公私立高等院校上,在构建跨境教育的质量保障体系上,他们并没有积累太多的经验(Jane K,2008b)。表 1-1 列出了部分密切关注跨境高等教育的国际和区域组织。

表 1-1　部分密切关注跨境高等教育的国际和区域组织

中文全称	简称	网址
联合国教科文组织	UNESCO	http://www.unesco.org/new/en/education/
经济合作与发展组织	OECD	http://www.oecd.org/education/
国际高等教育质量保障协会	INQAAHE	http://www.inqaahe.org/
欧洲高等教育质量保障协会	ENQA	http://www.enqa.eu/
国际大学联合会	IAU	http://www.iau-aiu.net/
亚太地区高等教育质量保障协会	APQN	http://www.apqn.org/

(二)学者

在跨境高等教育发展的初期,学者们的研究较多集中在理论层面。例如,在阐述质量保障的必要性方面,比较有代表性的观点有以下几方面:

第一,保护国家主权的需要。跨境学位项目大多分布在亚太、东欧和南美等地区的发展中国家,这些国家的学者在其研究成果中经常会表达此观点。有学者发现,在毛里求斯、印度以及讲英国的加勒比海国家,人们和外国教育提供者很难共享价值观,所谓的国际标准,如果危害到国家主权的话,就会变成一种有害的标准(Sandra et al.,2006)。

第二,保护消费者权利的需要。在跨境高等教育中存在商业驱动力(Grant et al.,2006),这会带来负面影响,甚至以牺牲教育质量为代价。对印度、牙买加和塞拉利昂的一项个案研究表明,以营利为目的的教育提供者在这些国家表现得特别

---

①　有关该组织的发展背景、概况、实践、发展趋势等详情可参见:赵立莹. 国际化背景下高等教育质量保障组织发展研究[M]. 北京:中国社会科学出版社,2016:150-176.

活跃,他们收取了高额学费,却在提供低质量的教育(Sir et al.,2005)。

第三,人才培养国际化的需要。在人才的流动和共享全球化的背景下,学历学位的互认成为不可逆转的趋势。跨境高等教育是不同国家之间开展的教育活动,需要有一种机制来确保在输入国获得的外国学位和输出国大学的本土学位是等值有效的。可是,有不少通过跨境教育获得的外国学位无法得到本国政府的认可。接受过跨境教育这一经历也并没有给学生的就业或是继续深造带来好处。

第四,促进文化沟通的需要。跨境学位项目始终处在一种跨文化的环境中,社会结构、社会驱动力以及交流方式的不同,都会对跨境教育的教学理念、评价方式和学生沟通产生影响(Kaye et al.,2009),需要通过质量保障来避免因文化差异导致质量打折扣的现象。

在 2005 年 UNESCO 和 OECD 联合发表《跨境高等教育质量保障的指导方针》后,学者们展开了热烈的讨论。举一例说明:2006 年《高等教育质量》(*Quality in Higher Education*)第 3 期上刊登了两篇文章,两位作者分别来自"中国香港学术评审局"(Hong Kong Council for Academic Accreditation,HKCAA[①])和"澳大利亚大学质量保障署"(Australian Universities Quality Agency,AUQA)。双方充分肯定了《跨境高等教育质量保障的指导方针》的积极作用,分别从输入方和输出方的立场发表了各自的看法。张宝德(Peter,2006)表达了我国香港的立场:无须和本地区课程相同(same),只要水准相当(equivalent),即可在港办学。来自澳大利亚的伍德豪斯(David,2006)则认为:跨境教育对输入方和输出方是互利互惠的,AUQA 实施的质量审核(audit)恰好符合《跨境高等教育质量保障的指导方针》的原则。但是,也有学者尖锐地指出,上述评价缺乏批判精神,《跨境高等教育质量保障的指导方针》依然存在不少缺陷(Douglas,2007)。

随着研究的深入,外国学者的重心开始转向微观层面,开始对实践进行反思。目前,比较受关注的研究领域主要有以下几个方面。

第一,对质量保障手段的研究。有学者采用语言分析法(linguistic analysis),对三个主要输出国(英国、澳大利亚和美国)制定的实施准则进行了分析,主要结论有:①三国都十分强调本国大学在质量保障上的主导地位;②三国一致认为输出到国外的学位项目不一定要照搬本国大学的项目;③如何使输出的学位项目适应输入国文化? 在这一问题上三国表现出不同的态度(Karen,2010)。也有学者对澳大利亚 AUQA 的质量审核报告进行分析后指出,输出大学要严格监督和执行合作双方签订的协定,特别要加强在招生、教学和评价等环节的质量保障措施(Julie et al.,2010)。

---

① 现已更名为"香港学术及职业资历评审局"(Hong Kong Council for Accreditation of Academic & Vocational Qualifications,HKCAAVQ)。

第二，对文化差异和质量保障关系的研究。文化差异是影响跨境高等教育质量的重要因素。有学者把澳大利亚在中国的合作办学项目和本国的项目进行了比较，认为两地学生由于文化差异产生了不同的学习方式，作者提醒澳大利亚办学者在向中国提供学位课程时要注意这一现象（Troy et al.，2010）。另一项研究也表明，一定要建立尊重输入国文化的质量观，一味强调以本土项目为唯一标准，会压制当地的教育传统，应该将这一理念写入质量保障的指导方针中去。

第三，对从事跨境学位项目教学工作的教师的研究。有学者对在中国、赞比亚和阿拉伯联合酋长国从事教学的澳大利亚教师进行了调查，提出了在课堂上要理解对方的文化，要根据学生的多样性来调整教学手段、尽量使用现代教学技术等建议（Michelle et al.，2008）；还有学者访谈了若干位具有海外教学实践经验的教师，建议大学应该为这些从事跨境教学的教师创造一种乐于从业的环境（David et al.，2010）；还有学者指出，从事跨境教学的教师要关注四个领域，即职业行为、交流、质量保障和课程问题（Katalin，2011）。

第四，对质量保障活动效果的研究。部分国家已经针对跨境高等教育开展了各种质量保障活动，学者们非常关注这些质量保障活动的效果。例如，有学者通过访谈发现，马来西亚部分跨境学位项目输入方的管理层反映很"压抑"，由于输出国和输入国存在不同的质量标准，他们必须投入大量的时间和资源去应付各类评估，无法将精力放在事业的持续发展上。

二、国内研究现状

在 20 世纪 90 年代末和 21 世纪初，对跨境高等教育质量的研究并没有引起国内学者的足够重视。2006 年，笔者曾在中国知网的"中国期刊全文数据库"中输入"中外合作办学"进行检索，共得到 338 个检索结果，其中，以跨境教育质量保障为主题的文献只有潘筱剑（2006）的一篇论文。然后又分别使用"跨境教育""跨境高等教育"等关键词进行检索，结果更是寥寥无几，分别是 16 项和 12 项，以质量保障为主题的文献仅有 3 篇，作者分别是张慧杰（2005）、姜丽娟（2005）、顾建新和徐辉（2006）。

近年来，对跨境高等教育质量问题的研究已成为热点。在期刊论文方面，冯国平（2010）指出，质量问题占到跨境教育研究论文总数的一半左右。在学位论文方面，笔者发现，相关的博士论文数量甚少，大多为硕士论文。在专著方面，郭丽君（2009）开辟专章讨论跨境高等教育的质量保障、认证与资格认可问题，张民选等（2010）则出版专著介绍上海市在构建和运作中外合作办学认证体系上的经验。表1-2 列出了部分以质量保障为主题的硕士学位论文。

表 1-2 部分以质量保障为主题的硕博学位论文

论文题目	作者	学位类别	学位授予单位	发表年份
高等学校中中外合作办学教学工作水平评估的研究	乔秀梅	硕士	天津大学	2004
论我国中外合作办学质量保障体系建设	梁燕	硕士	对外经贸大学	2006
中外合作办学监管模式的研究	李文	硕士	暨南大学	2007
我国高校跨境合作办学监管问题研究	鲁芳	硕士	厦门大学	2007
中外合作办学行政监管体系构建研究	黎新	硕士	吉林大学	2008
高等教育中外合作办学引进优质教育资源问题研究	刘志平	硕士	厦门大学	2008
中外合作办学教育质量管理研究	汪俊	硕士	河北大学	2009
高校中外合作办学质量保障体系的构建与完善	王红	硕士	内蒙古农业大学	2011
南非入境跨国教育质量保障研究	毛锡龙	硕士	浙江师范大学	2011
中外合作办学项目的质量管理研究	丁婧婧	硕士	青岛大学	2015
中外合作办学机构内部质量保障研究	马菁	硕士	东北财经大学	2015
高校中外合作办学质量研究——基于10所高校的调研	施琦	硕士	南京理工大学	2017
中国跨国高等教育质量保障体系研究	郑海蓉	博士	华中科技大学	2013

学者们对跨境高等教育的利弊有着清醒的认识,他们更关注它所带来的负面影响。如陈昌贵(2006)认为:第一,跨境教育的大量涌入,会强化教育的功利主义,导致教育商品化思潮的沉渣泛起;第二,境外教育机构必定会考虑其利益回报,他们办学的重点将放在经济较发达地区,教育方面原已存在的东西部地区的不平衡性将加大。王剑波(2005)指出,面对跨境高等教育的普及,如何保护本国、民族的传统文化显得十分重要,应该正确认识西方文化,维护自身的教育主权。有学者提出应树立"跨境高等教育主权观"(张卫国,2011)。正是在这一背景下,构建相应的质量保障体系成为大家关注的重点。

第一,汲取外国经验。黄建如和张存玉(2010)在介绍了澳大利亚跨境教育海外审核制度之后提出,应该减少评估过程的行政干预,加强对中外合作项目的过程评估,提高相关评估资料的公开度和及时性,以及尝试构建中介性评估机构。孙曼丽和许明(2008)比较系统地介绍了国际上既存的跨境高等教育监管体系,它们包括:来自输入国的五种监管方式(自由放任型、低控制型、适度控制型、严格控制型、不予承认型),来自输出国的四种保障手段(立法或实施准则、质量审计与评估、认证、双边合作),以及来自国际组织和机构的协调系统。许培源(2008)分析了跨境高等教育质量保障四种认证模式(国家认证、双边或多边认证、后认证、国际性认证)存在的优缺点,提出只有全面了解各国高等教育的质量文化,并进行跨文化的质量认证及学位认可机制研究,才能完善我国的跨境高等教育质量认证体系。

第二,对构建我国跨境教育质量保障体系提出具体建议。建构质量保障体系面临众多挑战。比如,由于不存在绝对的质量概念,在教育输出国看来是合格的标准,对教育输入国来说则不然;又比如,因为缺乏属于自己的质量标准体系,因此会受到来自输出国的所谓国际标准的影响(车伟民等,2010)。为此,不少学者呼吁尽快建构一套适应时代发展又切合中国实际的跨境教育质量保障体系(方乐,2005;李亚东等,2006)。例如,刘尔思等(2010)提出构建一个由国家监管控制层面、地方监管控制层面、社会监管控制层面和学校机构控制层面组成的多层次质量风险控制体系。

三、国内外研究述评

从总体上看,国外研究在理论探讨和实证研究方面均积累了丰富的成果。而国内研究虽然刚刚起步,但这几年成果在不断增加。这些成果为本书提供了十分值得借鉴的思路和基础。

在检索国内文献的过程中,笔者对我国跨境高等教育研究现状有以下三点感受。第一,高等教育国际化的研究成果非常丰富,但是,针对教育项目流动的研究成果偏少;第二,高等教育中外合作办学的研究成果非常丰富,但是,针对跨境学位项目的研究成果偏少;第三,近年来探讨跨境高等教育质量保障的论文日益丰富,但是,建立在系统把握国际动态基础上的研究成果偏少。

当然,国外的相关研究也存在不足之处。第一,国际社会、项目的输出国和部分输入国均为跨境学位项目制定了各种指南、准则、认证标准,但是,大家各行其是,不同的指南、准则和认证标准之间存在分离、无序、不协调的现象。因此,有必要设计一种项目输出国、输入国和国际组织共同合作、协调的质量保障体系。而且,在制定跨境学位项目的质量保障的标准上,目前过多依赖于项目输出国,换而言之,针对质量保证的举措和规则大多是基于输出方的设想来实施的,这是一种单向型的保障体系。虽然 OECD、UNESCO 等国际组织建议在平衡各方主体的基础上考虑质量保障问题,但是从输入国的角度来研究质量保障体系的成果还不多。

第二,如前所述,对跨境高等教育质量保障的研究近年来日渐丰富,但是,有学者指出,这些文献或是重点探讨质量保证的原则,或是重点探讨质量保障的过程,从整体上看,文献各成一体,互相之间的联系不足(Robert et al.,2004)。换而言之,有意识地对质量保证的原则、过程等进行系统研究的论文还是比较少见。

第三,迄今为止,对跨境学位项目质量保证的研究,包括国家层次的质量保证机制的构建、课程编制、成绩评价系统、任课教师的选择等,主要针对跨境学位项目的策划者和相关教师,很少对跨境学位教育的直接受益者学生进行研究。我国学者也指出,质量保障并不局限于审批、教育评估、教育审核和教育认证等保障体系,还应该扩展到对利益受损学生的法律和行政救助(张民选,2006)。因此,在探讨跨境学位项目质量保障问题时,有必要听取来自学生的观点。

第三节　研究设想和结构

在展开研究之前,首先需要对本书中提及的质量保障(quality assurance)这一术语做一些说明。质量保障是在 20 世纪 70 年代后期开始广泛应用到高等教育领域的(黄福涛,2010),对这一概念的理解在国际上尚未达成共识。在不同的历史时期、在不同的国家,质量保障及其相关用语均有着不同的含义。人们通常从广义和狭义来对其进行区分。

从广义的角度来看,质量保障指的是一种测定的过程。它包括对学习项目是否达到了相关机构、专业团体、政府等部门制定的标准进行测定,也包括对高等院校,或者是高等教育主办方,或者是学习项目在测定、监视、维持和强化其质量时所采取的一系列举措进行测定(OECD,2004a)。由此可见,广义的质量保障包括项目提供前的认定和提供过程中为维护质量和水准进行的必要活动。而狭义的质量保障强调的是过程。所谓项目的质量保障,指的是通过定期的监视或者内外部的复查,对某项目是否在为达成自身设定的目标而高效、充分地运作进行考察的过程(Robin et al.,2004)。

在探讨跨境学位项目质量保障问题时,应该树立一种宽泛的质量观,将教育提供过程中涉及的所有因素均纳入进来(QAAHE,1999;Grant et al.,2000;Robert et al.,2004)。本书也将在此立场上讨论质量保障的问题[①]。

通过对国内外研究的综述,我们知道了跨境学位项目质量保障问题的重要性。那么,各国如何开展跨境学位项目的质量保障?有哪些好的做法?存在哪些问题?学生们如何看待跨境学位项目?如何在把握世界高等教育质量保障基本发展趋势的基础上,进一步完善我国现有跨境学位项目质量保障体系?本书将对这一系列问题进行剖析和解答。

---

① 有关高等教育质量保障相关术语的概念可以参考:Analytic Quality Glossary(http://www.quality-researchinternational.com/);Quality Assurance and Accreditation:A Glossary of Basic Terms and Definitions(Vlăsceanu et al.,2007)。

　　全书结构如下：首先介绍相关术语、主要类型、世界各地分布情况，使读者形成对跨境学位项目的初步印象（第二章）。其次，笔者将回顾中国跨境高等教育的发展历程，剖析现行政策的核心（第三章），并从不同的角度，对中国跨境学位项目的现状进行剖析，包括听取学生对跨境学位项目质量保障的看法（第四章和第五章）。之后，笔者选择了六个国家和地区，来考察这些典型的项目输入国（地区）和输出国（地区）在质量保障上的观点和做法（第六章和第七章），并对目前广泛用于跨境学位质量的实施准则和质量审核进行考察，分析其在质量保障中所起的作用（第八章）。最后，在综合以上研究的基础上，提出若干政策性建议（第九章）。

第二章　全球化背景下的跨境学位项目

第一节　相关术语

在全球化进展过程中,高等教育国际化领域的新词汇不断涌现。但是,很多词汇在没有得到很好的归纳和整理的情况下就开始广为流传,造成人们思想上的混乱(Chantal,2001)。加拿大学者简·奈特(Jane Knight)试图纠正这一现象,她以时间为维度,把和国际教育(international education)相关的术语进行了归纳(Jane,2005a)。从表 2-1 可以看出,第一章中提及的分校、企业大学、特许项目等术语,都是最近 15 年内才出现的新词语。特别需要指出的是,表中画线的三个词语是理解跨境高等教育最基本的术语。

表 2-1　"国际教育"相关术语的演变

	最近 15 年的新术语	存在了 25 年的术语	存在了 40 年的术语
一般性术语	globalization:全球化 transnational education:跨国教育 borderless education:无边界教育 cross-border education:跨境教育 virtual education:虚拟教育 internationalization abroad:海外国际化 internationalization at home:在地国际化①	internationalization:国际化 multicultural education:多文化教育 intercultural education:跨文化教育 global education:全球教育 distance education:远距离教育 offshore or overseas education:离岸或海外教育	international education:国际教育 international development cooperation:国际发展合作 comparative education:比较教育 correspondence education:函授教育

———————

①　此处采用北京师范大学国际与比较教育研究院张伟、刘宝存的译法(在地国际化:中国高等教育发展的新走向[J].大学教育科学,2017(3):10-17,120)。浙江师范大学田家炳教育科学研究院比较教育研究所万秀兰将 internationalization at home 译为"国内层面的国际化"(非洲高等教育国际化的特点分析[J].比较教育研究,2012(6):19-23,37);华中科技大学教育科学研究院余荔则译为"本土国际化"(海归教师是否促进了高等教育国际化——基于"2014 中国大学教师调查"的研究[J].高等教育研究,2018(8):66-76)。

（续表）

	最近 15 年的新术语	存在了 25 年的术语	存在了 40 年的术语
特定要素	education providers：教育提供者 corporate universities：企业大学 liberalization of educational services：教育服务自由化 virtual universities：虚拟大学 branch campus：分校 twinning Programs：双联项目 franchise programs：特许项目 networks：网络 global education index：全球教育指数	international students：国际学生 study abroad：留学 institution agreements：院校协定 partnership projects：合作项目 area studies：地区研究 double/joint degree：双重/联合学位	foreign students：外国学生 student exchange：学生交换 development projects：发展项目 cultural agreements：文化合作协定 language study：语言学习

一、跨国教育、无边界教育、跨境教育

（一）跨国教育（transnational education）

据笔者考证，在三个词语中，最早出现在英文文献中的恐怕是跨国教育。在20 世纪 70 年代出版的一本著作中，Stephen(1973)讨论了跨国教育和文化交流的关系。到了 90 年代早期，该词被澳大利亚政府用来特指该国高校在国外提供的教育，以区别于对本土国际学生的教育(Dorothy et al. ，2000)。直到 90 年代中期，依然只有少数专家在使用跨国教育这一术语。但是今天，跨国教育已是广为人知的术语(ESIB[①] ，2003)。

最初对跨国教育做出定义的是"跨国教育全球联盟"(GATE)。根据该组织的定义，跨国教育指的是在国外提供的教育服务。提供这些服务的主体包括公认的高等院校(Recognized Institution of Higher Education)、为职员提供训练的企业以及提供其他教育和训练活动的机构(GATE，1997)。

2001 年，联合国教科文组织欧洲高等教育中心和欧洲委员会共同制定的《提供跨国教育的良好实施准则》中也对跨国教育进行了界定："跨国高等教育指的是在拥有学位授予权机构所在国以外的国家，学习者所接受的所有类型和传递形式的高等教育学习项目、一系列的学习课程或教育服务（包括远距离教育）。这类项目可属于办学所在国的教育系统，也可独立于任何一国教育系统之外。"这一定义

[①] 全称为 European Student Information Bureau，即现在的欧洲学生联盟（European Students' Union，ESU)的前身。

后被广泛引用。和 GATE 的定义相比，它更注重对跨国教育流动方式的描述，同时，它把远距离教育也纳入跨国教育的范畴中。

（二）无边界教育（borderless education）

无边界教育一词源自澳大利亚学者的研究成果。1998 年，澳大利亚研究小组发表了一份题为《新媒体和无边界教育：评全球媒体网络和高等教育相结合》（*New Media and Borderless Education：A Review of the Convergence between Global Media Networks and Higher Education*）的报告书，书中首次出现了无边界教育这一概念。2000 年，"英国大学副校长委员会"（Committee of Vice-Chancellors and Principals，即现在的 UUK）和"英格兰高等教育基金委员会"（Higher Education Funding Council England，HEFCE）联合发表了《无边界教育事业：英国的观点》（*The Business of Borderless Education：UK Perspectives*）。该报告书对无边界教育的概念进行了如下说明：它不仅仅指的是超越地理概念的边界，也包括超越思想观念上的边界。在开展无边界教育活动时，我们不用刻意去重视国境这一概念，比较典型的例子就是远距离教育和虚拟大学。此外，企业和高等院校合作建立的联盟，也可以被认为是无边界（CVCP/HEFCE，2000）。在 20 世纪 90 年代，该词经常出现在澳大利亚和英国政府的报告书和研究论文中，但是近年来它的使用频率大大降低。"无边界高等教育观察组织"（OBHE）是一个例外，该机构成立至今依然沿用此名称，其国际知名度也在不断提高（Richard，2003b）。

（三）跨境教育（cross-border education）

联合国教科文组织和欧洲委员会的定义强调教育提供者是具有学位授予权的高等院校。但是，除了高等院校以外，还有很多教育提供者也都拥有学位授予权，例如以营利为目的的公司创建的高等院校、以培养内部职工为目的而创建的企业大学、由联盟创建的机构（affiliations）、虚拟高等院校等（Jane，2005b）。

奈特分析了跨境教育的复杂性，她认为，无论是学生、教师、教育提供者、学习项目、课程，还是知识、想法、研究、各类服务等，只要跨越了司法管辖范围内的国境或是地区边界，都属于跨境教育（Jane，2005a）。UNESCO 和 OECD 在其政策文本中也采用了这一词语。学生赴海外留学、教师赴海外授课、与外国的教育机构合作提供教育项目和学位、在海外设置教育机构、提供在线教育（e-learning）和远距离教育等均是跨境教育的表现形式（OECD，2004a；UNESCO/OECD，2005）。

其实，我们可以从两个不同的角度来理解上述三个概念。第一，是否认同国境的存在。也许是因为受到全球化思想的影响，无边界教育这一概念的倡导者否认了国境的存在。相反，跨国教育和跨境教育这两个词语的使用者均认同国境的存在，跨国教育和跨境教育的上位概念其实就是国际化。在使用这两种表达的国家（地区），跨境教育活动被视为是该地国际化的一部分。第二，是否在流动主体上有所区别。无边界教育和跨国教育这两个概念的外延更广泛,它们不仅仅包括学习项目的流动,还包括人的流动甚至是思想的流动。而跨境教育则主要针对学习项目和课程的流动。

当然,上述三词还有一个近义词,即离岸教育(offshore education),这应该是澳大利亚人发明的。从字面上看,指的是远离澳大利亚海岸的教育,即在澳大利亚境外办学的教育机构和项目。但不是所有国家都有海岸线,所以这一词语并没有在全球普及。

其实,之所以存在众多针对跨境教育的不同表达方式,与使用者的喜好也有关。澳大利亚学者比较喜欢使用跨国教育和离岸教育,而在"无边界高等教育观察组织"(OBHE)的各类报告书中经常出现的是无边界教育。OECD、UNESCO 等国际组织则似乎偏爱跨境教育这一表达。有时,这些不同的表达方式又被视为是同一概念。例如,澳大利亚"教育、科学与培训部"(Department of Education Science and Training,DEST)[①]在一份报告书(2005)中指出:"我们都知道,澳大利亚的跨国教育(transnational education)可以用离岸教育(offshore education),或是跨境教育(cross-border education)来表达。它包括面对面的教学、公认的澳大利亚教育提供者在外国提供学习项目和课程,或是进行成绩评价等活动。"

二、跨境学位项目

本文采用跨境高等教育、跨境学位项目等表达方式。不过,"跨境学位项目"这一术语目前在国内几乎无人使用。它还有很多近义词,如"跨国双学位项目"(transnational dual-degree programs)[②]、"跨国三重学位项目"(transnational triple-degree programs)、"跨境学士项目"(cross-border bachelor's programme)等,它们都是跨境高等教育发展过程中的产物。

站在不同的立场,对跨境学位项目的表述也不同。从输出国的角度来理解的话,跨境学位项目指的是项目输出大学和外国高等院校(项目输入大学)合作,在国外运作的学位项目。从输入国的角度来理解的话,跨境学位项目指的是项目输入大学和外国高等院校(项目输出大学)合作,在本国运营的外国学位项目。在跨境学位项目就读的学生不必离开祖国就有可能获得项目输出大学颁发的学位(外国学位)。

下面,对本书中所指的跨境学位项目再做几点说明。

[①] 2008 年起更名为澳大利亚教育就业和劳动关系部(Department of Education,Employment and Workplace Relations,DEEWR)。

[②] 张金萍.跨国双学位项目的发展研究[D].上海:上海交通大学,2014.

第一，不包括文凭（diploma）、证书（certification）等非学位项目，学位指的是最基本的三类：学士学位、硕士学位和博士学位。各国的学位制度基本上是以此为基础建立的（参见表2-2）。

表 2-2　各国学位制度的比较

国别	学位类别		
	学士学位	硕士学位	博士学位
美国	通常 4 年，个别专业较长（如工学、建筑学），分文学、理学学士	通常在取得学士学位后再学习 2 年，分文学、理学硕士，还有众多专业学位	在取得学士学位后再学习3～5年，主要分以研究为导向的学位（如 Ph. D）和以专门职业实践为导向的学位（如 M. D）
英国	通常 3 年，根据成绩分普通学位和优等学位，通常分文学、理学学士	通常取得学士学位后再学习 1～2 年，通常分文学、理学硕士	在取得学士学位后再学习2～3年，包括哲学博士（Doctor of Philosophy）和专业博士（Professional Doctorate）
澳大利亚	分为普通学位（通常 3 年）和优等学位（取得普通学位后再学 1 年）	取得普通学位后再学 2 年，取得优等学位后再学 1 年。 分 coursework、research、professional 三类	在取得硕士学位后再学习3～4年，分 Research Doctorate、Professional Doctorate、Higher Doctorate 三类
日本	通常 4 年，医学、齿学、药学专业为 6 年	取得学士学位后再学习至少 2 年，分普通学位和专业学位	取得学士学位后再学习至少5年，分普通学位和专业学位
中国	通常 4 年，工科院校少数专业为 5 年，医学院校一般为 5 年	取得学士学位后再学习2.5～3 年，分普通学位和专业学位	取得硕士学位后再学习至少3年，分普通学位和专业学位

第二，本研究中所说的输出国大学和输入国大学，均是指在各自国家被公认的具有学位授予权的大学，即通常我们所称的传统的非营利型大学。上文提到的企业大学、虚拟大学等也在提供学位项目，这些均不列入本研究的范围。

第二节　主要类型

　　了解跨境学位项目的类型,是对其进行质量保障的前提。表 2-3 对国外几位学者所提出的分类进行了比较,可以看出,在如何区分跨境学位项目类型这一问题上,目前学界已经基本达成了共识。

表 2-3　跨境学位项目的类别

类别	各类别的提出者及该文献发表年代			
	Tony (1998)	Glenn (2001)	Vik (2009)	Jane (2010)
Franchise Degree Program	○	○	○	○
Twining Degree Program	○	○	○	○
Joint or Double Degree Program	○	—	○	○
Distant Degree Program	○	○	○	○
Articulation Program	—	○	○	○
Validation Program	—	—	—	○

注:○代表该书作者在其论文中提出了此种类别。

一、特许学位项目

　　特许学位项目(franchise degree program),指的是在获得输出国的 B 大学的特许后,输入国的 A 大学在本国提供的 B 大学的学位项目。在某些场合,A 大学还可获许提供 2 个以上的 B 大学的学位项目(Glenn,2001)。通常情况下,由输入国的 A 大学负责学位项目的运作。当然,如果获得提供方 B 大学的许可,A 大学也可以将该项目推广到其他国家(Jane,2005a)。无论是上述何种情况,学生获得的是来自 B 大学的单个学位证书。常见的办学模式有"2+0"、"3+0"以及"4+0"(Vik,2009),数字表示的是学习年限,即在特许学位项目中学习的学生无须出国,在当地即可完成学业并获得学位证书。

二、双联学位项目

　　双联学位项目(twining degree program),指的是输入国的 A 大学和输出国的 B 大学在签订学术交流合作协议的基础上,以学分互换为前提,共同开发的学位项目。学生在 A 大学取得的学分和在 B 大学取得的学分,均可被认定为是该项目的学分。学生获得的是来自输出国 B 大学的单个学位证书(Vik，2009；Jane，2010)。从培养过程来看,通常项目的前半阶段是在 A 大学进行,对满足一定条件的学生,可以在后半阶段进入 B 大学继续深造。常见的办学模式有"2＋2"、"1＋3"等(Vik，2009)。

三、联合/双学位项目

联合学位项目(joint or double degree program),指的是输出国的大学和输入国的大学共同合作开发的学位项目。从其运行模式来看,既有完全在输入国运营的联合学位项目,也有像双联学位项目那样,在输入大学和输出大学分别实施的联合学位项目。不过,与特许学位项目和双联学位项目颁发输出大学单一的学位证书不同,联合学位项目由合作大学共同颁发单一的学位证书,而双学位项目则是由合作双方分别颁发学位证书(Jane，2010)。

四、远距离学位项目

远距离学位项目(distant degree program),指的是输出国大学通过网络、卫星、计算机、电视机、广播、磁带以及其他技术手段,在其他国家提供的学位项目。由于不是面对面的教学活动,作为补充,项目输出国会和输入国的大学或者教育机构签订协议,比较常见的做法是,根据需要,输出国派遣本校教师前往输入国大学实施面对面的教学活动。

五、衔接项目

严格意义上说,衔接学位项目(articulation program)并不是一个完整的学位项目。它指的是各国大学间签订的一种协议。根据这种协议,学生在 A 大学选修的一部分学分,在转入外国的 B 大学时可以得到认可。衔接项目实质上是姐妹学校间的学分互换协议,而不涉及学位资格授予(Jane，2010)。这样一种协议不保证学生最终能够获取学位。值得一提的是,由于双联学位项目、联合学位项目和双学位项目等也是建立在学术交流协议的基础上,以学分互换的方式来展开的,因此,有部分学者将这些项目统称为衔接项目(UNESCO/Council of Europe，2001；Sérgio，2002)。从这一点看,衔接项目还不是一个特别成熟的概念。

六、认证项目

认证项目(validation program)的常规运作模式如下:首先,A 大学自行开发出某一教育项目,然后接受在国外的 B 大学的认证,如果 B 大学认为此教育项目与其自身的学位项目类似,并具有同等学术水准的话,B 大学就会向 A 大学颁发学位授予权。于是,某学生在本国的 A 大学就学,就有可能获得 B 大学的外国学位证书(Jane,2005a)。不少跨境学位项目的开发者是项目输出国的大学,实施者则是项目输入国的大学。但是,认证项目的开发者和实施者均是输入国的大学。只是被输入的并不是学位项目本身,而是学位授予权。换而言之,项目并没有在流动,流动的是学位授予权。当然,输出学位授予权的大学,即便本校没有类似项目也不影响其对认证项目的认证。

面对种类繁多的跨境学位项目,究竟应该如何区分呢?

首先,我们可以从质量保障的手段去区分。以特许学位项目和双联学位项目为例,两者的不同之处在于,特许学位项目的协定中不涉及输出大学如何实施项目教学的问题,双方签订协议的目的在于通过一系列措施来确保项目运营过程中的质量。而在双联学位项目的协议中,通常会强调输出大学应该通过授课和成绩评估等实践,参与到学位项目的质量保障中来(Tony,1998)。因此,拥有特许学位项目的输出大学,通常会设立相应的管理层,它们的职责是监管其在世界各国提供的学位项目的质量。也就是说,特许学位项目并不强调是否参与项目的运营,它更重视监控项目运营过程中的质量保障。这是一种比较典型的商业模式。

其次,从项目开发主体去进行区分。特许学位项目是由项目输出大学开发,输入大学实施的,而双联学位项目、联合学位项目、双学位项目则大多是由输出大学和输入大学共同合作而开发出来的,认证项目的开发者则是项目的输入大学。

最后,可以从项目所追求的目的去进行区分。联合学位项目和双学位项目缔结的协议,其目的在于促进开发援助、推动国际化等学术交流活动。非商业性的协议占多数。而双联学位项目和特许学位项目的商业色彩非常浓厚。跨境高等教育质量保障的重点也应该放在这些基于商业性协议的跨境学位项目上。

到目前为止,对跨境学位项目的分类,大多是从提供方式来对其特征进行阐述的。但是,这一方面容易产生重复论述的现象,另一方面,也会出现一些无法纳入上述标准的学位项目,由此带来混乱。如何对跨境学位项目进行更恰当的分类,值得进一步研究。笔者建议,不妨可以用数学公式 $X[a+b+\cdots]$ 来概括跨境学位项目的合作模式。X 代表合作项目的层次,可细分为 B(学士项目)、M(硕士项目)、D(博士项目),a,b 等代表在不同校园的学习年限。以下对比较常见的几种跨境学位项目合作模式进行整理。

1. 学士层次的合作模式

B[4+0]:在本国的项目输入大学完成四年本科课程的学习,并取得国外输出大学的本科学位。

B[2+2]：前两年在本国项目输入大学学习，第三年起直接转入国外输出大学的二年级或三年级，再学 2～3 年取得国外输出大学的本科学位。

B[3+1]：前三年在本国项目输入大学学习，第四年直接转入国外输出大学的四年级学习，并取得国外输出大学的本科学位。

B[1+2+1]：第一年在本国项目输入大学学习，后两年在国外输出大学学习，最后一年返回国内完成学业，取得国内外双本科学位。

2.硕士层次的合作模式

M[2+0]或者 M[3+0]：在本国项目输入大学完成两年或三年硕士课程的学习，并取得国外输出大学的硕士学位。

M[1+2]：第一年在国内项目输入大学学习，后两年赴国外输出大学学习，并取得国外输出大学的硕士学位。

M[1+1+1]：第一年在本国项目输入大学学习，第二年赴国外输出大学学习，最后一年返回国内完成学业，取得国内外大学的双硕士学位。

3.博士层次的合作模式

D[3+(1～2)]：前三年在本国项目输入大学学习，后两年在国外输出大学学习，并获得输出大学的博士学位。

D[(3～6)+0]：在本国（输入大学）完成 3～6 年的学习（非全日制），获得输出大学的博士学位。

D[1+1+1]：第一年和第三年在本国项目输入大学学习，第二年在国外输出大学学习，最后取得国内外大学的双博士学位。

D[(2～3)+1]：合计 3～4 年的学习阶段期间，1 年赴国外（输出大学）学习，最后获得国内外大学的双博士学位。

第三节　分布情况

阿特巴赫（Altbach，2002）曾指出，从国家层面系统收集跨境教育信息的机制尚未确立，为此，要想获得有关跨境教育活动的统计数据十分困难。欧洲高等教育质量保障协会（ENQA）在 2010 年发表的一份报告也指出，目前依然不知道有多少欧洲国家在参与跨境高等教育活动。不过，这一现象在跨境学位项目的输入国和地区已经得到了改善，它们通过注册制度建立了跨境教育的数据库。其中中国香港特别行政区①走在最前列，率先建立了可供公众直接检索的网络信息库②，中国（不含港、澳、台）③、马来西亚④等也陆续建立了类似的信息库。

当然，要想了解跨境学位项目在全球的整体分布情况依然很困难。尽管上述输入国建立了相关数据库，尽管 UNESCO、OECD、英国文化委员会、无边界高等教育观察组织等发表了众多的研究报告，尽管来自大学的出版物和个人研究者的论文中也可以检索到不少和跨境高等教育活动相关的信息。但是缺乏能覆盖各国的完整的统计数据。对概念的不同理解、跨境教育提供方式的复杂性、对跨境教育的社会认可程度等，都是导致数据收集困难的原因。

英国和澳大利亚可以称得上是最热心的跨境高等教育输出国，如果能够了解到这两个国家跨境高等教育在全球的分布情况，对我们了解跨境高等教育的整体特征会有所帮助。巧合的是，这两个国家中均有一直致力于收集跨境高等教育基础数据的机构，它们是英国高等教育统计机构（Higher Education Statistics Agency，HESA）和澳大利亚教育就业和劳动关系部（Department of Education, Employment and Workplace Relations，DEEWR）⑤。表 2-4 就是根据这两个机构发表的数据整理而成的。我们发现，英国和澳大利亚输出的教育项目主要集中在亚洲各国。遗憾的是，两个机构在统计时均未对学位项目和非学位项目进行严格的区分。

表 2-4　在英国和澳大利亚跨境教育项目中就读的学生数　　　　（单位：人）

	英国（2002/2003 年度）	澳大利亚（2004 年）	两国合计
非洲	2439	1147	3586
美洲	7233	1728	8961
欧洲	23701	367	24068
亚洲	48637	64155	112792
其他	19635	9178	28813
合计	101645	76575	178220

资料来源：根据 Grant 等（2006）的相关数据计算而成。

除了上述机构之外，一些学者也在努力通过各种途径了解跨境教育项目在全

---

①　在中国香港特别行政区，跨境学位项目被称为"非本地高等及专业教育课程"。

②　在中国香港特别行政区政府教育局官网（https://www.edb.gov.hk/sc/edu-system/postsecondary/non-local-higher-professional-edu/index.html）上可以检索到所有注册及其豁免的"非本地高等及专业教育课程"。

③　在中华人民共和国教育部中外合作办学监管工作信息平台（http://www.crs.jsj.edu.cn/）上可以检索到获得教育部审批和复核的中外合作办学机构及项目名单以及由地方审批报教育部备案的中外合作办学机构及项目名单。

④　在马来西亚"国家学术鉴定局"（Malaysian Qualifications Agency，MQA）网站上（http://www.mqa.gov.my/mqr）可以检索到经过 MQA 认证的跨境学位项目。

⑤　2008 年前称为澳大利亚教育、科学与训练部（DEST）。

球的分布情况。奈杜（Vik,2009）完成了一项庞大的工程。他首先收集了来自英国、美国、澳大利亚、新西兰、加拿大等跨境教育输出方的各类出版物,如英国《泰晤士高等教育副刊》（*Times Higher Education Supplement*）、无边界高等教育观察组织的各类报告、美国《高等教育纪事》（*Chronicle of Higher Education*）、澳大利亚《校园周刊》（*Campus Review*）、新西兰《教育评论》（*Education Review*）和加拿大《加拿大国际主义者》（*Canadian Internationalist*）以及多家研究机构的报告书,接着又查阅了中国、印度、牙买加、马来西亚、巴基斯坦、新加坡、泰国等跨境教育输入国教育部公布的官方信息,最后为读者描绘了一张跨境教育项目在全球的分布表（见表 2-5）。

表 2-5　跨境高等教育项目在部分国家（地区）的分布（2006 年数据）　（单位:个）

输出国（地区）	跨境高等教育项目所在地						
	中国内地	中国香港	印度	马来西亚	新加坡	其他	总计
澳大利亚	199	291	41	315	491	232	1569
英国	73	391	105	121	288	27	1005
美国	50	41	96	23	86	37	333
新西兰	31	5	2	16	11	72	137
加拿大	14	10	2	4	9	42	81
爱尔兰	3	3	NA	1	15	NA	NA
其他	40	86	3	10	66	NA	NA
总数	410	827	249	490	966	NA	NA

注:NA 表示数据无法获得,数据基于 Vik(2009)整理。

奈杜声称自己是用比较保守的数据来反映跨境高等教育项目的现状,数据中不包含远距离跨境教育项目。和笔者所掌握的部分数据相对照,表 2-5 反映的情况还是比较客观的。

看来,主导跨境高等教育项目输出的国家依然是澳大利亚、英国,新西兰的跨境高等教育项目输出近年来发展很快,有 37% 的新西兰高等院校在提供跨境高等教育项目（Education New Zealand, 2005）,但依然无法动摇澳大利亚和英国的地位。有意思的是,被誉为世界学术中心的美国似乎对提供跨境高等教育项目不感兴趣,特别是那些世界一流大学（可参见第四章）。

输入跨境高等教育项目的国家主要集中在中国、新加坡和马来西亚。近年来,中东各国纷纷抛出了建设教育区域中心（Education hub）的战略目标,意图吸引外国高等院校来本国办学,但从表 2-5 的数据来看,尚未形成大气候。

奈杜还指出,有 500～1000 个跨境高等教育项目分布在世界其他国家,根据他的研究,比较典型的项目输出国是德国、法国、西班牙和意大利等欧洲国家。比较典型的项目输入国则包括部分东欧国家,阿根廷、巴西、多米尼加共和国等美洲国家,南非、尼日利亚等非洲国家,以及巴基斯坦、泰国等亚洲国家。

第三章　中国跨境高等教育的发展历程

第一节　历史的回顾

　　跨境高等教育在中国的历史,可以追溯到 19 世纪后半叶在我国成立的各类欧美教会大学。中华人民共和国成立后的 20 世纪 50 年代,教会大学退出了历史的舞台。"文革"期间,教育界的国际交流也基本处在停滞状态。直到 1978 年,我国的跨境高等教育又以中外合作办学的形式遍地开花。这之后,我国的跨境高等教育不仅在数量上得到很大的发展,相应的法制建设也不断完善。2001 年中国加入世界贸易组织之后,对跨境高等教育的质量提出了更高的要求。

一、跨境高等教育的起源

　　17 世纪以后,基督教会在世界各地举办的各种层次的教会学校可以说是跨境教育的滥觞(黄福涛,2003)。19 世纪,教会学校开始进入中国,1830 年,美国公里会传教士裨治文在广州创办了贝满学校(Bridgman School)。1864 年,美国北长老会传教士狄考文在登州(今蓬莱市)建了一所私塾,起名为"蒙养学堂",1872 年学堂定名为"文会馆"。1876 年,文会馆培养出了第一批大学毕业生(3 名),迈出了教会学校向高等教育挺进的第一步(周谷平,2004)。1884 年,美国北长老会差会本部正式授权登州文会馆办大学。1904 年,登州文会馆迁到潍县,与英国浸礼会在青州创办的广德书院中的大学班合并,更名为广文学堂。1917 年,广文学堂和青州的神学院迁到济南,正式组成济南齐鲁大学(蔡志书,2010)。尽管有个别学者声称中国第一所教会大学就是齐鲁大学,但一般认为:1879 年由度恩书院、培雅书院合并而成的上海圣约翰书院是近代以来外国教会在中国创办的第一所教会大学(田正平,2004)。

　　进入 20 世纪,教会大学在中国的发展进入了鼎盛时期。1919 年,14 所教会大学组成了"中国基督教教会大学协会"，而当时中国的国立和省立大学只有 3 所(北京大学、山西大学、北洋大学)，新建的私立大学也为数不多(谭献民,1995)。据统计,20 世纪 30—40 年代,在教会大学读书的中国学生占全国大学生总人数的 12％～20％(汪一驹,1987)。在 20 世纪 50 年代全国范围的院校调整过程中,教会大学或被撤销,或被合并。对于教会大学消亡的原因,日本学者大冢丰(1996)认为:一方面,是出于政治的需要,即政府要消除来自帝国主义势力文化侵略的残渣;另一方面,也因为教会大学自身的教育结构已经不符合新中国高等教育建设的目标和需要,部分教会大学还出现了财政危机。时至今日,西方教会大学依然是不被允许在中国境内办学的。

　　教育项目和机构的流动是目前跨境高等教育的两种基本类型,后者主要指的是外国大学独自在海外设立的分校。教会大学无法归入上述两大类。教会大学是西方教会组织在中国创办的,称不上是海外分校。他们通常是通过向中国政府注册立案的方式获取学位授予权,并按照国外大学的标准进行操作,自行颁发学位证书。当然,也有一部分教会大学依托本国的某所大学,颁发双学位证书。例如,金陵大学在成立之初,除了向中国政府注册之外,还向纽约州教育厅(New York State Education Department)和纽约大学申请了注册,这样一来,学生在毕业时,除了可以获得金陵大学学位证书之外,还可以获得纽约大学的学士学位证书,从而具备升入美国任何一所研究生院的资格(陈远,2005)。

二、跨境高等教育的发展

　　"文化大革命"结束后,中外合作办学开始起步。1978 年,在党的十一届三中全会上,党中央提出了"对内改革,对外开放"的重大战略决策。在这一政策的推动下,中国的高等院校重新恢复和国外大学的交流活动。当时交流的主要形式有合作研究、互换文献资料、召开国际会议以及举办以外国留学生为对象的研修会等。进入 20 世纪 80 年代后期,除了上述这些短期交流活动之外,出现了一些追求长期平稳合作的交流形式。例如,1986 年 9 月,美国约翰斯·霍普金斯大学(Johns Hopkins University)和南京大学联合设立了"中美文化研究中心"(The Johns Hopkins University-Nanjing University Center for Chinese and American Studies),这一教学和研究机构旨在"培养从事中美双边事务和国际事务的专门人才,同时它也培养有关领域的教学科研人员"[①],有学者称其为最初设立的中外合作办学机构(于富增等,2001)。1987 年,天津财经学院(2004 年更名为天津财经大学)和

---

① 引自该中心官方网站:https://hnchome.nju.edu.cn/10603/list.htm,2019-08-19。

美国俄克拉荷马城市大学(Oklahoma City University)合作设立了 MBA 项目,该大学成为国内"最早拥有与国外合作举办学历教育并授予美国 MBA 学位资格的院校之一"①,该项目也是"我国第一个被批准授予国外学位的中外合作办学项目"(林金辉,刘志平,2007)。

20 世纪 80 年代末到 90 年代初,苏联解体、东欧剧变,世界政治风云急剧变化,在国内,国家教育委员会暂停受理中外合作办学的申请。不过,形势很快出现了转机。1992 年,邓小平发表了南方谈话,同年 12 月中国共产党第十四次代表大会召开,在党的历史上第一次明确提出了建立社会主义市场经济体制的目标模式。扩大大学办学自主权、推动民办教育等改革举措不断涌现,外国教育机构也重新开始寻求和中国的合作。

1993 年 1 月,国务院研究室教科文卫组在北京、上海两地展开调查,调查内容包括"近代中国历届政府关于外国在华开办学校的法令、法规以及美国、日本、法国、埃及等国对外国人在其境内办学的管理法规等"(焦国政,1998)。国务院研究室教科文卫组在随后发表的调查报告中指出:"境外机构和个人来华办学,目前呈逐渐增多的趋势。对开展国际合作办学,应该更开放一些,大胆探索,敢于实验。面对境外机构、个人入境独立办学,则应持谨慎的态度,在高等教育法、教育法颁行之后再酌情开展。"(陈学飞,2002)

在上述报告的基础上,国家教委于 1993 年 6 月 30 日下发了《关于境外机构和个人来华合作办学问题的通知》(以下简称《通知》)。作为法规出台前的一份过渡性文件,《通知》针对当时中外合作办学面临的主要问题,提出了 16 条急需明确的原则,这些原则大多成为后来制定法规的基础。《通知》明确指出:"多种形式的教育对外交流和国际合作是我国改革开放政策的一个重要组成部分……有条件、有选择地引进和利用境外于我有益的管理经验、教育内容和资金,有利于我国教育事业的发展。"在表明了中国政府对待中外合作办学的积极态度的同时,《通知》也提出"应坚持积极慎重、以我为主、加强管理、依法办学的原则"。《通知》明确指出以下三种情况不属于合作办学范围。

(1)"暂不接受境外机构和个人在我国独立办学,以及境外公民与我国公民个人之间合作办学,特殊情况个案处理。"

(2)"义务教育阶段的各种小学、初级中学和基础教育阶段的普通高中不属于合作办学的范围,特殊情况个案处理。"

(3)"对境外宗教组织在我国申请合作办学应予婉拒。与中方合作办学的境外机构和个人及在中国设置的合作举办的教育机构不得从事传教活动。"

---

① 引自天津财经大学官方网站:http://www.tjufe.edu.cn/tcgk1/xxjj.htm,2019-08-19。

此外,《通知》还对合作办学的范围、类别、主体等做出相应的规定。当然,《通知》并不是法令,在实施范围、执行力度上存在局限。

在相关政策尚未明确的 20 世纪 90 年代,中外合作办学具有两个特点:第一,以非学位教育为主。1995 年,全国共有约 70 家中外合作办学机构,实施当时被称为"可以授予境外学位的项目"只有 2 家(于富增等,2001)。第二,以理解外国文化为主。很多中外合作办学项目教授外语或外国文化。比如,1991 年在上海设立的第一所中外合作办学机构就是一家法语培训中心,合作方是上海虹口业余大学和法国文化协会(董秀华,2002)。

三、跨境高等教育的扩张

1990 年,欧共体和加拿大分别提出成立世贸组织的议案,1994 年 4 月在摩洛哥马拉喀什举行的关贸总协定部长级会议上,决定成立世界贸易组织(WTO)。中国政府代表也参加了这次会议,签署了《乌拉圭回合谈判结果最后文件》,并且在会上表达了成为 WTO 创始成员的愿望。同年 9 月 13 日,中国政府提出了服务贸易市场准入减让表,对 14 个国内服务行业的市场开放和国民待遇的条件与资格做出了初步承诺,教育服务也在其中。

WTO 将服务贸易分为四种模式:①跨境交付(cross-border supply);②境外消费(consumption abroad);③商业存在(commercial presence);④自然人流动(presence of natural persons)(见表 3-1)。中外合作办学属于其中的"商业存在"。加入 WTO 后,以文化、教育的交流为主要目的的中外合作办学理念开始发生改变,市场机制的介入,也对中外合作办学的规范发展提出了更高的要求。

表 3-1　WTO 教育服务贸易的四种提供方式

模式分类	定义	高等教育领域的主要表现形式
跨境交付	从一成员境内向任何其他成员提供服务	远距离教育项目
境外消费	在一成员境内向任何其他成员的服务消费者提供服务	赴海外留学进修、接受外国留学生
商业存在	一成员的服务者在任何其他成员境内通过商业存在提供服务	跨境学位项目、海外分校
自然人流动	一成员的服务提供者在任何其他成员境内通过自然人存在提供的服务	外籍教师

为了应对这一新形势,国家教委组织专门人员,花费了将近一年的时间,于 1995 年 1 月 26 日制定并颁布了《中外合作办学暂行规定》(以下简称《暂行规定》)。

《暂行规定》共分总则、设置、运行、监督和附则共 5 章 43 条。这是首个有关中外合作办学的法规性文件,奠定了今后中外合作办学法规的基本框架。

但是,《暂行规定》的条款中并没有对中外合作办学的学位授予做出充分的说明。为此,1996 年 1 月 22 日,负责学位管理的国务院学位委员会发布了《关于加强中外合作办学活动中学位授予管理的通知》,分别对中外合作办学机构授予中国学位、中外合作办学机构授予境外学位以及我国的学位授予单位到境外办学这三种情况做出规定。该通知指出,未经国务院学位委员会审核批准,任何中外合作办学机构均不得任意授予相关的学位。该通知强调要对外国教育机构进行审核。该通知和上述《暂行规定》相互补充,在中外合作办学的早期阶段发挥了重要的指导作用。

2001 年 12 月 11 日,中国正式加入世界贸易组织,成为该组织的第 143 个成员。中国政府随即公开了对开放教育服务贸易市场的承诺减让表(见表 3-2)。截至 2002 年,只有 27％的 WTO 成员在其递交的减让表中承诺开放教育服务贸易市场,而且,这 27％的 WTO 成员中也只有一半的成员承诺开放高等教育市场(Olve S,2005),中国就是其中之一。

中国的这一承诺是部分承诺,即有条件、有步骤地开放服务贸易领域和进行管理、审批。周满生(2006)对承诺的内容进行了归纳:

(1)义务教育和特殊教育服务不包括在教育服务中。

(2)对跨境交付方式下的市场准入和国民待遇均未作承诺。因此,对外国机构通过远距离教育和函授等方式向中国公民提供教育服务,中国可以自主地决定开放尺度,不受 WTO 协议的约束。

(3)对境外消费方式下的市场准入和国民待遇没有限制,即不采取任何限制中国公民出境留学或者接受培训的措施。

(4)允许中外合作办学,允许外方获得多数所有权,但没有承诺给予外方国民待遇。

(5)不允许外国机构单独在华设立学校及其他教育机构。

(6)在教师(自然人流动)的国民待遇上,对外籍教师提出了资历要求。

(7)对中外合作办学实行政府定价。

这一减让表具有两个重要特点。第一,和其他发展中国家相比较,教育服务贸易市场开放程度高。承诺开放除义务教育、特殊教育之外的所有教育服务领域,包括幼儿园教育、非义务教育的初等教育、中等教育、高等教育、成人教育以及其他教育服务培训。在墨西哥、泰国等发展中国家的减让表中,均对外资股权占有率设有限制,墨西哥就规定外资股权限在 49％以下(国家教育发展中心,2002)。中国对加入 WTO 后,来自外资加入的挑战充满信心。

表 3-2　中国签订的 **WTO** 教育服务贸易减让表

服务提供方式：(1)跨境交付；(2)境外消费；(3)商业存在；(4)自然人流动

sub-sector(分部门)	limitations on market access（市场准入限制）	limitation on national treatment（国民待遇限制）
Excluding special education services e.g. military, police, political and party school education（不包括特殊教育服务,如军事、警察、政治和党校教育） (1)Primary Education Services（初等教育服务）Excluding national compulsory education in CPC 92190（不包括 CPC 92190 中的国家义务教育） (2)Secondary Education Services（中等教育服务）Excluding national compulsory education in CPC92210（不包括 CPC 92210 中的国家义务教育） (3)Higher Education Services(高等教育服务） (4)Adult Education Services（成人教育服务） (5)Other Education Services（其他教育服务）Including English language training（包括英语语言培训）	(1)Unbound(不作承诺) (2)None(没有限制) (3)Joint schools will be established, with foreign majority ownership permitted（将允许中外合作办学,外方可获多数拥有权） (4)Unbound except as indicated in Horizontal Commitments and the following: foreign individual education service suppliers may enter into China to provide education services when invited or employed by Chinese schools and other education institutions（除了水平承诺①中内容和下列内容之外,不作承诺:外国个人教育提供者受中国学校和其他教育机构邀请或雇佣,可入境提供服务）	(1)Unbound（不作承诺） (2)None（没有限制） (3)Unbound（不作承诺） (4)Qualifications are as follows: Possession of Bachelor's degree or above; and an appropriate professional title or certificate, with two years' professional experiences（资格如下:具有学士或以上学位,并且具有相应的专业职称或证书,具有 2 年专业工作经验）

资料来源:译自 http://www.lawbook.com.cn/zdtj/wto/flwj/index.htm,2003-12-02.

　　第二,不允许外方以远距离教育和单独设立海外分校的方式进入中国市场。在积极开发国内市场的同时,考虑到众多因素,如来自欧美的不同意识形态的冲击、在维护教育内容和教育管理上的难度、国内教育资金的流失等,减让表没有对包括远距离教育项目在内的跨境交付方式做出承诺。此外,在商业存在方面,允许中外合作办学,但是不允许海外教育机构单独在国内设立分校。

　　在国内外政策的共同推动下,中外合作办学发展迅速。跨境学位项目数量开始激增(见图 3-1)。比如,1998 年,国务院学位办只批准了 1 个本科项目,而 2003 年,获批的本科项目达到了 15 个。初级阶段的跨境学位项目是以学习和理解外国文化为主,而在高等教育全球化、市场化的影响下,按照市场机制来运作的跨境学

---

　　① 指的是 12 个服务贸易部门都要遵守的共同承诺。

位项目在不断增加。

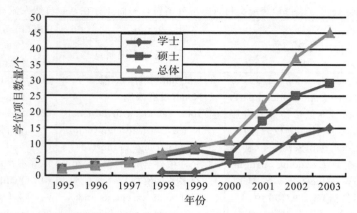

图 3-1　从学历层次看历年被批准的跨境学位项目数量的变化趋势
资料来源:教育部"可以授予国外和香港特别行政区学位的合作办学项目"(2004 年 6 月)

这一时期,政府旨在加强对中外合作办学的监督和管理,力图使这一新生事物健康发展。事实上,在 20 世纪 90 年代,整个教育领域均在推进法律制度建设。《教育法》(1995 年)、《职业教育法》(1996 年)、《高等教育法》(1998 年)均是在这一时期诞生的。如前所述,《暂行规定》(1995 年)和《关于加强中外合作办学活动中学位授予管理的通知》(1996 年)的颁布,虽然对早期的中外合作办学起到了一定的指导和规范作用,但是,这些规章不具备法律的权威性和系统性,在实施过程中未能充分贯彻执行。特别是在我国加入 WTO 后,这些规章存在的不足开始不断显现出来。

2000 年 2 月 22 日至 23 日,在加入 WTO 后的第一次全国教育外事会议上,与会代表提出要尽快出台《中外合作办学条例》,推进教育改革,以适应加入世贸组织的需要(教育部,2000)。2003 年 3 月,国务院第 68 次常务会议通过了备受关注的《中外合作办学条例》(以下简称《条例》),9 月 1 日正式实施。这是新中国成立后第一部关于中外合作办学的专门法律。中外合作办学从此走上了法制化的轨道。

《条例》共 8 章 64 条,分为总则、设立、组织与管理、教育教学、资产与财务、变更与终止、法律责任、附则。《条例》的设立目的在于填补国内教育资源的不足,学习海外的先进经验,提高国内大学的质量和竞争力。2004 年 6 月,教育部又颁布了《中外合作办学条例实施方法》(以下简称《条例实施办法》),自此,我国针对跨境高等教育的制度化建设暂告一段落,跨境高等教育走上了依法有序发展的轨道。

第二节　政策的核心

我国的跨境高等教育政策是在不断探索中完善起来的。现有政策方针的核心可以归纳为四个方面。

核心 1:中国教育事业的一部分

政府已经在 1993 年的《通知》中表明了基本立场,即"多种形式的教育对外交流和国际合作是我国改革开放政策的一个重要组成部分"。1995 年颁布的《暂行规定》中更是明确指出:"中外合作办学是中国教育对外交流与合作的重要形式,是对中国教育事业的补充。"(第三条)在 2003 年颁布的《条例》中,对中外合作办学的性质做出了进一步的定位:"中外合作办学属于公益性事业,是中国教育事业的组成部分","国家对中外合作办学实行扩大开放、规范办学、依法管理、促进发展的方针"(第三条)。

核心 2:引入外国优质教育资源

在政府认识到"有条件、有选择地引进和利用境外于我有益的管理经验、教育内容和资金,有利于我国教育事业的发展"(国家教委,1993)后,中外合作办学开始受到重视。随着高等教育大众化、国际化的发展,对中外合作办学重要性又有了进一步的认识。例如,教育部部长周济就贯彻实施《中外合作办学条例》答记者问时指出:"引进优质教育资源……将增加人民群众接受优质教育的机会","发展和规范中外合作办学,核心是引进外国优质教育资源"(周济,2003)。

周济认为,引入外国优质教育资源的目的在于"全面推进素质教育和培养创新能力;提高高等教育、职业教育的质量,提高教育的国际竞争力;培养现代化建设急需的各级各类人才,培养全面发展的、实现中华民族伟大复兴的一代新人"。为了达到这一目的,国家将中外合作办学的重心进行了调整,从"鼓励在职业教育领域开展中外合作办学"(《暂行规定》第四条)改为"鼓励在高等教育、职业教育领域开展中外合作办学"(《条例》第三条),并强调"鼓励中国高等院校与外国知名的高等院校合作办学","鼓励中外合作办学机构引进国内急需、在国际上具有先进性的课程和教材"。引进国外优质高等教育资源,已经成为高等教育中外合作办学的核心(林金辉,刘志平,2010)。

核心 3:维护教育主权

出于对外国文化渗透的防范,以及将中外合作办学带来的负面影响减少到最低限度,在中外合作办学政策形成的初期,政府就十分强调要维护教育主权。例如:"来华合作举办的新设置的教育机构……可以设置董事会。董事会负责审议学校的重大事项和选聘学校的校长。校长为学校的法人代表";"目前暂不接受境外机构和个人在我国独立办学,以及境外公民与我国公民个人之间合作办学";"义务教育阶段的各种小学、初级中学和基础教育阶段的普通高中,欢迎境外民间组织和个人捐资助学,但不属于合作办学的范围";"对境外宗教组织在我国申请合作办学应予婉拒。与我方合作办学的境外机构和个人及在中国设置的合作举办的教育机构不得从事传教活动"(国家教委,1993)。上述原则在相关法规条文中均有体现。

1. 中外合作办学者可以合作举办各级各类教育机构。但是,不得举办实施义务教育和实施军事、警察、政治等特殊性质教育的机构。(《条例》第六条)

2. 外国宗教组织、宗教机构、宗教院校和宗教教职人员不得在中国境内从事合作办学活动。(《条例》第七条)

3. 具有法人资格的中外合作办学机构应当设立理事会或者董事会,不具有法人资格的中外合作办学机构应当设立联合管理委员会。理事会、董事会或者联合管理委员会的中方组成人员不得少于二分之一。(《条例》第二十一条)

4. 中外合作办学机构的校长或者主要行政负责人,应当具有中华人民共和国国籍,在中国境内定居,热爱祖国,品行良好,具有教育、教学经验,并具备相应的专业水平。(《条例》第二十五条)

5. 中外合作办学机构应当按照中国对同级同类教育机构的要求开设关于宪法、法律、公民道德、国情等内容的课程。(《条例》第三十条)

6. 中外合作办学机构根据需要,可以使用外国语言文字教学,但应当以普通话和规范汉字为基本教学语言文字。(《条例》第三十一条)

7. 外国教育机构、其他组织或者个人不得在中国境内单独设立以中国公民为主要招生对象的学校及其他教育机构。(《条例》第六十二条)

8. 中外合作办学项目是中国教育机构教育教学活动的组成部分,应当接受中国教育机构的管理。实施中国学历教育的中外合作办学项目,中国教育机构应当对外国教育机构提供的课程和教育质量进行评估。(《条例实施办法》第四十条)

9. 中外合作办学机构和举办中外合作办学项目的中国教育机构应当根据国家有关规定,通过合法渠道引进教材。引进的教材应当具有先进性,内容不得与中国宪法和有关法律、法规相抵触。(《条例实施办法》第四十四条)

方针 4:合理范围内的补偿

1993 年颁布的《通知》明确指出,中外合作办学不得以营利为目的。1995 年制定的《暂行规定》中做了更为详细的说明："合作办学机构的开办资金、向学生收取的学费以及以合作办学机构名义募集的资金（包括设备），必须用于本机构经费支出或用于本机构的发展，不得挪作他用。"但是，在2001年中国加入WTO之后，这一新观点受到了挑战。根据《服务贸易总协定》（GATS）第十三条规定，除了受政府完全资助的教育活动之外，能够获取学位的具有商业性的教育活动均属于教育服务贸易的范畴。各国根据自身的需要公开承诺减让表，一旦公布则必须严格执行这一承诺。

根据我国政府的承诺减让表，中外合作办学被视为是教育服务贸易中的"商业存在"。这一表述从某种意义上讲，政府已经认可了中外合作办学的营利性质。2003年颁布的《中外合作办学条例》，又是在加入WTO下应运而生的，该文本在描述中外合作办学的公益性时已经做了适当的调整。虽然在第三条中再次强调"中外合作办学属于公益性事业"，但却删除了《中外合作办学暂行规定》中提到的中外合作办学"不得以营利为目的"（第五条）。

笔者还注意到，《暂行规定》第二十八条规定，"合作办学机构的开办资金、向学生收取的学费以及以合作办学机构名义募集的资金（包括设备），必须用于本机构经费支出或用于本机构的发展，不得挪作他用"。而《中外合作办学条例》则改为："中外合作办学机构收取的费用应当主要用于教育教学活动和改善办学条件。"（第三十九条）可见，《暂行规定》在措辞上具有明显的感情色彩，而新的《条例》在措辞上更为成熟，是一种富有灵活性的法律表现。

之后颁布的《中外合作办学条例实施办法》中也存在在对营利性和公益性认识上的矛盾。例如，第二十八条指出："中外合作办学机构不得从事营利性经营活动"，但是，在第三十一条却认为："中外合作办学者要求取得合理回报的，应当按照《中华人民共和国民办教育促进法实施条例》的规定执行。"这里提到的《中华人民共和国民办教育促进法》，是中国高等教育发展历史上一部具有重要历史地位的法律。该法律颁布于2002年12月28日。在其第五十一条中明确指出："民办学校在扣除办学成本、预留发展基金以及按照国家有关规定提取其他的必需的费用后，出资人可以从办学结余中取得合理回报。"过去，我们一直强调"任何组织和个人不得以营利为目的举办学校及其他教育机构"（1995年《中华人民共和国教育法》第二十五条），《中华人民共和国民办教育促进法》的颁布是中国政府政策立场上的重大转变。

综上所述，在坚持公益性的前提下，现有政策允许有合理的营利活动。这被视为是一种民办办学机制。如此一来，存在于国立大学中的众多跨境学位项目，只要在申请设置时提出合理回报的要求并得到批准，就可以在今后的办学过程中获得合理回报，换言之，可以在合理的范围内从事合理的营利活动。遗憾的是，迄今为止,还没有任何一部法律法规对"合理"的定义做出明确的界定。

　　概而言之,目前的政策以维护本国教育主权为前提,以引入国外优质教育资源为目的,同时,考虑到全球化、国际化的发展趋势,允许办学者获得"合理的回报"。我们面临的挑战是:如何在这一框架下引入高质量的跨境学位项目,如何来保证它们的质量。

第四章 中国跨境学位项目的基本情况

第一节 宏观特征

跨境高等学位项目的数量一直在不断增加，而且这一增长速度是惊人的。2004 年 6 月，中国教育部"教育涉外监管信息网"公布的中外合作办学项目仅有 164 个，而到 2011 年 8 月 11 日，这一数字达到了 577 个，到 2019 年 8 月 26 日，项目数倍增到了 1159 个，预计这一数字还会不断更新。本节以 2011 年的 577 个项目为例，剖析中国跨境学位项目的宏观特征。

一、项目输出国（地区）和区域分布相对集中

跨境学位项目来自 22 个国家（地区），以英语为母语的国家（地区）占了绝对的优势。项目数量前五位的分别是英国、澳大利亚、美国、俄罗斯和加拿大。名列前三的国家占到了项目总数的近 60%。值得一提的是，近几年来，输出国（地区）的排名一直在发生变化。1997 年开始，澳大利亚和中国香港曾取代美国，成为向中国输入跨境学位项目最多的国家和地区（Huang，2003）。2004 年，澳大利亚（48 项，29%）继续保持第一，美国（44 项，27%）和中国香港（22 项，13%）紧随其后（叶林，2009），而到了 2011 年，英国（132 项，23%）一跃成为领头羊，原本连前十名都没有进入的俄罗斯，则成为中国跨境高等教育市场中的一匹黑马。

从区域分布来看，在五年前，欧洲国家在中国占有的份额还很少（Christine et al.，2009），但是，2011 年，有 13 个国家 282 个项目来自欧洲，合作项目占到了总数的 49%，其他区域依次是美洲（2 国 134 项，23%）、大洋洲（2 国 106 项，18%）、亚洲（3 国 1 地区 54 项，9.3%）、非洲（1 国 1 项，0.2%）。如表4-1所示。

表 4-1 从项目输出国(地区)的分布看跨境学位项目

输出国(地区)	项目数量/个	占比/%	输出国(地区)	项目数量/个	占比/%
英国	132	23	新西兰	8	1
澳大利亚	98	17	荷兰	5	0.9
美国	92	16	意大利	2	0.3
俄罗斯	82	14	比利时	2	0.3
加拿大	42	7	瑞典	2	0.3
中国香港	28	5	新加坡	2	0.3
法国	23	4	奥地利	1	0.2
德国	22	4	丹麦	1	0.2
韩国	16	3	南非	1	0.2
爱尔兰	8	1	挪威	1	0.2
日本	8	1	葡萄牙	1	0.2

二、本科项目异军突起,已成主体

本科层次的跨境学位项目近年来增长迅速。2004 年学士学位项目仅占总项目的 29%,而截至 2011 年 8 月 11 日,这一比例已经上升到了 75%,可见,学士学位项目已经成为我国跨境学位项目的主体。相比之下,以培养专职研究人员为目的的博士项目则显得微不足道。这也从一个侧面反映出跨境学位项目的商业色彩。

项目输出国在进入中国市场时所采取的战略有所不同(见表 4-2)。以英国、俄罗斯为代表的国家,近年来致力于在中国发展本科层次的跨境学位项目,它们的本科项目在数量上占有绝对的优势。而以澳大利亚和美国为首的国家,尽管本科项目在数量上同样多于硕士、博士项目,但是不同层次之间没有太大的差别,硕博项目也占到了总数的三分之一以上。

表 4-2 从办学层次看部分国家的跨境学位项目 (单位:项)

国家	学士	硕士	博士	总数
英国	122	10		132
澳大利亚	64	34		98
美国	55	36	1	92
俄罗斯	81	1		82
加拿大	32	10		42
德国	20	2		22

（续表）

国家	学士	硕士	博士	总数
法国	13	10		23
韩国	14	2		16
爱尔兰	8	0		8
日本	8	0		8
新西兰	8	0		8
葡萄牙	0	0	1	1

三、合作学科门类分布极不平衡

目前,跨境学位项目已经涵盖了除哲学和军事学之外的所有学科门类,但分布极不平衡(见图 4-1)。在本科层次,最为活跃的合作领域是工学,而在硕士层次,最为活跃的合作领域是管理学。从具体的专业来看,比较常见的本科合作专业有计算机科学与技术(41 项)、国际经济与贸易(29 项)、会计(22 项)、工商管理(22 项)、机械设计制造及其自动化(18 项)、电气工程及其自动化(12 项)等。在硕士层次,最热门的是工商管理专业,占到了总数的 43%。

合作学科有三个特点:第一,以社会需求旺盛的专业为主,最为典型的例子当属 MBA 和 EMBA 项目。第二,有部分是首次出现在国内的新专业,例如南京师范大学法学院与美国马里兰大学(The University of Maryland)刑事司法系合作开设了我国第一个刑事司法学硕士学位项目。上海对外贸易学院和澳大利亚皇家墨尔本理工大学合作的项目,也是国内第一个经国务院学位办批准的物流本科项目。第三,办学成本低、市场效益好的专业较多,很少有需要大量投资的专业。

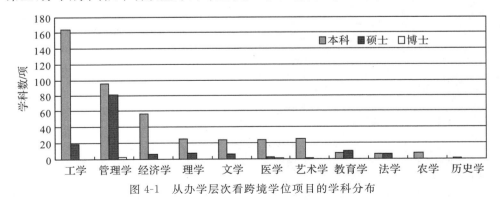

图 4-1　从办学层次看跨境学位项目的学科分布

四、外方合作院校中世界知名大学很少

中外合作办学政策中最强调的是引进国外优质教育资源。尽管对优质教育资源的定义存在不同的见解,但毋庸置疑的是,国外知名大学,尤其是世界知名大学应该属于优质教育资源的范畴。已有学者指出,外方合作者只有为数不多的高校在其所在国排名靠前,属于世界知名大学的就更少了。目前与我国开展合作办学的境外高校大多是一些规模小、名气不大的学校(杨辉,2006)。笔者选取美国作为对象,做进一步的实证分析。

截至 2011 年 8 月 11 日,共有 57 所美国高校和中国内地高校合作,向中国学生提供 92 个跨境学位项目。而全美共有 4000 多所高等院校,也就是说,只有极少数的美国高校在中国内地实施经我国政府审核的跨境学位项目。

笔者利用《世界新闻与世界报道》公布的 2012 年度大学排行榜,来了解这些来华办学的美国高校的基本情况。尽管排行榜的科学性受到质疑,但是它依然是了解大学教育水准的重要参照物。《世界新闻与世界报道》的排行榜主要由"本科排行榜"(best colleges)和"研究生院排行榜"(best graduate schools)组成,前者又由"综合大学排行榜"(national university rankings)、"文理学院排行榜"(national liberal arts college rankings)、"地方大学排行榜"(regional universities rankings)、"地方学院排行榜"(regional colleges rankings)组成。笔者对 57 所来华美国高校在上述排行榜中的顺序进行了整理(见表 4-3)。

表 4-3　来华美国高校在《世界新闻与世界报道》大学排行榜中的排名　(单位:所)

类别		数量	1～20 位	21～40 位	41～60 位	61～80 位	81～100 位	101 位以后	不明[1]
综合大学		28	1	3	3	3	2	16	
地方大学	中西部	8	1	3	1	2			1
	北部	7		1		2		2	2
	南部	5				1	4		
	西部	4		1		1			2
	合计	24	1	5	1	6	4	2	5
地方学院		2							2
文理学院		1							1
不明[2]		2							2
合计		57	2	8	4	9	6	18	10

---

① 此处的不明指的是被列为未排名的大学,通常指的是排名较低的大学或者不愿意接受《美国新闻与世界报道》排名的大学。

② 此处的不明指的是艾里克森研究院(Erikson Institute)和新英格兰视光学院(The New England College of Optometry)这两所学校。它们未被列入 2012 年《世界新闻与世界报道》排行榜。

　　从表 4-3 中可以看出，近年来，来华美国高校的水准已经有所上升，57 所高校中，有半数以上的高校排名均在其所属类别大学排名的前 100 名内。但是，真正高水平的高校依然凤毛麟角。57 所高校中，排名最靠前的是名列"综合大学排行榜"第 14 位的圣路易斯华盛顿大学（Washington University in St. Louis），该校和复旦大学合作实施 EMBA 项目。而排名综合大学、地方大学、地方学院、文理学院前十位的美国大学均未出现在国家公布的中外合作办学项目名单中。

第二节　案例研究

　　目前还尚未听说不出国就可以获得哈佛大学、剑桥大学等世界一流大学的学位，至少据笔者所知，在 2019 年英国 QS 世界大学排行榜（QS World University Rankings）、英国泰晤士高等教育大学排行榜（Times Higher Education World University Ranking）和软科世界大学学术排行榜（Academic Ranking of World Universities）上排名前十位的大学尚未在中国提供中外合作办学项目。由此看来，不同类型、不同层次的大学在看待跨境学位项目上是有所区别的。本节将通过案例分析的方法，来考察我国不同层次的大学在对待跨境学位项目上是否也存在一些差异。为便于比较分析，笔者将国内大学分为两个层次，第一个层次是 39 所"985 工程"高校，在本书中称其为国内知名大学；其他高校为第二层次，笼统地称其为一般大学。

一、跨境学位项目在国内知名大学和一般大学中的基本情况

　　众所周知，"985 工程"是我国政府为建设若干所世界一流大学和一批国际知名的高水平研究型大学而实施的高等教育建设工程，截至 2011 年 8 月 11 日，共有 39 所高校进入该工程，占全国 1090 所本科院校（2009 年数据）的 3.6%。有 21 所"985 工程"高校在提供经教育部审核的中外合作办学项目，另有 3 所高校设立了经教育部审核的中外合作办学机构，约有 40% 的"985 工程"高校尚未开设此类中外合作办学项目或机构。

　　约十年前，国内知名大学在拥有跨境学位项目的数量上占有较大的优势。笔者对 2004 年 6 月底政府公布的中外合作办学项目进行过统计，发现拥有项目最多的前五所大学均来自"985 工程"高校（见表 4-4）。这一格局现已被彻底打破，截至 2011 年 8 月 11 日，拥有项目数最多的前五所高校中，只有一所"985 工程"高校，其

余均为一般大学。

表 4-4　拥有跨境学位项目数量的大学排行

年份	排 名 情 况
2004	复旦大学(9)、北京理工大学(8)、上海交通大学(6)、清华大学(5)、浙江大学(5)
2011	哈尔滨师范大学(24)、东北农业大学(14)、齐齐哈尔大学(14)、复旦大学(9)、哈尔滨理工大学(9)、黑龙江大学(9)、上海师范大学(9)

从表 4-5 则可看出,从教育层次看,跨境学位项目在国内知名大学和一般大学中的分布具有明显的不同。21 所国内知名大学提供着 78 个跨境学位项目,绝大多数(76%)是研究生层次的项目。而由一般大学提供的 499 个跨境学位项目中,绝大多数(84%)则是本科层次的项目。

表 4-5　不同层次跨境学位项目在国内知名大学和一般大学中的分布　(单位:项)

教育层次	知名大学	一般大学	合计
本科层次	17	418	435
硕士层次	59	80	139
博士层次	2	1	3
合计	78	499	577

二、知名大学中的跨境学位项目

(一)复旦大学(中国)-华盛顿大学(美国)EMBA 项目[①]

在全球经济中心向亚洲转移的大背景下,以 MBA、EMBA 为代表的管理学成为跨境学位项目中最受青睐的专业。在"985 工程"高校所提供的跨境学位项目中,就有一半以上是管理学专业。其中,由复旦大学管理学院与美国华盛顿大学奥林商学院合作开办的复旦大学-华盛顿大学 EMBA 项目(Washington University-Fudan University Executive MBA program)就是其中的佼佼者。

该项目创办于 2002 年,是"第一家经中国教育部批准成立的国际合作 EMBA 项目,致力于将中国最优秀的管理人才培养为全球商业领袖"。该项目每年招收一个班,学制 18 个月,学成后授予美国华盛顿大学 MBA 学位及中国复旦大学学习证书。自 2006 年以来,该项目在英国《金融时报》EMBA 排名(FT Global EMBA Ranking)中连续五年蝉联全球前十八强,从 2013 年至 2018 年更是稳居全球前十

---

① 主要参考项目官方网站:http://www.fdsm.fudan.edu.cn/TopEMBA/,2012-09-08;https://www.fdsm.fudan.edu.cn/topemba/index.html,2019-09-04。

名。该项目能够保持高质量的原因大致有以下三方面：

（1）教师质量有保障。授课教师由输出方的奥林商学院选派，同时，输入方的复旦大学教授以联合授课的方式承担中国实践和案例的讲解。这是追求国际化与本土化有机结合的有效手段。

（2）学生质量有保障。国务院学位委员会规定报考 EMBA 的学生必须工作 8 年以上和具有 4 年以上管理经验，该项目的报考资格则设定为工作 10 年以上以及具有 5 年以上管理经验。2018 年的数据显示，项目学生平均年龄 38.9 岁，37％的学生拥有硕士或博士学历，学生来自 7 个不同的国家和地区，学生的国际化程度高。

（3）整体运作质量有保障。作为该项目输入方的复旦大学管理学院，已经于 2010 年先后通过了 AACSB（国际精英商学院联协会）和 EQUIS（欧洲质量发展认证体系）的认证，这为项目运作打下了扎实的基础。

（二）同济大学（中国）-米兰理工大学、都灵理工大学（意大利）

同济大学实施的是以欧洲为重点的国际化战略。"学校通过资源整合，建立了中德学院、中德工程学院、中法工程和管理学院、中意学院等对外合作交流机构，增强国际交流的深度和广度，成为同济大学国际交流合作的又一大亮点。"①

2005 年 7 月 4 日，中意两国教育部部长签署联合公报，决定在上海开展"中意高校合作项目"，同济大学也被纳入在内，将和意大利米兰理工大学（Politecnico di Milano）、都灵理工大学（Politecnico di Torino）在工程领域开展中意本科生的双学位合作项目。2005 年 12 月，同济大学和意大利这两所大学正式签署了合作协议。2006 年 2 月 20 日，在"中意高校项目"协议签字上，意大利教育、大学与研究部部长莫拉蒂提到："我们不仅要通过有目的性的教育培训培养适合在中国市场工作的意大利年轻人才，同时通过吸引中国学生到意大利来学习和培训，使他们成为联系两国的纽带。"②

2006 年，同济大学成立"中意学院"（Sino-Italian Campus），开设了机械制造工程和信息技术工程两个专业的合作项目，均获得了教育部的认可。"中意学院80％的教师来自米兰理工大学和都林理工大学。"③该项目最大的特点是中意双方采用中意学生双向型流动的办学模式，中意学生共享学习过程。以"机械制造工程"专业为例，共招收 40 人，中方学生采取 B[3＋1] 模式，意大利学生采取 B[2＋1.5]模式（见表 4-6）。

---

①　周宏武. 小小寰球任翱翔[N]. 同济报，2006-06-10.

②　同济大学中意学院网站，http://web.tongji.edu.cn/~tjsic/pages/index/college.html，2012-02-16.

③　樊丽萍."硬知识＋软文化"培育卓越工程师[N].文汇报，2011-06-20.

表 4-6 "中意学院"跨境学位项目的双向型流动模式

	中国学生	意大利学生
第一年	接受中方教师的中文授课	
第二年	继续留在中国,接受由意大利和中国教师的英语授课,必须通过英语六级;学习意大利语,通过意大利语 B1 级(中级)水平测试	在意大利开始接受教育
第三年	中意两国学生共同接受来自三方大学教师的英文授课;意大利学生可学习汉语	
第四年	所有学生前往意大利(米兰或都灵)学习,课程用意大利语授课	
第五年	回同济大学再进行 6 个月学习	

　　符合毕业条件,中方学生即可同时获得两国的学士学位,意方学生如果想取得同济大学学士学位,则需要再赴同济大学从事为期六个月的实验和研究活动。[①]

　　2010 年 4 月 28 日上午,三所大学决定加大合作力度,合作专业扩大到了建筑规划、工业设计、土木工程、经济管理等,由本科双学位转型为"4＋M"本科、硕士连读培养模式。[②] 根据这一模式,在完成本科学习后,中方学生可以继续留在意大利学习 1.5 年,之后返回同济大学,完成余下 1.5 年的学习任务,符合要求者即可获得中、意两国的硕士学位。

　　除了上述项目之外,在"985 工程"高校中还有不少非流动型的跨境学位项目,也就是说,在学习期间,学生不出国门就可以获得外国的学位。如中国农业大学和美国科罗拉多大学(University of Colorado)的合作项目。篇幅有限,不再一一具体介绍。这些项目除了以开展研究生教育为主之外,还具有以下共同点:第一,合作大学之间的联系具有较长的历史,互相信任成为合作的坚实基础;第二,作为学校推动国际化的品牌项目,双方在师资投入、学生选拔培养方面均提出了较高的要求,项目的学术色彩较浓;第三,来自双方政府的支持,使得这些项目同时担负着国与国之间文化交流的责任。

　　众所周知,尽管国家投入了巨大的财力、物力和人力,希望能有若干所高校率先成为世界一流大学或国际知名的高水平大学,但是,即便是"985 工程"大学,从整体水平上还是和世界一流大学存在较大的差距。如何尽快缩小这种差距,是这些知名大学面临的共同课题。国际化程度高是世界一流大学的基本特征之一(刘念才,Sadlak J,2007),一些知名大学将合作办学视为国际化的突破口,正如上海交通大学张圣坤副校长所言:"通过实质性的合作办学,我校实现了办学理念的突破

---

　　① 引自米兰理工大学网站:http://www.polinternational.polimi.it/what/exchange-programmes/study-in-china,2012-02-16。

　　② 引自同济新闻网:http://news.tongji.edu.cn,2012-02-16。

性转变……初步建立了具有国际竞争力的创新人才培养体系,提高了人才培养的质量。按照国际先进的教学体系来培养学生……还推动了我校世界水平的学科基地建设。"(张圣坤,2003)

三、一般大学中的跨境学位项目

(一)通过中介机构牵线的跨境学位项目

多数跨境学位项目是输出大学和输入大学之间直接建立的合作,但也有不少项目输出大学,是通过中介代理机构的牵线搭桥寻找到合作伙伴的。1996 年创建于澳大利亚的华智教育集团(http://www.ceiwow.com)就是这样一家国际中介机构(international agent),它在获得澳大利亚维多利亚大学(University of Victoria)授权后,协助该大学开拓中国市场。从华智教育集团的网站上可以了解到,自公司创办以来,已经成功促成维多利亚大学和国内多家高等院校之间建立了合作办学的关系,目前获得教育部认可的有辽宁大学亚澳商学院(中外合作办学机构)、河南大学与维多利亚大学合作的三个本科项目(国际经济与贸易、计算机科学与技术、会计学)。目前,华智教育集团代理的国外高校还包括澳大利亚国立大学(The Australian National University)、澳大利亚昆士兰大学(The University of Queensland)、澳大利亚西澳大学(The University of Western Australia)、英国莱斯特大学(University of Leicester)和美国爱达荷大学(University of Idaho)。

以河南大学的三个学位合作项目为例,学生被录取后,同时注册维多利亚大学学籍,采取 B[2+2]或 B[4+0]的培养模式。前者指的是完成前两年课程后,学生可选择申请赴维多利亚大学留学,如果完成后两年的学习并符合毕业要求,即可以获得维多利亚大学本科学位证书。而后者指的是完成前两年课程后继续留在河南大学学习,完成学业者可获得国内本科学位证书[①]。这三个项目的学生均为河南大学计划内统招生,执行河南省招生政策,在本科二批次录取,教育部批准的每期招生数为 160～230 人。由中澳双方共同制订教学计划,共同实施教学管理。

(二)郑州大学和长冈技术科学大学(日本)的材料科学与工程专业本科教育项目

长冈技术科学大学是一所以工学学科为主的日本国立大学,该校在推进国际化的过程中,提出了为亚洲、中美洲和南美洲培养会说日语的工程技术人员这一目标。2003 年,该校和越南河内科技大学(Hanoi University of Science and Technology)共同开发了双联学位项目,2007 年,又和郑州大学以及墨西哥的两所大学签

---

① 后一种模式由于最终没有获得外国学位,因此不属于本书所定义的跨境学位项目。

订了同样的合作协定。①

郑州大学材料科学与工程学院具体承担中方的教育教学及管理工作。该学院是郑州大学"211 工程"重点建设学科,材料科学与工程专业又是国家级特色专业。日本长冈技术科学大学也是以工科见长,材料学科曾入选日本文部科学省"21 世纪 COE(Center of Excellence)工程"(类似中国的国家重点学科)。

项目课程由双方共同开发,采取 B[3+2]的培养模式。学生以专科分数录取,在郑州大学首先接受三年的专科工科教育,授课重点为日语、专业基础课程和实用技术,成绩合格者授予郑州大学专科文凭。希望在国内继续深造的学生可以通过专升本这一渠道,攻读该校或国内其他高校的本科专业,获得国内本科文凭。希望到日本继续深造的学生可以参加由合作办学双方组织的日本长冈技术科学大学的第三学年编入入学考试,合格者可以直接进入长冈技术科学大学本科三年级就读,两年内取得规定学分后即可获得中方和日方颁发的双学位证书。不合格者继续留在国内完成余下的学业,取得中方的学位证书。②

(三)贵州大学和魁北克大学席库提米分校(加拿大)合作的项目管理硕士③

加拿大魁北克大学席库提米分校(University of Quebec at Chicoutimi, UQAC)成立于 1969 年,是由 9 所分校组成的魁北克大学系统中的一员,使用的语言为法语;贵州大学是"211 工程"大学,贵州大学直属部门"贵州大学培训中心"承担该项目的招生和日常管理。④

多数跨境学位项目集中在我国沿海经济发达地区,而于 2002 年启动的该项目是西南地区第一家获得国务院学位办批准的中外合作办学项目,也是目前贵州省唯一获得教育部正式批准的中外合作办学硕士学位教育项目。在该项目进入我国时,项目管理硕士(MPM)的认可度并不高。我国从 2003 年才开始在清华大学和北航试办该专业学位项目⑤,目前,它已经成为和 MBA 不相上下的一个热门专业。

根据 2012 年招生简章,具备下列条件之一即具有报名资格:(1)国民教育系列大学专科毕业且具有五年以上项目管理或相关的工作经验;(2)大学本科毕业,具有三年以上项目管理或相关的工作经验的人员。考生不必参加全国统一入学考试,由贵州大学自主组织招生考试。

---

① 参考长冈技术科学大学网站:http://www.nagaokaut.ac.jp/j/annai/twinning_program.html,2012-02-16。

② 参考郑州大学网站:http://www2.zzu.edu.cn/clgc/clgc3/html/zhaoshengjiuye/208.htm,2012-02-16。

③ 参考贵州大学培训中心网站:http://stc.gzu.edu.cn/。

④ 该项目最初由贵州工业大学和魁北克大学席库提米分校合办,2004 年,贵州工业大学与贵州大学合并组建为新的贵州大学。

⑤ 参见《中国青年报》,2006 年 5 月 25 日。

项目采用 M［2＋0］的培养模式。在两年内修满规定的学分,完成项目设计及答辩,即可获得魁北克大学授予的项目管理硕士学位。对有意出国,并能负担相关费用的学生,在学习的最后阶段提供赴加拿大不超过三个月的实习机会。教学采取半脱产的方式,主要利用双休日时间进行授课。加方选派教授使用英文进行核心课程的教学,中方提供全程翻译。其他课程使用中文授课。

一般大学所提供的跨境学位项目在数量上远远超过知名大学,约占总数的87％,上述三例远远不能反映全貌,不过它们具有一定的代表性。在一般大学中也存在不少学术型的合作项目,但是从整体看,多数合作项目是建立在商业协定基础上的,市场需求是项目合作双方优先考虑的事项。笔者曾对某硕士合作项目的相关人员[①]做过访谈,尽管该项目的宣传手册上强调项目的主旨是推动学校国际化,但是根据双方协定,项目学费收入的 70％将交给外方项目输出大学,30％留在中方。为了保持项目正常运营,合作双方均绞尽脑汁,采取了打广告、充实教学内容、培训教师等各项措施,项目从创办之初的赤字经营走向了稳定发展。

从总体看,跨境学位项目已经为我国高校带来不少益处,如大学竞争力得以提升,通过英语教学和合作研究,课程日益国际化,一些运营良好的学位项目,更是为大学探索多渠道筹集办学经费的机制提供了思路。但是,公益性是教育的基本属性,走向商业运作难免会带来各种问题。比如,笔者在收集案例时发现,教育部只是核准某项目颁发国内学位证书,但是,一些学校在实际操作中会打一些擦边球,如在宣传中声称可以获得外国学位,其实就是采用"2＋2"模式,学生在国内完成两年学业后即可自行决定是否去项目输出大学留学。还有,教育部对每个核准的项目均明确规定了招生人数,但对一些学校来说,这一条形同虚设,他们实际招生的人数会超过教育部的上限。

我国高校内部质量保障体系已经初具雏形,但在要素结构和建设内容上还不完善(魏红等,2009),特别是在针对跨境学位项目的标准和手段方面就更显薄弱了。需要通过外部治理保障体系的建设来促进内部质量体系的完善,这也是应对商业倾向最好的对策。

---

① 具体访谈时间为 2005 年 11 月 22 日。

第五章 中国跨境学位项目深度分析

第一节 联合(双)学位项目

一、概念

联合学位(joint degree)和双学位(double degree)是跨境学位项目中的基本类型,在中外合作办学项目中占有相当的数量。不过,在如何界定联合学位和双学位这一问题上,国际上尚未达成共识,目前主要存在两种不同的见解。

第一,双学位是联合学位的一种类型。欧洲高校协会(European Universities Association,EUA)在 2002 年发表的调查报告中指出,在符合下列所有或部分特征的学习项目中获得的学位,可以被认定为是联合学位。

(1)学习项目是由几所院校联合开发并认可的。

(2)参与方院校的学生需要前往其他院校完成部分学业。

(3)学生在参与方院校的逗留时间应视为是整个项目构成的重要部分。

(4)在其他院校进行学习的时间和考试成绩被学生母校完全、自动认可。

(5)合作院校的教师共同开发课程,制定入学和考试政策,并互相赴对方开展教学。

(6)完成学习项目后,学生或是取得每所院校单独颁发的国家认可的学位,或是取得合作院校联合授予的一个学位(Christian et al.,2002)。

两年后,欧洲委员会(2004)起草了《对联合学位进行认证的建议》(*Recommendation on the Recognition of Joint Degrees*)。作为里斯本认证协定的补充文本,它对联合学位的定义也具有相当的权威性:联合学位指的是两个或更多的高等院校,或是一个以上的高等院校和其他具有资格授予权的组织合作,联合颁发的高等教育资格证书(Higher Education Qualification)。主要包括以下三种类型:

(1)(写实性的)单一学位证书或文凭,并辅以一国或多国颁发的学位证书或文凭。

(2)非国家颁发,而是由提供学习项目的院校共同颁发的单一学位证书或文凭。

(3)一国或多国颁发的学位证书或文凭,作为该合作项目的唯一的官方证明。

以上两种定义均比较宽泛,将双学位纳入了联合学位的范畴。不同之处在于,欧洲高校协会的定义着眼于合作项目的特征,而欧洲委员会的定义则关注所获学位的数量和性质。值得一提的是,欧洲高校协会承认,由合作院校联合授予的,署有所有合作院校名称的单一学位才是真正意义上的联合学位。

第二,双学位和联合学位是两个不同类型的概念。不少学者认为,这是两个不同的概念,它们之间最大的区别在于授予学位的数量不同。例如,舒尔(Ulrich,2006)指出,联合学位指的是提供学习项目的多个机构授予的单一学位,该学位证书由所有参与高校的校长签名,可以替代国家资格。而双学位则指的是由提供学习项目的不同机构分别授予的国家认可的两个学位。奈特(Jane,2009)持同样观点:联合学位指的是完成合作高校共建项目的要求后,授予学生的一个联合的学位证书,而双学位指的是完成两所合作高校共建项目的要求后,授予学生的两个单独的学位证书。

上述观点正在被越来越多的人所接受。博洛尼亚历程追踪小组(Bologna follow-up group)在编制《2009 年博洛尼亚进程盘点报告》(*Bologna Process Stocktaking Report* 2009)前曾进行过问卷调查,该问卷对联合学位的界定显然已经不再将双学位包含在内:"联合学位是由两个或以上的机构颁发的单一的学位证书。"[①]

国际合作学位项目的发展在全球呈现出方兴未艾的趋势,不同定义的存在会使人们在思想上产生混乱。各大洲、各合作国和各地区有必要在定义上达成共识,以便分享各自的统计数据,更好地开展研究和实践。笔者赞成对联合学位和双学位进行分别释义,两者在国际化过程中扮演着不同的角色,颁发追求融合的单一的联合学位更能体现国际合作的精神实质。

二、中国的联合(双)学位

笔者查阅了中国教育部的官方网站和相关政策文件,发现官方并没有对联合学位和双学位进行过界定。第四章介绍了中外合作办学中的跨境学位项目,其中

①　引自日本文部科学省相关网站:ダブル・ディグリーに関する参考资料,http://www.mext.go.jp/b_menu/shingi/chukyo/chukyo4/025/gijiroku/attach/1278535.htm,2011-08-12。

就有不少双学位项目。虽然在各高校的校际交流项目中也有为数不少的类似学位项目,但由于无法查阅到官方统计数据,因此,下文主要分析中外合作办学项目中的联合(双)学位。

截至2011年5月31日,教育部"中外合作办学监管工作信息平台"上公布的经国家审批的中外合作办学项目有531个。经笔者确认,尚不存在合作双方共同颁发单一学位的联合学位项目。但是,在中国,双学位项目已经初具规模,如果将"学位+学位""写实性证书+学位"均界定为双学位的话,目前,中外合作办学项目中的双学位项目已经达到了154项,占中外合作办学项目的29%(见表5-1)。对这154个项目进行分析,可以从中窥视到我国双学位项目的基本特点。

表5-1 中外合作办学项目中的联合(双)学位项目基本情况

办学层次	项目总数	其中		
		联合学位	双学位	
			A国学位+B国学位	A国写实性证书+B国学位
本科	391	0	88	37
硕士	137	0	21	7
博士	3	0	1	0
总计	531	0	110	44

资料来源:根据教育部2011年5月31日公布的相关信息统计整理(http://www. crs. jsj. edu. cn/index. php/default/index/sort/1006)。

第一,从办学层次看,本科层次的双学位项目数量优势明显,占总数的82%。这一特征和欧洲的跨境学位项目有明显的不同。根据德国学术交流服务中心(DAAD)的调查,在欧洲,硕士层次是国际合作学位项目的主体(Friedhelm M,2006)。

第二,从合作的学科门类来看,基本涵盖所有的学科门类,但分布极不平衡,绝大多数是办学成本低、市场效益好的学科(见图5-1)。具体而言,最受欢迎的合作领域是工学、管理学和经济学(115项,占总数的75%)。在本科层次,比较常见的合作专业有计算机科学与技术、国际经济与贸易、电气工程及其自动化、艺术设计、工商管理以及机械设计制造及其自动化等。在硕士层次,最热门的合作专业是工商管理专业,占到了总数的43%。

第三,从外方合作者来看,主要来自欧美国家。我们和亚洲国家的合作项目不多,和非洲与北美洲更是尚未开展这方面的合作。图5-2列举了和中国进行双学位项目合作超过10项的国家,位居前三位的依然是美国、澳大利亚和英国,图5-2中的其他包括法国、新西兰、日本、俄罗斯、爱尔兰、意大利、韩国、荷兰、比利时、丹麦、奥地利和我国香港特别行政区。

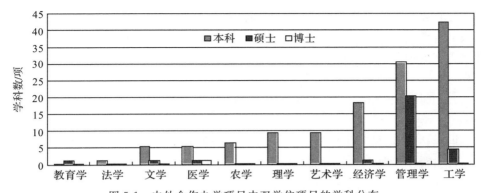

图 5-1 中外合作办学项目中双学位项目的学科分布
资料来源:根据教育部 2011 年 5 月 31 日公布的相关信息统计整理
(http://www. crs. jsj. edu. cn/index. php/default/index/sort/1006)

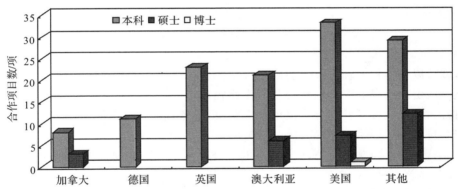

图 5-2 中外合作办学项目中双学位项目的合作国(地区)分布
资料来源:根据教育部 2011 年 5 月 31 日公布的相关信息统计整理
(http://www. crs. jsj. edu. cn/index. php/default/index/sort/1006)

第四,从运作模式来看,由于中外合作办学的特色是"不出国的留学",因此,众多双学位项目不出国即可获得中外两个学位,如复旦大学软件学院和爱尔兰都柏林学院(University College Dublin)合作创办"爱尔兰班",从大一新生中选拔出来的学生,无须出国,毕业时即可获得两国的双学位。笔者认为,严格意义上讲,在国内注册高校和国外合作高校两地进行学习应该是双学位项目的一个必要条件。对那些无须出国的学位项目来说,未来考虑颁发联合学位也许更为合适。

联合学位和双学位项目未来有很大的发展空间。对政府来说,可以借此了解各国教育系统的特色,取长补短;对高校来说,可以发展平等的学术伙伴关系,提高自己的国际声誉;对学生来说,可以体验跨文化的经历,获得适应国际市场的知识结构和技能,增加在跨境企业就职的机会。根据 2008 年美国国际教育协会(International Institute of Education)和德国柏林自由高校(Freie University Berlin)的一项联合调查显示,87％的美国院校和85％的欧盟院校明确表示计划开展或继续开展更多的国际学位合作项目(Daniel O and Matthias K,2009)。

三、面临的挑战

但是,我国的联合学位和双学位项目也面临着众多挑战。笔者在此略举两点。

(一)稳步发展双学位项目

和联合学位相比,我国高校更青睐于发展双学位项目。两个完全独立的学位证书,并且又能得到两国法律、社会、用人单位认可,这对双方来说都是容易接受又容易操作的。但是,面对快速增长的双学位项目,需重视以下两个问题。

第一,公平问题。公平问题主要表现在收取合理费用和确定合理学习年限上。以学习年限为例,通常,双学位项目的在学期间要比正常攻读两个学位所需的时间短,例如,某一获国家批准的中外合作办学项目在其主页上宣称:在国内学完2年本科课程,然后编入外国合作大学,2年后可以获得中外两个本科学位,再学习1年,就可以获得外国合作大学的硕士学位。这种浓缩型的模式难免让人质疑其培养质量:由此获得的双学位是否和通常途径获得的普通学位具有同等价值?有学者指出,可以通过开发联合学位项目来解决,毕竟,联合学位项目和普通学位项目在学习期限上是基本相同的(Jane,2008a)。

第二,质量问题。首先,应该重视选拔优质生源。刚获国家批准的两个中日本科合作双学位项目每期招生数均在100～120人,这种大量招生的做法着实令人担忧。对我国来说,有必要借鉴欧洲的做法,鼓励发展高层次的双学位项目,对营利色彩较浓的本科层次双学位项目应有所控制。其次,应该重视完善培养模式,学生攻读双学位应该比攻读单一的普通学位付出更多的努力。例如,为了获得北京大学和早稻田大学的两个学士学位,学生在四年时间内除需完成北京大学所属专业的培养计划外,尚需修完早稻田大学政治经济学部规定的64学分。但是目前很多国际合作学位项目只是简单的双校园模式,在国内学习期间,学生的很多精力放在了学习对方国的语言上,留学预备校的色彩过浓。最后,应该重视完善质量保障体系,避免双学位项目在质量监控上的真空状态。在中国,大多数校际间的双学位项目没有义务接受外部质量保障机构的评估。中外合作办学项目中的双学位项目,除了英国和澳大利亚的项目之外,多数也没有接受过来自输出国质量保障机构的海外审查。

(二)尝试开发联合学位项目

对联合学位项目来说,同样需要重视公平和质量。但当前更重要的是鼓励我国高校进行开发联合学位项目的试点。双学位项目发展的成熟,已经为开发联合学位项目打下了良好的基础。但是,中国依然不存在真正意义上的联合学位项目。究其原因,主要在于缺乏立法的支持。现有的学位授予相关法律均未涉及联合学位。在这一点上,有必要向欧盟各国学习。2003 年,半数以上的欧盟国家在法律上是不承认联合学位的(Sybille et al. , 2003),但是之后取得了一些进展。《2009年博洛尼亚进程盘点报告》指出,四分之三的欧盟国家修改了立法,或将联合学位纳入到现有的立法中,或为联合学位起草了新的法律条文。虽然联合学位的推广依然困难重重,但是欧盟各国通过对项目进行额外经费资助、对项目进行质量保障和认证、开发联合学位的实施准则和手册等措施,努力推动着联合学位的发展。

当然,欧盟的成功得益于其在推进欧洲高等教育一体化过程中开发了"欧洲学分转换系统"(ECTS)和"文凭补充说明"(diploma supplement)等有效工具。欧洲以外的国家在开发和欧洲各国的联合学位项目时也可以利用这些相对成熟的制度。此外,亚洲各国也在积极推进区域内的合作,由中日韩三国政府主导,2012 年起正式实施的"亚洲校园计划"[①](CAMPUS Asia),将成为萌发亚洲各国间的联合学位的重要平台。

第二节　问卷调查

学生是跨境高等教育最直接的参与者。在讨论跨境学位项目质量保障问题时,十分有必要听取来自学生的观点。2006 年,笔者对部分就读跨境学位项目的学生进行了题为《授予境外学位项目的质量保障调查》的问卷调查。众所周知,我国跨境学位项目发展迅速,要进行全国规模的问卷调查是相当困难的,由于时间、人力和财力的限制,笔者只是从 Z 省几所高校(非"985 工程"高校)中选择了 5 个跨境学位项目为调查对象。它们的输出方分别来自澳大利亚、英国和新西兰。2006 年 9 月上旬,笔者对这 5 个项目的 580 名学生发放了问卷调查表,10 月底,通过电子邮件、邮寄等方式完成了问卷的回收工作。如表 5-2 所示,有效回答人数共357 名,回收率为 61.6%。为了能够了解到更为真实的信息,笔者曾和参与问卷调查的同学有过承诺,所以以下分析均不出现任何个人和学校的信息。

---

① 通过相互承认学分和学位的方式,加强东亚三国学生交流,最终促成东亚高等教育区域的整合。

表 5-2 问卷表回收基本情况

项目序号	调查对象基本属性		发放数量/份	回收数量/份	回收率/%
	输出国	学位层次			
1	澳大利亚	学士学位	210	142	67.6
2	新西兰	学士学位	130	65	50.0
3	澳大利亚	学士学位	160	115	71.9
4	英国	硕士学位	72	32	44.4
5	英国	硕士学位	8	3	37.5
合计			580	357	61.6

一、答卷人的基本属性

(一)性别

有效答卷人中男性共 140 人,占总体的 39.2%;女性为 198 人,占到总体的 55.5%;其余 19 名学生未注明性别。可以肯定的是,本次调查中女学生的数量多于男同学。

(二)年龄

5 个学位项目中有 3 个是学士学位项目,所以,19~22 岁这一本科生常规年龄段的学生最多,其中,19 岁和 20 岁的学生共 133 人(37.3%),21 岁和 22 岁的学生共 127 人(35.6%)。

(三)学年

有效答卷人中 90.2% 为本科生,只有 9.8% 为硕士生。在本科生中,以大四学生居多(30.0%),其次是大一学生(24.6%)、大二学生(22.6%)和大三学生(12.9%)。硕士生以 1 年级学生为主(8.9%)。

(四)专业

有效答卷人所属专业以文科为主(66.9%),具体包括管理学、经济学、国际贸易和财政学专业。理科(信息技术专业)占到了 33.1%。

(五)项目输出国

有效答卷人主要来自澳大利亚学位项目(72.0%),其次分别是新西兰学位项目(18.2%)和英国的学位项目(9.8%)。

二、进入跨境学位项目前

(一)获得中外合作办学信息的途径

从表 5-3 可以看出,学生们主要是通过朋友和同事来获取跨境学位项目信息的(68.9%)。可见,人们对跨境教育学位项目还不甚了解,听取朋友和同事的意见和建议成为他们的首选。其他主要途径有互联网(29.6%)和国内报纸杂志(17.5%)。选择高中老师,特别是街头广告牌的人数比较少。部分答卷者提到通过入学申请书和招生广告来获得中外合作办学的信息。

表5-3 招生信息源

答卷情况	国内报纸杂志/%	高中教师/%	互联网/%	朋友和同事/%	街头广告牌/%
选择	17.5	8.5	29.6	68.9	0.6
未选择	82.5	91.5	70.4	31.1	99.4

(二)选择中外合作办学的理由

选择中外合作办学最大的理由是"拥有外国学位对个人的职业发展有利"(34.5%),其次是"不出国就可以取得外国学位"(27.7%)以及"专业内容正是我想学习的"(20.7%)(见表5-4)。

表5-4 选择中外合作办学的理由(回答"这样认为"的人数的比例)

项 目	本科生/%	硕士生/%	总体/%
拥有外国学位对个人的职业发展有利	35.7	22.9	34.5
不出国就可以取得外国学位	26.6	38.2	27.7
专业内容正是我想学习的	18.9	38.2	20.7
招生制度灵活	15.4	21.2	15.9
就学方式灵活	12.2	32.4	14.2
学校所在地理位置优越	14.1	8.6	13.5
短期内可以取得学位	6.6	32.4	9.1

本科生和研究生的回答有所不同:首先,对研究生来说,选择中外合作办学项目最大的理由是"不出国就可以取得外国学位"。其次,选择"就学方式灵活"的硕士生比例比较高。硕士项目比本科项目更灵活,既有全日制模式,也可在职攻读。最后,选择"短期内可以取得学位"的硕士生比较多,这也是英国大学提供的一年制硕士项目受欢迎的原因之一。

(三)入学前的信息收集

在选择就读跨境学位项目前,可以通过多种渠道收集各种信息,帮助自己做出正确的抉择。硕士生在这方面的意识要明显强于本科生。例如,有64.7%的硕士生查阅过中方教育部公布的授予国外学位的合作办学在办项目名单,可是查阅过该名单的本科生只占总数的 13.5%。对项目质量的关心程度不高,接受劣质教育的风险就会增加(见表 5-5)。

表 5-5 入学前的信息收集(回答"查过"的人数的百分比)

项 目	本科生/%	硕士生/%	总体/%
所需总费用	42.5	84.8	46.5
该项目所提供的课程内容	18.8	63.6	23.1
国内合作大学的排行榜	18.5	48.5	21.4
外方合作大学所在国政府公布的正规大学名单	17.3	39.4	19.4
中方教育部公布的授予国外学位的合作办学在办项目名单	13.5	64.7	18.6
国外合作大学的排行榜	8.9	44.1	12.4
英、澳等国高等教育质量保障机构公布的海外办学项目报告书	7.0	18.8	8.1
外方教师的简历	2.2	6.1	2.6
中方教师的简历	2.2	12.5	3.2

项目"所需总费用"是本科生和硕士生最关心的问题。此外,笔者以为,学生们会对颁发学位的外方合作大学进行充分的调查,但是,令人惊讶的是,学生们调查最多的还是国内大学的相关信息。在申请入学过程中,很少有同学利用英国、澳大利亚等国高等教育质量保障机构的海外办学项目报告书去进一步了解合作项目,调查外方教师简历的同学也相当少①。

对项目主办方来说,向学生提供充足、透明的信息,不但对宣传自我、吸引优质生源具有重要的意义,而且,也是维持项目质量的重要手段。对学生来说,只有广泛收集相关信息,对项目进行深入的了解,才能在初期阶段就能最大限度地保护自身的利益。

(四)毕业后的打算

由于年龄、阅历的不同,使得本科生和硕士生对毕业后的出路有着不同的规划。本科生更倾向于"去国外继续深造,以获取更高的学位"(30.0%)以及"进入民营企业工作"(21.5%)。硕士生则更多希望"成为公务员"(20.0%)或者是"自我创业"(17.1%)(见表 5-6)。

---

① 在后期访谈中了解到,很多同学们不知道海外办学项目报告书的存在,很多项目宣传资料和网站上也没有有关任课教师的具体信息。

表 5-6　毕业后的打算（回答"最想做的事"的人数占比）

项　目	本科生/%	硕士生/%	总体/%
去国外继续深造，以获取更高的学位	30.0	14.3	28.4
进入外资企业工作	0.7	14.3	20.7
自我创业	9.2	17.1	14.2
成为公务员	8.9	20.0	10.1
进入事业单位工作	6.6	8.6	6.8
在国内继续深造，以获取更高的学位	5.9	0	5.3
留在目前的单位中继续工作	1.3	11.4	1.8
进入国有企业工作	1.7	0	1.5
进入民营企业工作	21.5	0	1.5
离开现在的单位跳槽	12.5	2.9	0.6
无效回答	8.9	11.4	9.2

　　跨境学位项目输出国的动机之一是希望吸引学生赴本校留学。从本次调查中可以看出，约有三分之一的本科生考虑去海外留学，可见，跨境学位项目对项目输出国大学是很有利的。不过，大多数同学（70％的本科生和86％的硕士生）表示想要留在国内发展，这也说明跨境学位项目是解决"头脑流出"问题的一帖良药。

三、在跨境学位项目在学期间

（一）中方教师在跨境学位项目中所扮演的角色

　　在项目输出国制定的以保障跨境学位质量为目的的一些文本中，几乎都没有提到输入国大学中的教师应该发挥怎样的作用。事实上，在中国的跨境学位项目中，中方教师对学生的影响很大，他们不但承担教学工作，而且还从事一些管理工作，和学生接触最多的还是中方教师。

　　笔者为中方教师设定了三种角色：第一，单独承担一门课程的教学；第二，和外方教师共同承担一门课程的教学；第三，不上课，作为外方教师的助手解答学生疑问，对学生的学习提出建议。从表5-7可以看出，首先，学生们都十分肯定中方教师在跨境学位项目中的作用；其次，本科生和硕士生的观点有所不同，大多数本科生认为中方教师应该参与到跨境学位项目的教学工作中来，而不仅仅是作为一名外方教师的助手，但大部分硕士生不赞同由中方教师单独承担一门课程教学。

表 5-7 中方教师所扮演的角色（持"赞成"意见的人数占比）

项 目	本科生/%	硕士生/%	总体/%
单独承担一门课程的授课	50.7	8.8	46.5
和外方教师共同承担一门课程的授课	50.9	60.0	51.8
不授课，作为外方教师的助手解答学生疑问，对学生的学习提出建议	19.5	57.6	23.2

（二）在学习过程中遇到过的问题

从表 5-8 可以发现，本科生和硕士生普遍认为"外方教师的授课次数偏少"。此外，本科生反映较多的问题是："外方教师的授课次数偏少"（66.6%）、"由于缺乏专业知识的积累，在理解教材内容上有困难"（64.6%）、"由于自身的听力问题，在理解外方教师授课内容上有困难"（62.6%）。这一组数据反映出学生在知识和语言能力方面的不足。要求这些没有跨出过国门，没有留学经验的学生们充分理解原版教材，听懂外籍教师的授课内容，的确有些勉为其难。这也是跨境学位项目面临的一个普遍问题。

表 5-8 学生感受到的问题
（回答"强烈感受到过"和"有所感受到过"的合计占比）

项 目	本科生/%	硕士生/%	总体/%
外方教师的授课次数偏少	66.6	47.6	64.8
由于缺乏专业知识的积累，在理解教材内容上有困难	64.6	35.3	61.7
由于自身的听力问题，在理解外方教师授课内容上有困难	62.6	43.7	60.8
要找到外方教师授课时提到的参考文献比较难	49.1	53.1	49.6
外方教师阅卷的周期太长，不能及时知道成绩结果	37.2	53.2	38.7
外方教师没有太多的时间来耐心解答学生的疑问	27.4	12.1	25.9
外方教师批改作业的次数太少	31.2	9.1	10.4

研究生反映的问题大多和项目输入国有关。有半数以上的研究生指出"外方教师阅卷的周期太长，不能及时知道成绩结果"（53.2%）、"要找到外方教师授课时提到的参考文献比较难"（53.1%）。

（三）利用文献的途径

在表 5-8 中，约半数的答卷者都提到"要找到外方教师授课时提到的参考文献比较难"。可见，这些跨境学位项目为学生所提供的服务还不到位。笔者设定了 5 个查阅文献的场所，了解学生对这些场所的利用程度，以便进一步发现问题之所在。

通常情况下,输出跨境学位项目的外方大学为学生提供了两种利用文献的途径。第一,学生完成外方大学正式注册手续后,即可获得授权,远程登录国外大学的图书馆,利用各类电子数据库来查阅文献。第二,外方大学在中方合作学校的图书馆内开辟专用文献角供学生查阅。但是,从表 5-9 可以发现,学生们利用最多的还是一些比较传统的场所:中方合作大学的图书馆(68.1％)、学生所在学习单位的图书馆(资料室)(65.3％)以及书店(62.9％)。利用外方大学提供的网络平台、外方大学专设的专用文献角的学生数量非常有限,特别是本科生。为学生提供和本校相一致的服务是跨境学位质量保障的基本原则。但是在现实中,这一原则并没有得到很好的落实。

表 5-9　利用文献的途径

(回答"有所利用"和"经常利用"的合计占比)

项　　目	本科生/％	硕士生/％	总体/％
外方大学提供的网络平台	18.0	68.5	23.4
中方合作大学内的图书馆	68.7	62.9	68.1
所在学习单位的图书馆(资料室)	65.3	65.7	65.3
外方大学专设的专用文献角	9.0	45.7	12.7
书店	62.6	65.7	62.9

(四)对学业支持措施的看法

为学生的学业提供更完善的服务是跨境学位项目质量保障的重要内容。从表 5-10 中发现,几乎所有的选项都获得了答卷者的高度认可。这也反映出大家希望得到更多的支持。相比较而言,需要优先考虑的措施有"加强就职指导活动"(87.9％)、"加强入学后的英语辅导"(87.3％)、"降低学费"(84.1％)以及"扩大利用外方合作大学电子文献资源的范围"(82.7％)等。

表 5-10　对学业支持措施的看法

(回答"非常重要"和"有点重要"的合计占比)

项　　目	本科生/％	硕士生/％	总体/％
加强就职指导活动	90.2	66.7	87.9
加强入学后的英语辅导	89.9	62.6	87.3
降低学费	85.4	72.8	84.1
扩大利用外方合作大学电子文献资源的范围	82.1	87.9	82.7
向学生公开可以反映意见的途径和方式	79.5	81.3	79.6
获得更多外方教师个别指导的机会	79.1	75.7	78.8
充实奖学金制度	76.2	78.2	76.4
为学生提供用双语(如中英文)编写的教材	76.6	66.7	75.7
为学生提供双语(如中英文)编写的入学说明、课程手册(培养方案)等	66.9	75.8	67.7

(五)对在读项目的满意程度

如表 5-11 所示,调查结果不容乐观:回答"基本满意"和"非常满意"的学生合计为 144 人,占总人数的 40.3%,也就是说,对项目表示满意的同学不到半数。对满意度做进一步的分析后发现:首先,从教育层次来看,硕士生对项目的满意度(71.4%)要高于本科生(40.9%)。其次,从年级分布来看,本科生的满意度基本呈逐年下降的趋势:本科一年级学生的满意度有 78.4%,但是二年级的满意度急剧下降到 25.3%,三年级则降到最低点 21.4%,四年级虽有所回升,也只有 33%。最后,从培养模式来看,五个被调查的项目可以分为两种类型:一是无须出国的培养模式,该模式的满意度并不高,只有 39.2%;二是赴国外学习一段时间的培养模式,该模式的满意度有 62.3%。看来,不出国就可以取得外国学位的培养模式并没有获得大家的充分肯定。

表 5-11　从教育层次看在读项目的满意度

(回答"基本满意"和"非常满意"的合计占比)

满意度	本科生/%	硕士生/%	总体/%
非常不满	6.6	0	6.0
有点不满	34.0	3.6	31.4
很难说	18.5	25.0	19.0
基本满意	39.9	71.4	42.6
非常满意	1.0	0	0.9

四、来自学生的意见和建议

共有 90 名(25%)学生回答了本调查最后一个提问("针对如何保障和提高中外合作学位项目的质量这一议题,您有什么好的建议"),大家普遍提到的问题有以下四个方面。

(一)教师

1. 外籍教师

很多学生反映担任教学的外籍教师太少,有同学说:"虽说是合作班,但是我们的外教只有一个,这和我们比别的学生多拿出几倍的学费不太相称。"对跨境学位项目来说,外籍教师通常采取集中授课的方式。有学生反映:"本身听英语就比较困难,外教却在两星期内集中上课。"部分同学建议:"个人觉得外方教师应该长时间待在中国,而不是来两三个星期把内容无效率地教给学生,应该合理安排课程,循序渐进","可以安排固定的外方教师在中国授课"。学生们还对外籍教师的资质表示担忧,有位学生提到,"没机会、没条件查外教的简历","应该对外方教师进行质量评估"。

2. 中方教师

有同学这样描述中方教师的重要性:"我们大部分时间接触的是中方老师,如果中方老师的知识不能跟上国外先进的教学理念,中外合作办学就失去了它的优势,最终只能流于形式。"同学们建议:"要努力提高中方教师的素质和水平";"中方合作院校应配备较强的师资力量"。

(二)授课方式

在跨境学位项目实施过程中存在不少文化冲突。比如,不少学生不太习惯外籍教师的授课方式。有同学反映:"希望外方教师尽量使用中国传统的教学方式。"还有部分同学提出了解决办法:"布置作业频率要高,任课老师要认真及时批改作业;对同学应严格要求,勤记笔记,严肃课堂纪律;对于课程内同学反映的问题,任课教师可以每周或双周抽1～2节课时间和同学交流。"有同学指出:"教师授课应该针对课本,让学生更好地理解课程的核心内容。有些学生在学期结束时,都不知道自己学习到了什么,对如何备考更是迷茫。"

其实,这些意见都和文化差异有关。学生需要努力适应西方的教学方式,外籍教师也需要具备能够区分文化差异的能力,探索在不同文化环境中提高教学的方法。有些同学的意见还是值得借鉴的:"老师应仔细解释一下课本中部分专用术语及其语境。""外文教材与我们中文教材的编排体系不太相同,导致思维方式有点转不过来。老师应该适当引导我们比较中西方的不同点,再展开教学。""特别难懂的教科书可以用双语来编写。"

(三)英语能力

和海外留学不同,在跨境学位项目就学的学生,很多是以国内学习为主的,甚至无须出国。因此,拥有的语言环境远不如赴海外的留学生。几乎所有的合作项目都使用英语教学,不具备良好的英语能力,会给学业带来很多障碍。有同学反映:"希望提供中英文对照教材,多安排外教沟通答疑时间";"希望多组织集体活动,提供英语学习的机会";"希望能看英语电影,听英文歌,了解合作对方学校及国家的风俗习惯等各种信息";"从中文向全英文过渡时不要太突然,最好有缓冲阶段"。

(四)学费

虽然和出国留学的总费用相比,跨境学位项目能节约不少费用,但还是有不少同学反映被高额的学费所困扰:"学费真的太高,难以承受";"奖学金少,一年比一年少,学费贵,一年比一年贵";"一些课程和别的学院一样,但我们的学分却比别人贵";"为什么支付了高额的学费,我们却还是使用翻版复印教材,建议使用原版教材"。

(五)其他问题

这些问题,虽然只是少数人提出来的,但从质量保障的观点看,也具有重要的参考价值。

1.招生

有学生指出:"应该严把招生质量,不能成为一个有钱就能来的地方";"不要改变外国大学的规章制度"。

2. 课程

在课程的编制方面,有同学指出:跨境学位项目包括中方和外方开设的课程,比一般学位项目数量要多,在编制课程时,需要考虑这两者的平衡关系;"主要课程应当安排在大一和大二,而不是大三和大四。否则对于毕业后要找工作的同学非常不利"。在课程的内容方面,有同学反映,"课堂中的知识就觉得华而不实,有些空洞",他们希望教师能够"传授些实用的东西",自己可以"学到和现实相呼应的内容",学习内容"更贴近国际最新理论和产业发展方向"。

3.项目的边缘化

和普通的学位项目相比,跨境学位项目有边缘化的现象。本次调查中有两名学生提到这一点,他们抱怨自己的专业被忽视,"学校的任何活动似乎都与我们无关"。

4.质量保障体系

质量保障体系的重要性得到了部分同学的认同。例如,他们建议:"定期在学生和教师之间进行满意度调查,建立学生反馈机制";"应该及时了解学生的想法,从而把中外合作项目办得更成功,达到双赢的目的";"多安排外教沟通答疑时间";"为学生提供反映问题的途径"。

本次学生问卷调查暴露了不少问题,尤其是外籍教师的授课次数、外籍教师的阅卷方式、中方教师的参与形式、外文文献的利用手段等。这些意见对构筑跨境学位项目质量保障体系具有重要的参考价值。一些问题是因为学生自身的能力而产生的,也有一些问题是项目主办方没有充分考虑到学生的需求而造成的,还有一些问题是文化差异造成的。前文已经提到过,跨境学位项目具有商业色彩,我们虽然很难彻底维护跨境教育的公益性,但是应该努力在市场性与公益性之间找到平衡,充分尊重和听取学生的意见是保持这一平衡的重要前提。"欧洲学生联合会"正在学生中培养质量保障的专家,让他们积极参与到国家质量保障机构的活动中(ESU,2009),这是很值得借鉴的做法。

第六章　项目输出型国家的质量保障

第一节　英　国

一、高等教育概括

(一)高等教育基本情况

英国位于欧洲大陆西北面,全称大不列颠及北爱尔兰联合王国,是由英格兰、苏格兰、威尔士和北爱尔兰组成的联合王国。国土面积约 24 万平方千米。英国是世界上高等教育最发达的国家之一,传统和创新使得英国高等教育在全世界享有盛誉。

根据英格兰高等教育拨款委员会的数据,英国现有 116 所大学(universities)、53 所高等教育学院(higher education colleges)、400 余所开设高等教育课程的继续教育学院(HEFCE,2008),在校生约 200 万人。根据 2007 年的数据,全日制学生的高等教育入学率已经达到了 62.5%(日本文部科学省,2011)。

1. 大学

大学是拥有自治权的独立机构,可以自行颁发学位。根据其历史、规模、使命、学科专业等可以对英国大学进行不同的分类,但通常人们习惯上将英国大学分为传统大学和新兴大学两类。传统大学的年龄不等,既有 12 世纪和 13 世纪成立的牛津大学和剑桥大学,以及 15 世纪成立的三所苏格兰大学①,也包括:①19 世纪到 20 世纪初获得皇家特许、在各主要城市建立的都市型大学(civic universities);②在19 世纪到 20 世纪中叶建立的威尔士大学(University of Wales)第一家学院;

---

① 它们是圣安德鲁斯大学(St Andrews University)、格拉斯哥大学(University of Glasgow)以及阿伯丁大学(Aberdeen University)。

③20 世纪 50—60 年代成立的大学。新兴大学则指的是根据 1992 年英国《继续教育和高等教育法》的规定升格为大学的学校,它们多数是具有悠久历史的职业学院。

大学规模也不尽相同,既有不到 4500 人的阿伯泰邓迪大学(University of Abertay Dundee),也有拥有约 4 万人的利兹城市大学(Leeds Metropolitan University)和曼彻斯特大学(University of Manchester)。此外,从事远距离教育的英国开放大学(Open University)的规模也令人惊叹,学生数已经超过了 17 万。在 116 所大学中,只有白金汉大学(The University of Buckingham)为私立大学。

2. 学院

高等教育学院同样是具有自治权的独立机构。个别学院拥有超过百年的历史。和大学有所不同,部分学院可以自行颁发学位,部分学院颁发的只是经过认可的其他大学的学位。规模小的学院只有 300 人,如英国癌症研究学院(Institute of Cancer Research),伯明翰大学学院(University College Birmingham)的学生数则达到了 7500 人。多数学院提供各类学科的综合课程,也有部分学院只专注于艺术、设计、舞蹈、护理等 1~2 门专业(HEFCE,2009)。

(二)跨境学位项目概况

在欧洲各国中,英国输出教育的历史最为悠久(ACA,2008),其历史可以追溯到大英帝国殖民时代。虽然不存在有关英国大学在海外提供教育的权威统计数据(Stephen A,2001),但是从不同的统计口径都可以看出,英国在提供跨境高等教育方面是走在世界最前列的。以英国文化委员会的数据为例:根据该组织的测算,在 2003/2004 年度,有将近 21 万人在英国大学的海外合作项目中学习。2010 年,这一数字将达到 35 万人,超过在英国国内留学的外国留学生比例(Anthony B et al.,2004)。英国高等教育统计局(Higher Education Statistics Agency)的最新数字显示,上述预测目标已经实现,在 2009/2010 年度,在英国大学的海外合作项目中学习的人数已经超过了 40 万。如前所述(参见表 2-6),英国跨境学位项目主要分布在中国、新加坡和马来西亚等亚洲国家。

二、高等教育的质量保障

(一)高等教育质量保障体系概述

由于历史、社会构造、地理环境等各种因素的影响,在英格兰、苏格兰、威尔士和北爱尔兰存在着各不相同的高等教育制度,不过,在质量保障的理念上四个地区是一致的,即高等教育的质量是由作为提供者的高等院校自身负责。在这一理念的指导下,各高等院校建立了较为完善的内部质量保障体系,开展了对课程的开发、认可、监督和修改,以及对学生学习成果的评价等各项内部质量保障活动。为了加强质量保障的公正性,所有大学还建立了由外部人员参与的校外评审制度(external examination)。

除了上述内部质量保障活动之外,政府于1997年成立了英国"高等教育质量保障署"(Quality Assurance Agency for Higher Education,QAA),通过QAA这一中介机构来统筹全国高等教育的外部质量保障体系。目前,QAA开展的外部质量保障活动主要包括三个方面。

(1)实施院校审查(institutional audit)和院校审核(institutional review);

(2)制定学术规范体系(academic infrastructure);

(3)公开各高等院校有关教育质量和水准的信息(teaching quality information)。

除此之外,政府的高等教育拨款委员会、英国高等教育学会(Higher Education Academy)、各职业团体等均在展开各种类型的质量保障活动(UK Universities,2008)。

(二)高等教育质量保障署(QAA)

1997年,英国对"高等教育质量审议委员会"(Higher Education Quality Council,HEQC)、"英格兰高等教育基金委员会"(HHEFCE)、"威尔士高等教育拨款委员会"(Higher Education Funding Council for Wales,HEFCW)、"教育质量评估局"(Quality Assurance Division,QAD)等部门的人员和业务范畴进行了调整,组建了一个全新的高等教育质量保障机构,即"高等教育质量保障署"。该机构承担着维持英国高等教育质量和水准的重任。

同年4月,QAA设立了事务局,并设立了以最高顾问兰德尔(Randall,J.)为首,包括大学和企业相关人士在内的13人理事会。QAA虽然接受来自政府的财政资助,但是它和政府的关系并不密切,其运营经费主要来自高等院校的捐款以及财政拨款机构的合同经费。成立之初,QAA的任务主要有以下五项:(1)维持和提升高等教育的质量;(2)实施公开财政来源的学科分类评估;(3)确保公共财源;(4)通过出版的方式来奖励教育质量的提升;(5)提供一些比较容易获取、有益的高等教育质量保障相关信息(QAA,2000)。

(三)院校审查和院校审核

院校审核是QAA定期对英国高等院校内部质量保障体系进行监督的一种外部评价方式。在英格兰和北爱尔兰被称为institutional audit,在威尔士被称为institutional review,在苏格兰则被称为enhancement-led institutional review。通过表6-1可以对该制度有一个基本的了解。

表 6-1　英国院校审核制度概括

		英格兰和北爱尔兰	威尔士	苏格兰
评估对象		所有大学、高等教育学院	所有大学	所有大学
评估周期		6 年	6 年	4 年
重要流程	自评报告	自评报告书（briefing paper）	自评文件（self-evaluation document，SED）	自我分析报告（reflective analysis，RA）
	学生意见	单独向 QAA 递交	根据学生意向可单独递交	写入到 RA 中
	现场考察	分预备考察（3 天）和正式考察（5 天）	5～7 天的行程分两部分进行	5～7 天的行程分两部分进行
	判断	综合判断	综合判断	综合判断
	建议	单独列出建议，根据程度区分为必须接受、最好接受、自行决定是否接受三类	融入报告书中	融入报告书中
	追踪	审核结束三年后，QAA 要求受审机构递交改善报告	在审核结束后第三年左右，受审机构主动和 QAA 沟通	审核结束一年后，QAA 要求受审机构递交最新进展

资料来源：根据 QAA 网站有关信息整理。

院校审核制度具有四个特点：第一，重视院校的自评报告。第二，重视学生意见，为学生、雇主和高等院校之间的对话提供了机会。第三，不是针对所有学科进行评估，仅仅对各院校所面临的问题进行审查，为此设定了六个核心项目：（1）课程计划、内容和构成；（2）教学和学习评估；（3）学生学习进展及其完成状况；（4）学业支持及学生指导；（5）学习资源；（6）质量管理及其提升。第四，重视对评估中发现的问题进行改善，例如，QAA 在审核过程中会抽取 10% 的学生进行调查，发现问题后，QAA 会要求各院校拿出相应的解决方案。

由于英国高等院校的海外合作项目规模大，情况复杂，很难纳入到常规的机构审核范围内。为此，QAA 设立了独立的海外审核（overseas review）制度，对英国的跨境高等教育活动进行质量监控。海外审核是院校审查的一环，QAA 会根据需要决定实施与否。

（四）学术规范体系

为了向学生、家长、雇主等提供更为透明的信息，QAA 联手其他高等教育部门，合作开发出一套学术规范体系，为设定和维护英国高等教育的整体质量和水准提供了明确的指导方针（guidelines）和参考标准（reference point）。

学术规范体系由四部分组成：实施准则（code of practice）、高等教育资格水准框架（frameworks for higher education qualification，FHEQ）、学科基准说明（subject benchmark statements)以及专业规格(programme specifications)。

这其中,和跨境学位项目关系比较密切是实施准则。1998 年至 2001 年期间,QAA 陆续发表了 10 册实施准则,1999 年发表的《海外合作教育项目》是专门针对跨境学位项目,为提供跨境学位项目的英国高等院校提供了众多质量保障的原则(见表 6-2)。

表 6-2　QAA 制定的实施准则概览

序号	关键词	实施准则的英文原名(括号内为最新出版年份)
1	研究生院的研究课程	Postgraduate research programmes(2004)
2	海外合作教育项目	Collaborative provision and flexible and distributed learning (including e-learning)-Amplified version(2010)
3	残疾学生	Disabled students(2010)
4	校外审查	External examining(2004)
5	学术呼吁和学生投诉	Academic appeals and student complaints on academic matters (2007)
6	学生成绩评价	Assessment of students(2006)
7	课程认可、监督和审核	Programme design, approval, monitoring and review(2006)
8	职业教育、信息、指南	Career education, information, advice and guidance(2010)
9	课外实习	Work-based and placement learning(2007)
10	招生和入学考试	Admissions to higher education(2006)

资料来源:根据 QAA 网站有关信息整理。

(五)教育信息的公开

英国一直比较重视入学前向学生及其家长提供有关高等教育的各类信息。在名为 Unistata① 的网站(URL:https://unistats.ac.uk/)上可以查询到英国高等院校的详细信息。由于 Unistata 隶属于英格兰高等教育基金委员会(HEFCE),又得到了英国高等教育统计局(Higher Education Statistics Agency,HESA)和学习技能委员会(Learning and Skill Council,LSC)等机构的协助,因此,数据非常丰富。在该网站上查阅大学情况时,还能检索到该大学参与全国学生调查(National Student Survey,NSS)的结果,遗憾的是该网站上目前无法查阅到英国高等院校在海外的合作学位项目。

英国是少数从政府层面对本国的跨境高等教育活动进行质量监控的国家之一(Richard,2004c),所有针对跨境学位项目的质量保障措施,都有机地融入到了本国的高等教育质量保障体系中:在一个质量保障机构的统筹下,通过制定一系列学术规范体系(实施准则等),实施定期的外部质量保障活动(海外审查),以促进各高等院校不断完善内部质量保障体系。

① 其前身为 Teaching Quality Information,简称 TQI。

第二节 澳大利亚

一、高等教育概况

(一)高等教育基本情况

澳大利亚大陆总面积为 769 万平方千米,是世界上面积最大的岛屿和面积最小的洲。澳大利亚由六个州(state)和两个领地(territory)组成:新南威尔士州、维多利亚州、昆士兰州、南澳大利亚州、西澳大利亚州、塔斯马尼亚州以及首都领地和北领地①。澳洲拥有发展完善的高等教育体制,对自身的不断反思和改革,使其在世界高等教育占有重要的一席。

根据是否拥有"自我认证权限",澳大利亚的高等院校大致可以分为两大类:"自我认证高等院校"(self-accrediting institutions,SAIs)和"非自我认证高等院校"(non self-accrediting institutions,NSAIs)。所谓的"自我认证权限",指的是高等院校有权自主开设课程并颁发相应的学位证书(MCEETYA,2007)。"非自我认证高等院校"无权自主开设课程或提供学历教育。如果要开设课程或提供学历教育,须得到相关州或领地高等教育审批机关的批准。

2008 年,澳大利亚共有包括大学在内的 43 所"自我认证高等院校"和 146 所"非自我认证高等院校"。从表 6-3 可以发现,澳大利亚的高等教育是以公立学校为主的,四所历史最悠久的大学全是公立学校:悉尼大学(University of Sydney,1850)、墨尔本大学(University of Melbourne,1853)、阿德雷德大学(University of Adelaide,1874)、塔斯马尼亚大学(University of Tasmania,1890)。根据官方的统计,17~24 岁国内人口的高等教育入学率,一直徘徊在 20%,2005 年为18.7%(DEST,2007)。

表 6-3 澳大利亚的高等院校

	自我认证机构	非自我认证机构
大学	公立大学(37 所)	TAFE、私立学院等(146 所)
	私立大学(2 所)	
	学院(4 所)	

资料来源:根据 Denise et al.(2008)和 ACPET②(2008)提供的数据整理而成。

---

① 资料来源:澳大利亚官方旅游网站,http://www.australia.com/zhs/。

② 即澳大利亚私立教育和培训协会(Australian Council for Private Education and Training)。

(二)跨境学位项目概况

发展和输出教育产业使得澳大利亚高等教育闻名全球。不少澳大利亚高等院校在境外一个或多个国家拥有校园或合作项目。跨境高等教育的蓬勃发展为澳大利亚的经济做出了重要贡献。目前,教育是仅次于煤矿和铁矿石出口的第三大支柱出口产业,2009 年教育出口额曾达到 186 亿澳元,为澳大利亚提供了 12.5 万份工作(Council of Australian Governments,2010)。

澳大利亚政府喜欢使用离岸学生(offshore student)来指代那些不在澳大利亚本土学习的国际留学生。从 20 世纪 80 年代后期开始,澳大利亚高等院校便开始着手开发跨境学位项目(Tony A,1998),离岸学生的数量也在不断增加。2009年,有 320970 名国际学生在澳大利亚的高等院校学习,其中离岸学生为 100492 名(25%的学生接受的是远距离教育),这一数字虽然不及英国,但也是相当可观的(见表 6-4)。目前,离岸学生占国际留学生总数的 31%(Australian Education International,2011),有 51%的离岸学生为女性。

表 6-4　2005—2009 年澳大利亚国际学生数

学生数	2005 年	2006 年	2007 年	2008 年	2009 年
本土学生/人	174527	180978	183110	200567	220478
离岸学生/人	63827	68423	89989	93596	100492
总数/人	238354	249401	273099	294163	320970

资料来源:根据 Australian Education International(2009;2011)制成。

澳大利亚大学校长委员会①(Australian Vice-Chancellors' Committee,AVCC)也是一家热心收集本国跨境教育项目数据的机构,它不定期发表题为《澳大利亚大学中的离岸教育项目②》("Offshore Programs of Australian Universities")的独立调查报告。从图 6-1 可以看出,1996 年到 2003 年期间,离岸教育项目的数量增长很快,但是近年来出现下滑趋势。不过,考虑到离岸学生数量一直在增加,可以推测离岸教育项目的生均规模在扩大。

三分之二的离岸教育项目集中在新加坡、马来西亚、中国(Universities Australia,2009)。它们绝大多数是学位项目。2009 年,68%的离岸教育项目授予的是普通学士学位(bachelor's pass),21%的离岸教育项目授予的是授课式硕士学位(master's by coursework)。从学科门类看,商业管理类(53%)专业占据绝对优势,

---

① 即现在的澳大利亚大学协会(Universities Australia)。
② 离岸教育项目指的是:(1)和澳大利亚大学签订正式协议的院校或机构(包括海外分校)中的项目;(2)完全或部分在澳大利亚境外实施的项目(包括部分远距离教育项目);(3)颁发公认的高等教育资格证书的完整的项目;(3)由澳方大学开发并对其学术水准负责的项目。

其次是信息技术(7%)、社会和文化(6%)、工学类(6%)以及健康学(6%)(Australian Education International，2011)。

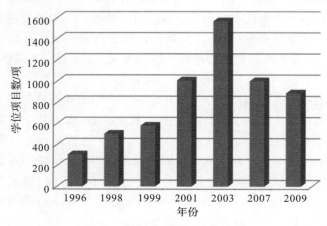

图 6-1　澳大利亚离岸项目的发展
资料来源：根据 Universities Australia(2009)有关数据制成

二、高等教育的质量保障

(一)高等教育质量保障体系概述

澳大利亚高等教育是由联邦政府、各州(领地)政府共同管理的,联邦政府主要负责制定国家层次的高等教育政策以及财政拨款,各州(领地)政府则肩负着对高等教育管理立法的责任。为了维护高等教育质量和加强国际竞争力,澳大利亚各级政府一直十分重视高等教育质量保障体系的建设。

澳大利亚的高等院校自身非常重视内部质量保障体系的建设,各大学均设有专门的机构为决策和改善教学质量服务。如图 6-2 显示,外部高等教育质量保障体系则是由多种主体和多种手段构成的。尽管 2011 年新成立了的"澳大利亚高等教育质量和标准署"(Tertiary Education Quality and Standards Agency,TEQSA)将改变主体多元性的传统特点,但是在外部体系中起到核心作用的三个主体不会发生根本变动,它们分别是联邦政府、质量保障机构和大学团体。

(二)联邦政府

联邦政府在澳大利亚高等教育质量保障建设中发挥了主导地位。

1. 澳大利亚学历资格框架(AFQ)

1995 年,澳大利亚联邦政府和各州政府通过了澳大利亚学历资格框架

（Australian Qualifications Framework，AFQ），这是一个对学历资格的质量和水准进行管理的系统，如图 6-3 所示，它将高等教育、职业教育和高等教育中的 16 种学历资格纳入十个级别，有机衔接成一个统一框架，使得学生所获得的学历更容易与海外学历进行比较并获得国际认可（AQF Council，2011）。

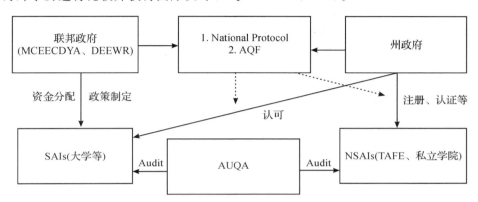

图 6-2　澳大利亚高等教育质量保证体系

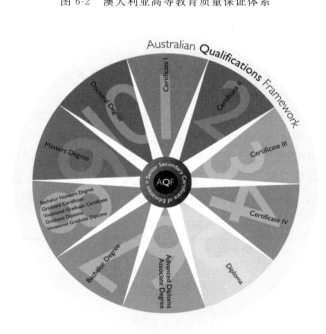

图 6-3　澳大利亚学历资格框架构成

只有澳大利亚政府认证的教育及培训机构才能颁发这些学历名称，这些机构的名称在 AQF 登记册（AQF Register）的官方网站上公开供公众查阅。在高等教育领域,自我认证高等院校可以自行颁发 AQF 中的学历资格,而那些非自我认证高等院校需要向各自所属州或领地的登记处提出认证申请,获得批准后记入 AQF 登记册中。政府通过这一手段来对高等院校及其颁发的学历资格的质量进行监督。

为了更好地推动跨境高等教育的发展,受到欧盟"文凭补充说明"制度的启发,2008 年 9 月 4 日,时任联邦教育部长的吉拉德(Gillard J E)宣布推出"澳大利亚高等教育毕业文凭说明"(Australian Higher Education Graduation Statement)制度,以更好地解决各国间学历资格互认的问题。该说明书在学生毕业时连同学位证书、成绩证明书等一并发行。政府承诺在未来三年中将拨款 2700 万美元,支持澳大利亚公立大学实施该制度(DEEWR,2008)。该制度的普及将进一步提高澳大利亚高等教育在国际上的认可度。

2.《高等教育审批程序国家议定书》

1995 年,澳大利亚教育、就业、培训与青年事务部(Ministerial Council for Education, Early Childhood Development and Youth Affairs, MCEETYA)开始着手开发各州通用的高等教育设置认可和认证标准。2000 年,MCEETYA 制定了《高等教育审批程序国家议定书》(*National Protocols for Higher Education Approval Processes*)(以下简称《国家议定书》),并获得联邦政府和各州教育部长会议的批准,它和上述澳大利亚学历资格框架(AQF)共同成为该国高等教育质量保障体系的两块奠基石。

《国家议定书》是对新设大学进行认可(approval)、对"非自我认证高等院校"进行注册(registration)和认证(accreditation)时的行动指南,也是澳大利亚大学质量保障机构进行审核活动时的重要参照文件。2006 年 7 月,为适应国际高等教育不断发展的新趋势,加强质量保障的力度,MCEETYA 对《国家议定书》进行了修订,新版本于 2008 年正式生效。新版《国家议定书》由五部分组成,涵盖各类高等院校(见表 6-5)。

表 6-5 《国家议定书》的内容构成

协定内容	适用对象
协定 A"面向所有高等院校的国家认可的标准及认可过程"	所有高等院校
协定 B"面向非自我认证高等院校的登记及其高等教育课程认证的标准和过程"	NSAIs
协定 C"向大学以外的高等院校授予自我认证权限的标准和过程"	SAIs(非大学)
协定 D"针对澳大利亚的大学设置的标准和过程"	SAIs(大学)
协定 E"面向欲在澳大利亚开展活动的海外高等院校的标准和过程"	海外高等院校

(3)质量保障战略(TQS)

2005 年 4 月,教育、科学与培训部(DEST)发表了《针对澳大利亚跨境教育和训练的国家质量保障战略：讨论稿》(*National Quality Strategy for Australian Transnational Education and Training：a discussion paper*)，征求公众意见。同年 11 月，联邦政府认可了这一质量保障战略(Transnational Quality Strategy, TQS)。TQS 确定了澳大利亚跨境高等教育质量保障的基本原则：确保在他国提供的学位项目的质量标准和学习成果(learning outcomes)，与在澳大利亚本校提供的学习项目保持相同的学术标准[①]。TQS 还确定了四个重点行动领域：

(1)促使各相关人员对澳大利亚质量保障的规定有更深入的理解；

(2)为公众提供更好的途径获取澳大利亚跨境教育的数据和信息；

(3)加强质量保障的行动；

(4)教育信息的公开。

除了在 AQF 登记册的官方网站上可以查阅到政府认证的各类教育及培训机构，政府主办的"未来无限"网站上(http://www.studyinaustralia.gov.au/en)也提供了详细的留学信息，包括所有教育层次的课程基本情况。

TQS 战略直接促成了一个有关跨境教育在线数据库的诞生。2008 年，澳大利亚政府创建了跨境高等教育项目目录(AusLIST：http://www.auslist.deewr.gov.au/)，该网站提供澳大利亚各院校及其境外的跨境教育项目的相关信息。被纳入数据库的项目提供者是获得政府认可的澳大利亚高等院校，课程颁发的是澳大利亚学历资格框架内的学历资格。政府呼吁更多的澳大利亚院校通过 AusLIST 公布其境外跨境教育项目的信息，随着该数据库内容的不断完善，其影响力和应用性也将逐步提高，帮助国际学生获取关于在他所在国开展的澳大利亚跨境高等教育项目的可靠信息。

(三)质量保障机构

1. 澳大利亚大学质量保障署

澳大利亚的外部质量保障机构肩负着对各高等教育院校内部质量保障体系进行审查的任务。到 2011 年为止，实施这一任务的是澳大利亚大学质量保障署(AUQA)。

AUQA 成立于 2000 年，是由 MCEETYA 设立的非营利独立民间机构。设立的目的是希望通过对澳大利亚高等院校的质量审核，来维持和促进高等教育的质量。同时，AUQA 也承担对各州(领地)认证机构的审核工作。审核所需费用由联邦政府、州和地区政府以及被审核单位各承担三分之一。AUQA 的审核属于机构审核，比较尊重各院校的多样性，重在审核大学自己制订的目标(objectives)是否

---

① 资料来源：澳大利亚政府网站，https://www.aei.gov.au/About-AEI/Offshore-Support/Pages/TransnationalEducation.aspx。

实现。

审核每五年一次。2002 年至 2007 年，AUQA 针对自我认证机构和各州的认证机构实施了第一次质量审核。从 2006 年起，非自我认证机构也成为审核对象。2008 年起，AUQA 启动了第二轮质量审核，新一轮审核更看重受审机构的教学研究活动的实绩，具体包括：受审机构开展的各类活动对该机构自己制定的标准和期待的结果产生了怎样的影响。各机构是如何制定、运用、维持和审查学术标准的，机构的一系列质量保障举措与实际取得的成绩之间有何关联。

有学者指出，创设澳大利亚大学质量保障署的初衷就是为了应对该国的教育输出(David W，2001)。因此，在 AUQA 开展审核活动的初期就将澳洲大学的海外活动纳入在内。根据需要，AUQA 还会派遣专家小组赴海外实施审核。政府还拨款对实施海外审核的专家进行培训，鼓励大学开发质量保证的模范案例。新成立的"澳大利亚高等教育质量和标准署"将在总结 AUQA 原有经验的基础上，继续推动针对海外教育项目的质量保障活动。

2. 澳大利亚高等教育质量和标准署(TEQSA)

2008 年发表的《澳大利亚高等教育回顾》①(*Review of Australian Higher Education*)中建议，澳大利亚应该建立一个新的机构来统一监管所有第三级教育(tertiary education)的质量。作为回应，2009 年 5 月澳大利亚联邦政府发表了题为《改变澳大利亚的高等教育体制》(*Transforming Australia's Higher Education System*)的预算报告，承诺加强对高等教育的投入，并提议成立两个全新的质量保障机构，即"澳大利亚高等教育质量和标准署"(TEQSA)和"澳大利亚技能质量署"(Australian Skills Quality Authority，ASQA)。前者负责高等教育，后者负责职业教育与培训的质量监管。

2011 年 7 月 29 日，"澳大利亚高等教育质量和标准署"正式成立，从 2012 年 1 月开始，TEQSA 将把各州(领地)认证机构和 AUQA 行使的工作全部纳入自己的业务范畴，依据新的高等教育质量框架(由提供者标准、学历资格标准、教学标准、信息标准、研究标准组成)，开始在全国行使高等教育监管职责。TEQSA 和 AUQA 的区别在于：AUQA 只拥有改进大学质量的建议权，而 TEQSA 在承担起确保高等教育提供者符合最低质量标准这一义务的同时，还被授权可以对不合格院校采取各种制裁措施，如取消该大学"university"的冠名权。

TEQSA 的成立将改变澳大利亚高等教育质量保障体系原有的特点，澳大利亚高等教育的质量保障将在 TEQSA 的统筹下展开。这标志着澳大利亚的高等教育质量进入了一个新时代，但是，如何整合各类资源是 TEQSA 面临的最大挑战。

① 俗称布莱德利报告(Bradley Review)。

(四)大学团体

澳大利亚大学校长委员会(AVCC)是一个由澳大利亚大学自发组成的协会,现已更名为澳大利亚大学协会(Universities Australia)。该协会在澳大利亚跨境高等教育政策的形成过程中发挥了先驱作用。20 世纪 90 年代,尚未形成针对跨境高等教育的政府层面的质量监控机制(David,2003)。作为一种行业自律行为,AVCC 开始致力于制定跨境高等教育质量保证的基本原则。1990 年,AVCC 发表的《澳大利亚高等院校向境外学生提供教育的从业道德准则》(*the Code of Ethical Practice in the Provision of Education to Overseas Students by Australian Higher Education Institutions*),首次为接受外国留学生的澳大利亚高等院校制定了自律性规则。1995 年,AVCC 又发表了《澳大利亚高等院校提供境外教育和教育服务的从业道德准则》(*the Code of Ethical Practice in the Provision of Offshore Education and Educational Services by Australian Higher Education Institutions*)。上述两个文本在1998 年被合二为一,统称为《向国际学生提供教育:澳大利亚大学实施准则与指导方针》(*Provision of Education to International Students: Code of Practice and Guidelines for Australian Universities*)。

TEQSA 刚刚成立,也许它会对目前的澳大利亚跨境高等教育质量保障活动做出调整。不过,有两点不会改变:第一,由大学团体制定的跨境高等教育质量标准(实施准则等)依然会是质量审核时的重要参考依据;第二,所有质量保障活动,依然是以促进各高等院校完善内部质量保障体系为目的。

第三节　日　本

一、高等教育概况

(一)高等教育基本情况

日本是位于亚洲东部的一个岛国,领土由北海道、本州、四国、九州四个大岛和3900 多个小岛组成,面积约 37.8 万平方千米。日本的高等教育一直在不断的反思中前进,近年来实施的国立大学法人化和大学评价制度等改革受到了各国的高度关注。

日本高等教育的规模近年来没有太大的变化。2011 年,有超过 310 万的学生在 1224 所不同类型的高等院校学习(日本文部科学省,2010)。高等教育入学率在

2004 年超过了 50％,2010 年达到了 57.8％(日本文部科学省,2011),日本高等教育已经进入了普及化阶段①。私立学校在整个高等院校中占据了很大的比例。以大学为例,2011 年,在 780 所大学中,有 76.8％(599 所)是私立大学。但是,国立大学在办学经费、教学和科研成果等方面占据了明显的优势,尤其是东京大学、京都大学、东北大学、九州大学、北海道大学、大阪大学、名古屋大学这 7 所旧帝国大学(见表 6-6)。

表 6-6　高等院校的数量

年份	总计/所	大学/所	短期大学/所	专科大学/所
1995	1223	565	596	62
2011	1224	780	387	57

资料来源:日本文部科学省网站。

(二)跨境学位项目概况

进入 21 世纪后,在日本才出现了跨越国高等教育、无边界高等教育等外来词语。但这并不代表着在日本不存在跨境高等教育活动,例如,在 20 世纪 90 年代,就有约 30 余所美国大学在日本建立了美国大学日本分校。但是在短短 5 年后,它们大部分先后被迫关闭或解体,延续至今的只剩 5 所。日本的法律框架、社会习俗使它很难成为一个典型的跨境教育输出国。2004 年中央教育审议会在《21 世纪日本高等教育的未来构想》(21 世纪日本の高等教育の将来構想)一文中,对跨境高等教育的远景做了如下描述:"今后,对高等院校来说,将以在海外设置分校、和外国大学合作提供学位项目、通过远距离教育提供跨境教育等方式,参与国际间的大学竞争。"这清楚地表明了政府希望成为高等教育输出国之一的决心。"欧洲学生联合会"(2004)的一项研究中也将日本视为是跨境教育的输出国。

1. 远距离跨境学位项目

远距离教育是伴随着网络技术的飞速发展而新兴的一种教育方式,在欧美等信息技术发达、技术人才充足的地区,不但传统高等院校在向国外提供在线学位课程,一些网络大学也在独立或和大学合作提供在线的教育服务。远距离教育被政府视为今后输出高等教育的手段之一。不过,目前无法得知究竟有多少日本大学正在或计划向海外提供远距离高等教育项目。为了鼓励发展远距离教育,政府制定了相对宽松的政策,允许大学本科毕业 124 个学分中有 60 个学分可以通过"远距离教学"取得。

不过,远距离高等教育在日本刚刚起步。2001 年起,日本高等院校开始将远

---

① 如果将函授、广播电视大学、专修学校计算在内的话,2010 年高等教育入学率为 81.3％。

距离技术运用到教学实践,根据 2001 年的调查,只有 16.5% 的大学和 7.7% 的短期大学以及 11.9% 的专科大学在开展真正意义上的远距离教学(吉田文,2005)。已经有不少大学在和国外大学进行学位合作过程中运用了该技术,最常见的就是和国外大学开展共同授课。日本放送大学也正在积极为向国外提供远距离学位课程做准备,他们参考 2005 年 UNESCO 和 OECD 制定的《跨境高等教育办学质量的指导方针》(*Guidelines for Quality Provision in Cross-border Higher Education*),正在开展远距离教育课程设计、质量评估指标的开发等基础研究工作。当然,在现有政策框架下,无论是外国学生还是日本学生,都无法单纯通过接受远距离教育获得学位。

2.海外分校中的学位项目

早在 20 世纪 90 年代初就曾兴起过一股创办美国大学在日分校的热潮,这些学校以日本人为主要对象,向他们提供以留学为目的的预科教育,部分学校还提供完整的美国大学课程,学生不出国即可获得美国大学学位。可是,在经历了短暂的辉煌后,这些学校或关闭或解体,延续至今依然在运营的外国大学在日分校只有 5 所,其中,提供学位项目的只有 3 所(见表 6-7)。其他两所是天津中医药大学中药学院在日分校和雷克兰学院在日分校(Lakeland College Japan Campus),分别提供国家资格考试课程和副学士课程。

表 6-7　获得日本政府许可、提供学位课程的外国大学在日分校

校名	位置	学位课程	
		本科专业	研究生专业
天普大学日本分校	东京	艺术、亚洲研究、教养、经济、国际关系、国际商务、交流、心理研究、政治、日本语	MBA、法学(硕士)、TESOL(硕、博士)
俄罗斯远东国立大学函馆分校	函馆	俄罗斯地域学	无
哥伦比亚大学教师学院东京分校	东京	无	TESOL(硕士)

笔者将在日分校失败的原因归纳为以下三点:政府的旁观政策、学生的英语能力和经营上的困难(叶林,2005)。面对邻国跨境高等教育的快速发展,日本文部科学省开始重新检讨现行政策。并于 2004 年 9 月 30 日正式发布了《关于调整"外国大学在日分校"和"我国大学海外校"制度的法令》。在对待外国大学在日分校的问题上,《法令》指出:"目前,在我国教育制度中,通过海外留学以及外国大学实施的通信教育而获得的学位,通过承认其具有报考研究生院资格或者学分互换等方式和我国的教育制度接轨。"

该法令的制定,标志着在如何认定在日分校学生取得的外国学位问题上有了突破,即该学位已经被视为和海外留学获得的学位具有同样的价值。换而言之,外

国大学在日分校被政府认可是外国大学在日本的一种存在形式。不过,《大学设置基准法》并没有为外国大学在日分校增设特殊条款,这就意味着分校的法律地位没有发生根本的变化,近年来海外分校并没有重新在日本发展起来就是一个证明。

3. 联合(双)学位项目

2008 年政府颁布的《教育振兴基本计划》中首次提及双学位,鼓励日本大学和国外大学合作开发双学位项目。2010 年,中央教育审议会发表了《和外国高校构筑双学位等有组织、持续性的教育合作关系的指南》(日语:我が国の高校と外国の高校間におけるダブル・ディグリー等、組織的・継続的な教育連携関係の構築に関するガイドライン)一文,试图引导国际合作学位项目走上健康发展之路。该文本对双学位和联合学位项目分别进行了界定。双学位项目指的是"和外国高校在教育课程和学分互认上达成协议,合作双方高校各自授予学位的项目";联合学位项目指的是"通过共同编制、实施教育课程,活用学分互认制度,本国高校和外国高校分别授予学位的学习项目。除了双方高校各自颁发学位之外,还可以设想发行完成该项目学习的证明书"。

这是一个在尊重现有法律框架基础上开发出来的定义。由于日本法律不允许国内外高校合作开发、实施课程并授予单一的学位,因此,日本政府在理解双学位和联合学位项目的区别时,更看重其合作程度,即联合学位项目是一种更深层次的合作,和双学位的根本区别在于是否共同编制教育课程。

文部科学省的各类调查报告中均没有提供联合学位的数据,不过,笔者注意到,近年来,日本高校在推动国际化过程中十分重视开发双学位项目,这也将成为未来日本跨境高等教育发展的重点。2006 年只有 37 所(国立 8 所、私立 29 所)高校在实施双学位项目,2009 年这一数字上升到了 93 所(国立 26 所、公立 3 所、私立 64 所)①。

由于文部科学省尚未公开这些双学位项目的具体名单,所以很难把握其整体特征。但文部科学省的白皮书显示,2007 年日本共有 158 项双学位项目,它们的合作国主要来自亚洲(97 项)、北美(36 项)和 EU(21 项)诸国,其中亚洲占到了 61%(文部科学省,2008)。近年来,日本政府更是加大了对此类合作项目的支持,2012 年正式启动的"大学走向世界"项目中,首批扶持了 10 项和中国、韩国各大学合作的项目(即"亚洲校园计划"),以及 12 项和美国、澳大利亚、欧洲各国大学合作的项目。获批的合作项目大多提出了要建设双学位项目。

通过互联网检索,笔者收集到了 74 例日本高校的双学位项目,从中发现了若干和中国不同的特点:第一,从办学层次上看,硕士层次以上的合作项目较多,在

---

① 资料来源:文部科学省,大学における教育内容等の改革状況について,http://www.mext.go.jp/a_menu/koutou/daigaku/04052801/1310269.htm,2012-03-12.

74 例中占到了 84％,其中博士项目(包括硕博连读)就有 22 项(合作国包括中国、美国、德国、波兰、芬兰、法国、斯洛伐克、罗马尼亚、新西兰、韩国);第二,从学科专业上看,管理学所占比例较低,在 74 个项目中只占 5％;第三,在运作模式上,主要分为单向接受型、单向派遣型和接受派遣型,不存在不出国即可获得学位的培养模式。

74 例双学位项目中,有 33 例是和中国高校开展的合作,其中只有 5 个项目是获得中国政府批准的中外合作办学项目,其余均为双方高校的校级交流项目。值得注意的是,5 个中外合作办学项目中,中方没有一所来自"985 工程"高校,日方也没有一所是知名度较高的综合性大学。事实上,北京大学、清华大学、复旦大学、中国人民大学、西安交通大学、南开大学、上海交通大学等学校都在以校级交流的方式和日本一些知名大学开展双学位的合作。看来,对中日两国的知名大学来说,它们更青睐于开发建立在校际交流基础上的双学位项目,而且,这些高校很少参与本科层次的合作,它们更倾向于开发硕博层次的双学位项目。

二、高等教育的质量保障

(一)高等教育质量保障体系概述

伴随着 2002 年《学校教育法》的修订,日本高等教育质量保障完成了从"事前规制型"向"事前规制和事后确认的综合型"的转变,政府、大学、第三者评估机构这三个不同主体共同承担起高等教育质量保障的责任。各大学在通过了大学设置审查后,自主、自律地开展针对大学教学和科研的自我评估,并向社会公开评估结果。同时,接受来自不同主体的认证和评估。

1.大学设置基准

狭义的大学设置基准指的是文部科学省 1956 年制定的《大学设置基准》,该法令的第一条规定:"这是设置大学所需要的最低基准。"广义的大学设置基准指的是各种法规条例中涉及的设置大学的一系列最低基准。这些法规条例包括《学校教育法》及其实施条例,大学、短期大学和研究生院等各类高等教育机构设置基准、学位条例等。

20 世纪 90 年代初,日本对《大学设置基准》进行了全面修订,放宽了对设置大学的限制。从 2003 年开始,在对新学部和学科进行设置认可时,政府采用了"准则主义",也就是说,无须政府行政部门进行实质性的审查,如果符合法定条件,大学只需向政府递交设立学部或学科的申请文件即可。这一改革使得学部和学科的设置变得容易。目前,政府准备再次对《大学设置基准》进行修订,旨在对其中一些定性、抽象的基准做出更明确的表述,使其在设置认可审查时发挥更好的作用。

2. 认证评价

2004 年,第三者评价制度正式启动,大学每隔 7 年必须接受文部科学大臣认可的认证评价机构①实施的认证评价。评估分合格、不合格、保留三种结果,并向社会公开,以此来促进大学提高质量。另外,实施法人化后的国立大学,还需要接受由文部科学省"国立大学评估委员会"负责的评估,审查各大学制定的包括财政管理经营在内的 6 年中期计划。

3. 公开高等教育相关信息

2010 年 6 月《学校教育法实施规则》进行了修订,从法律上做出了明确规定:从 2011 年 4 月 1 日开始,大学必须向社会公开下列信息②。

(1)学院、学科、课程等的教学研究目的;

(2)教学研究的基本组织(学院、学科、课程等的名称);

(3)教师(教师组织、教师数量、教师拥有的学位和业绩等);

(4)学生(招生方针、入学者人数、招生指标、在校生数、毕业生数、就职状况等);

(5)课程(课程名称、教学方法、内容及年度教学计划);

(6)评价学习成果的标准和毕业要求(评价标准、年限、学分、可能获得的学位);

(7)学习环境(所在地、校园概况、交通手段、运动设施、课外活动);

(8)缴纳费用(学费、入学金、学费减免制度概要);

(9)学生援助(援助机构、奖学金种类、就职援助、身心健康援助、留学生援助措施等)。

今后,日本政府还将通过修订相关法律条文进一步充实公开信息的内容,重点推进以下三项工作:第一,各大学按照统一方针公开各学院学位课程的教学大纲;第二,完善信息系统的数据库建设③;第三,加强国际合作,实现信息共享④。

(二)跨境高等教育的质量保障

和英国和澳大利亚相比,日本在构建跨境教育质量保障体系上尚处在探索阶段。进入 21 世纪以来,日本政府逐渐认识到跨境教育质量保障的重要性,2002 年

---

① 它们分别是:"大学基准协会""日本高等教育评估机构"和"大学评估和学位授予机构"。

② 引自日本文部科学省省令令第 15 号。http://www.mext.go.jp/b_menu/hakusho/nc/__icsFiles/afieldfile/2010/06/23/1294750_1.pdf,2010-01-30.

③ 国际上比较知名的大学信息综合数据库有:收录全美高等教育机构的 IPEDS、收录美国州立大学的 College Portrait 数据库、收录英国大学的 Unistats 数据库等。

④ 目前,日本已经加入到联合国教科文组织开通的门户网站 Portal on Higher Education Institutions (http://www.unesco.org/education/portal/hed-institutions),该网站可供用户查询各国合法高等教育机构,没有出现在这个网站上的机构就需要谨慎对待。

8月,中央教育审议会颁布了"构建新的大学质量保证体系"(日语:大学の質の保証に係る新たなシステムの構築について),2003年3月政府内阁又制定了"规制改革3年推进计划"(日语:規制改革推進3か年計画),这两个重要文件均提到要开展对跨境高等教育质量保障的研究。2003年7月,日本文部科学省设置了一个名为"国际视野的大学质量保障调查研究合作者会议"(国際的な大学の質保証に関する調査研究協力者会議)的组织,一年后,该机构发表了一个总报告。

报告首先指出,日本在跨境高等教育领域已经处在了落后的地位:"除了留学生交流之外,我国的高等教育在推进国际化方面几乎没有什么进展。相比之下,美国、英国等大学在东南亚等国表现非常活跃。学生和雇主也反映我国的大学没有充分展示其魅力和竞争力。"

报告明确指出,今后几年,要通过设立海外分校、推动远距离教育以及和国外大学加强合作等方式来推进国际化。但是,报告虽然认为构建跨境高等教育质量保障体系是一件紧迫的任务,但是只提出了一些质量保障的原则性意见,并没有制定具体举措。

不过,在该报告公布之后,文部科学省随即对已有法规进行了调整①。第一,在外国大学日本分校毕业的学生,可以和本国其他高等院校的毕业生一样,具有报考研究生院的资格,同时,可以和其他日本大学进行学分互换,然后,还能转入日本其他大学。第二,允许日本的大学、研究生院和短期大学赴海外办学,设立包括学部、研究生院、专业等在内的组织。只要在当地开设的教育机构能够满足日本《大学设置基准》的要求,即可被视为是日本大学的一部分。

和国外大学合作开发联合(双)学位项目将成为日本输出跨境学位项目的主要形式。在"亚洲校园计划"的推动下,会有越来越多的大学参与进来。为此,中央教育审议会组织专家,专门就双学位,特别是联合学位的质量保障展开了讨论,编制了类似实施准则的《开发联合学位项目注意事项》(中央教育审议会,2012)用来指导各高校的实践。根据目前的趋势,未来很有可能在法律层面有所突破,认可日本大学和外国大学合作授予单一学位的联合学位制度,同时,效仿英国和澳大利亚,组织本国的认证评价机构对联合(双)学位项目进行质量评价。

---

① 资料来源:文部科学省高等教育局,学校教育法施行规则等的一部改正について(通知),http://www.mext.go.jp/b_menu/hakusho/nc/08070410.htm。

第七章　项目输入型国家(地区)的质量保障

第一节　马来西亚

一、高等教育概括

(一)高等教育基本情况

马来西亚地处东南亚,面积 33 万平方千米,人口约 2700 万,是一个以马来人为主的多民族国家,马来语为国语,通用英语,华语使用也较为广泛。在经历了长期的殖民统治后,1957 年 8 月 31 日,马来亚联合邦宣布从英联邦独立出来,1963年 9 月 16 日,马来亚联合邦和新加坡、沙捞越、沙巴合并组成马来西亚(1965 年 8月 9 日,新加坡宣布退出)。

中华人民共和国成立后,政府对高等教育发展总体持消极态度,高等教育一直处在精英教育阶段。这一状况到 20 世纪 90 年代才开始发生变化。1991 年,当时的马哈蒂尔总理制定了国家未来发展规划《使命 2020》(Wawasan,2020),提出到2020 年将马来西亚建设成发达国家的奋斗目标①。教育被视为是实现这一目标的关键。在这一背景下,高等教育日益受到重视。1996 年,马来西亚政府颁布《私立高等教育法》,私立高等院校如雨后春笋般地发展起来。政府提出到 2010 年,17—23 岁人口的大学入学率要达到 40%(海外职业训练协会,2009)。

根据马来西亚高等教育部(Ministry of Higher Education,MOHE)的统计,2010 年,马来西亚公立高等教育系统包括 20 所大学(public universities &

---

① 资料来源:http://www.wawasan2020.com/,2011-11-18。

university colleges)、24 所职业技术学院(polytechnics),以及 37 所公立社区学院(community colleges)。私立高等教育系统包括 33 所私立大学(private university)、4 所外国大学海外分校①,以及将近 500 所的私立学院(private college)(MOHE,2010)。私立高等教育在马来西亚高等教育中占有重要地位,2010 年,有大约 50% 的学生在私立高等教育系统中就学(Siew,2011)。

(二)跨境学位项目概况

1996 年《私立高等教育法》颁布后,马来西亚的跨境高等教育开始快速成长起来。马来西亚曾经是一个输出留学生的大国,而如今,它已经成为外国留学生向往的目的地。1999 年,在马来西亚留学的外国留学生只有 3500 人,2002 年达到了 2.9 万人,到 2008 年,在马来西亚的国际学生数量已经超过了 7 万人,其中,约 2 万人在公立大学学习,其余 5 万余人在私立高等院校(MOHE,2008)。

为了实现 2007 年在《高等教育战略计划》(2007—2020)中提出的成为东南亚区域教育中心的目标,政府采取了各种措施吸引外国教育机构来马来西亚办学,这其中特别值得一提的就是建设教育特区:

(1)马来西亚依斯干达(Iskandar Malaysia)经济开发区教育城。依斯干达是建在马来西亚南部的经济特区,临近新加坡。教育城计划招揽 8 所外国大学,提供商业(金融学)、创意多媒体、工学、物流、商务接待和医学等课程(Iskandar Malaysia,2010)。

(2)吉隆坡教育城(KLEC)。负责吉隆坡教育城的是一家私人风险投资公司,除了吸引马来西亚理科大学(Universiti Sains Malaysia)来此办学,该教育城还将招揽 8 所外国大学。此外,教育城中还将建设一个研究园区,开展生命科学、生物医学工程、教育和媒体技术方面的研究(Dale,2009)。

目前,有来自英国、美国、澳大利亚、加拿大、法国、德国、新西兰、埃及、约旦等国的高等院校,和马来西亚私立高校合作提供各类跨境学位项目。表 7-1 列出了马来西亚私立高等院校中的跨境学位项目的数量。这一数字远远超过了其他输入跨境学位项目的国家和地区。

这些学位项目以英语为教学语言,开设的课程以学士学位为主,多为经济、商务贸易、计算机科学等学科。主要类型如下:

(1)双联学位项目。马来西亚的私立高等院校和国外大学签订合作协议,学生先在马来西亚学习一段时间,然后直接转到合作的国外大学学完剩余的时间,从而

---

① 3 所来自澳大利亚,即 1998 年设立的莫纳什大学(Monash University)分校、1999 年设立的科廷技术大学(Curtin University of Technology)分校和 2004 年设立的史文博尼技术大学(Swinburne University of Technology),还有 1 所是 2000 年设立的来自英国的诺丁汉大学(Nottingham University)分校。

获得国外大学颁发的学位证书。双联学位项目最初的模式是"2＋2"(数字表示就学年数,2年在马来西亚,2年在国外),之后又开发出"3＋1",甚至是"4＋0"等更为灵活的模式,对在"4＋0"模式中学习的学生来说,不用出国即可获得外国大学的学位。

表7-1　马来西亚私立高等院校中的跨境学位项目(joint/double/franchise programs)

马来西亚私立高校	获认可①	获预先认证②	获最终认证③	合计
学院(college)	418	2028	469	2915
大学学院(university college)	33	165	77	275
大学(university)	4	19	5	28
合计	455	2212	551	3218

资料来源:数据引自 Jane K and Sirat M(2011)。

(2)特许学位项目。在获得外国大学的授权后,马来西亚的高等院校在国内提供外国大学的学位课程,完成学位后可以获得外国大学颁发的学位。俗称"3＋0"学位课程。2003年6月,马来西亚私立高等院校和来自7个国家的39所学校合作开办了这类"3＋0"学位课程。主要涉及工商、计算机、电子和财务等专业(李三青,2007)。

(3)学分转移项目(credit transfer degree program)。这是马来西亚私立高等院校和国外大学共同设计的一种通过积累学分获得学位的课程,学生在国内学习可以转移学分的课程,当学分积累到一定数量之后,就可以向外国合作大学提出入学申请,如果获得批准,这些学分就可以转移到外国大学。但每个专业可以转移的学分是有比例的,并且,如果没有达到外国大学的申请要求,学生还是无法进入外国大学学习。

跨境学位项目给马来西亚带来了活力,但同时也带来了一系列负面影响,例如,对外方合作者缺乏必要的质量监管、合作双方对质量标准看法不一、师资质量不高、缺乏透明信息等(Zita,2006)。

二、高等教育的质量保障

(一)高等教育质量保障体系概述

马来西亚在建设高等教育质量保证体系过程中经历了不少周折。

---

① 英文为 approved,指的是在项目运营前获得高等教育部书面认可的项目。

② 英文为 provision,指的是获得预先学术认证的项目。这有助于该项目获得最终认证。

③ 英文为 accreditation,指的是获得最终认证的项目,这意味着该项目完全满足设定的质量标准。

1.探索阶段(20 世纪 90 年代至 2006 年)

从 20 世纪 90 年代起开始,马来西亚政府将构建本国高等教育质量保证体系纳入到了议事日程。1996 年,政府设立了"国家认证委员会"(National Accreditation Board or Lembaga Akreditasi Negara,俗称 LAN),开始制定认证标准,并对私立高等院校提供的学习项目进行认证。2001 年,教育部①设置了"质量保障局"(Quality Assurance Division,QAD),负责公立高等院校的质量审核。2002 年,QAD 和 LAN 联合制定了"马来西亚学术资格鉴定框架"(Malaysian Qualification Framework,MQF)。伴随着 LAN 和 QAD 各自业务的发展,马来西亚形成了二元制的高等教育质量保证体系。

2.成型阶段(2007 年至今)

政府希望通过加强高等教育质量保障来为实现区域教育中心的目标保驾护航,帮助马来西亚在全球高等教育中扮演更为重要的角色。2005 年 12 月 21 日,马来西亚内阁决定设立新的质量保障机构,即"国家学术鉴定局"(Malaysian Qualifications Agency,MQA)。2007 年 6 月 13 日,内阁通过了成立"国家学术鉴定局"的法令。11 月 1 日,由 LAN 和 QAD 合并而成的 MQA 正式启动。从此,公私立高等教育的质量保障融为一体。

(二)马来西亚国家学术鉴定局(MQA)

MQA 隶属于高等教育局(MOHE),它的成立,意味着中央政府进一步加强了在质量保障方面的主要作用(Ka Ho,2011)。MQA 的最高决策机构是理事会,由 1 名主席和 16 名委员组成。下设若干不同职能的委员会。目前已经设立了认证委员会(Accreditation Committees)、院校审查委员会(Institutional Audit Committee)、一致性审核委员会(Equivalency Committee)和标准设定委员会(Standards Committees)。MQA(2007)的主要任务如下:

(1)实施马来西亚学术资格鉴定框架;

(2)和高等教育的利益相关者合作,开发课程标准、学分和其他相关指标,并将其作为授予学术资格的全国性参考标准;

(3)确保高等院校和课程的质量;

(4)对课程进行认证;

(5)为学术资格的认证与衔接提供帮助;

(6)不断更新马来西亚学术资格注册(Malaysian Qualifications Register,MQR)。

---

① 2004 年,为了加强对高等教育的管理,高等教育业务从原先的教育部中单独分离出来,设置了专门的高等教育局(MOHE)。

(三)项目认证和院校审查

目前,MQA 实施质量保障的主要手段是项目认证(programme accreditation)和院校审查。两者均围绕以下九个领域展开质量评估:

(1)展望、使命、教育目标和学习成果;

(2)课程设计和提供;

(3)学生评价;

(4)学生选拔和支持服务;

(5)学术职员;

(6)教育资源;

(7)项目监管和审核;

(8)领导、支配和管理;

(9)持续质量提升。

每个领域都设立两个不同层次的质量标准,即基本标准(benchmarked standard)和加强标准(enhanced standard)。评估专家根据不同类型的质量评估来对项目或院校的质量符合哪一层次的标准做出判断。MQA(2009)指出,马来西亚越来越重视高校的多样性,高等教育质量观正在从适应目的型(fitness of purpose)向适应特定目的型(fitness of specified purpose)转变,但是在当前的质量保障活动中,更看重的是是否达到基本标准。

1. 项目认证

项目认证分为初步认证(provisional accreditation)和完全认证(full accreditation)两个层次。对有意提供教育项目的高校,可以向 MQA 递交初步认证申请。MQA 下属的评估小组(Panel of Assessors,POA)会对项目进行评估并上报认证委员会。认证委员会在报告书上会明确表明该项目是否符合最低质量标准。如果不符合,MQA 有权建议 MOHE 不要颁发批准证书。通过申请的高校将该认定报告书和其他资料递交 MOHE,如能获得 MOHE 的正式批文(即许可),MQA 即颁发正式的初步认证书(provisional accreditation certificate)。该项目也就可以正式招生了。完全认证要求更为严格,POA 会组织专家对项目信息和项目自评报告进行审核,从而判断该项目是否符合事先设定的完全认证标准和马来西亚学术资格框架。所有认证报告会向公众公开。

2. 院校审核

院校审核由大学内部的自我审核(self-review)和外部审核组成,外部审核以自我审核报告书为基础,评价大学内部质量保证机制的有效性。它形式多样,可以是综合的审核,也可以是针对某一主体的审核,可以是五年一轮的定期学术审核(academic performance audit),也可以对已经获得认证的学习项目的可持续性进行审核。

院校审核的最高层次是自我认证审核(self-accreditation audit),通过该审核的院校,即可自行对所提供的教育项目进行认证(MQA,2009)。目前,有 8 所高校通过了 MQA 实施的自我认证审核,它们包括上述莫纳什大学分校等 4 所海外大学分校,以及马来亚大学(University Malaya)、马来西亚国民大学(University Kebangsaan Malaysia)、马来西亚博特拉大学(University Putra Malaysia)和马来西亚理科大学(University Sains Malaysia)等 4 所研究型大学①。

(四)学术规范体系

MQA 成立以来,也一直致力于开发指导高等教育质量保障的学术规范体系,目前的学术规范体系由四部分组成:高等教育资格水准框架(Malaysian Qualifications Framework,MQF)、实施准则、学科基准说明(Programme Discipline Standards)及良好实践指南(Guides to Good Practices)。目前开发出的实施准则包括《项目认证实施准则》(*Code of Practice for Programme Accreditation*,COPPA)和《院校审查实施准则》(*Code of Practice for Institutional Audit*,COPIA)②,它们是认证和审查活动的标准和依据。

政府在制定质量保证政策时,不仅仅只为解决国内存在的各种问题,还有一个重要的动机,那就是进一步促进本国高等教育国际化的可持续发展。对选择马来西亚跨境学位项目的学生来说,最关心的问题恐怕是所修学分和所获学位能否得到各国的认可。因此,MQA 在制定认证评估标准时,充分参考了英国、澳大利亚、新西兰、南非和印度等国家和中国香港特别行政区质量保障机构的指标,从而使本国的学术资格具有国际可比性。

(五)教育信息

在马来西亚资格注册处(Malaysian Qualifications Register)的官方网站上,公开了所有获得政府认证的高校及其项目的基本信息。学生和家长在选择跨境学位项目时,可以通过该网站了解所要就读的跨境学位项目的基本情况,包括学位名称、通过认证的时间、学习年限和学分要求等。这些信息是随时更新的。

---

① 参见马来西亚《星报》,2010 年 5 月 18 日。

② 在 QAD 2002 年制定的《马来西亚公立大学质量保障实施准则》(*Code of Practice for Quality Assurance in Public Universities of Malaysia*)基础上修改而成。

第二节 中国香港

一、高等教育概括

(一)高等教育基本情况

中国香港在中国的东南方,位于珠江口东侧,背靠内地,面朝南海,面积约1100平方千米,拥有约700万人口。众所周知,在鸦片战争(1840—1842年)中英国侵占了香港。1997年7月1日香港回归祖国,被称为中华人民共和国香港特别行政区,是国际重要的金融、服务业及航运中心。

从1910年成立第一所高等学府香港大学,一直到20世纪80年代,香港的高等教育一直处在精英教育阶段。20世纪80年代大学生在17～20岁人口中所占的比例只有2.2%。自20世纪90年代起,香港高等教育进入快速发展期,在短短20年的时间内,迅速由精英高等教育阶段步入大众化乃至普及化阶段。2005年香港的高等教育毛入学率已达到66%。目前,香港共拥有16所具有学位授予权的高等院校,其中8所是公立大学(见表7-2),办学经费来自大学教育资助委员会(University Grant Committee,UGC),1所为政府提供经费的香港演艺学院,还有7所为财政经费自给的高等院校①。

表 7-2 教资会(UGC)资助的 8 所公立大学

大学名称	创设年份	沿革
香港大学	1911	前身为1887年创设的香港西医书院
香港中文大学	1963	由新亚书院和崇基书院及联合书院等合并而成
香港科技大学	1988	新设大学
香港城市大学	1994	由香港城市理工学院升格而成
香港理工大学	1994	由香港理工学院升格而成
香港浸会大学	1970	由浸会学院升格而成
岭南大学	1999	由岭南学院升格而来,前身为格致学院
香港教育学院	1994	由5所师范学院合并而成

---

① 引自香港教育统筹局网站:http://sc.edb.gov.hk/gb/www.edb.gov.hk/,2012-02-18。

（二）跨境学位项目概况

在香港，跨境学位项目被称为"非本地高等及专业教育课程"（non-local higher and professional education courses，以下简称"非本地课程"）。所谓非本地课程，指的是中国香港特别行政区外的国家和地区（包括中国内地）和香港本地教育机构合作，在香港提供的教育课程。

香港特别行政区的教育统筹局（Education and Manpower Bureau，EMB）为非本地课程开发了专门的数据库，并在其官方网站上公开。以下，笔者利用该数据库，向读者揭示这些课程的基本特征。

1. 课程是香港管理跨境高等教育的基本单位

跨境高等教育并不局限于课程，海外分校也是其主要形态。美国、澳大利亚、德国、法国、西班牙等国均在海外设有海外分校（ESIB，2003）。近年来，在香港办海外分校的外国大学也在不断增多，如美国上爱荷华大学香港分校、美国伯莱克大学香港分校等。但是在向香港特别行政区政府提出注册申请时，一律是以课程为单位的，政府在管理跨境教育时也是以课程为单位来进行评价的。

2. 学位课程在香港跨境高等教育中占重要地位

截至 2011 年 1 月 31 日，获得香港特别行政区政府批准的非本地课程总数为 1136 项，其中可以授予学位（学士、硕士和博士）的课程共 722 项，占到了总数的 64%。不同层次课程所占比例由高到低分别为学士课程（395 项，54.7%）、硕士课程（295 项，40.9%）和博士课程（32 项，4.4%）。

3. 外方主要来自以英语作为官方语言的国家

提供非本地课程的有英国、澳大利亚、美国、加拿大、新西兰、菲律宾等国家以及中国内地。如图 7-1 所示，无论是注册课程还是豁免课程①，90% 以上的课程来自以英语为官方语言的国家。由于我国香港地区与英国有着较深的历史渊源，来自英国的非本地课程数量明显多于其他国家和地区。

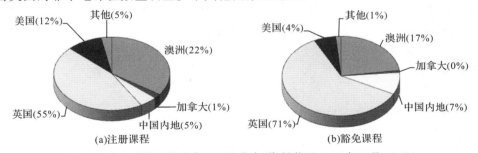

图 7-1 非本地课程的国家（地区）分布（资料截至 2011 年 1 月 31 日）

———————————————

① 豁免课程指的是无须特区政府审批的课程，详见下文。

4. 工商管理专业是香港跨境学位项目的主体

众所周知,香港是国际金融中心之一。海外教育机构在香港设立跨境学位课程时充分迎合了这一特点。工商管理专业占到了豁免课程总数的 37%(见表7-3)。最新数据(2011 年 1 月 31 日)则显示,此类课程已经占到了非本地课程的半数以上(53.7%)。

表 7-3 豁免课程的学科分布(截至 2003 年 7 月)

专业	项目数量	占比/%
工商管理(Business)	177	37
自然科学(Science)	115	24
人文科学(Humanities)	85	18
社会科学(Social Science)	47	10
信息技术(IT)	39	8
其他	12	3
合计	475	100

资料来源:Richard 等(2004)。

5. 跨境高等教育在香港的继续教育中发挥着重要的作用

香港是一个知识经济型的社会,终身学习的理念已经非常普及。据香港大学专业进修学院的调查,香港市民(18~64 岁)的持续教育参与率,由 2002 年的 18%上升到了 2009 年的 28%[①]。而跨境高等教育在香港的持续教育上扮演着不可忽视的角色,不少大学设有继续教育学院,它们和世界各国的大学合作,开发出针对成人的跨境学位项目。笔者曾实地考察过香港大学专业进修学院[②]、香港城市大学专业进修学院、香港理工大学专业进修学院,据相关人士介绍[③],豁免课程是这些学院提供课程中的重要组成部分。其中规模最大的是 HKU SPACE。1985 年,该机构即和外国大学合作,向香港市民提供非全日制的学位课程。目前,HKU SPACE 和超过 60 所的外国大学合作,提供包括全日制在内的各类跨境学位课程。

除了上述特征之外,收费制、职业倾向、独立预算等也是香港跨境学位课程的重要特征。

---

① 数据来源:http://research. hkuspace. hku. hk/gb/cont_edu. html。

② 成立于 1956 年,是香港最早设立,也是目前世界上规模最大的成人教育机构。2003—2004 年,共拥有 750 名专任教师,2000 余名兼职教师,有 10 万名学生在该机构学习。

③ 香港大学专业进修学院的 Fong P K W(Principal Programme Director)和 Cribbin J A(School Secretary & Registrar)。

二、高等教育的质量保障

(一)高等教育质量保障体系概述

香港高等教育质量保障工作主要由大学教育资助委员会、香港学术及职业资历评审局以及联合质量审核委员会这三个部门来分工展开。不同的功能与职权，使得三个部门负责评价的高等院校与对象也有所不同。

1. 大学教育资助委员会

大学教育资助委员会(以下简称"教资会")属非法定机构，成员由香港特别行政区行政长官委任，负责就发展香港高等教育及所需经费等事宜提供意见，并承担资助 8 所公立大学的有关事宜。教资会的另一重任就是保障高等教育的质量并推动相关研究。它下设半独立的非法定组织——质量保障局，旨在维护 8 所公立大学开设的学士和深造学位课程的质量。迄今为止，教资会已经开展过多项评估。一项常规的工作是对所资助的院校进行质量核证，并发布《质量核证报告》。这项工作的目的是向公众展示大学在履行其角色和使命方面所做的承诺。该活动不对各院校的课程进行排名、评级、认可或重新评审，评审员的结论也不会影响到院校所得的拨款(大学教育资助委员会，2010)。

2. 香港学术和职业资历评审局

根据 2007 年 10 月 1 日生效的《香港学术及职业资历评审局条例》(第 1150 章)，香港特区政府设立了"香港学术及职业资历评审局"(Hong Kong Council for Accreditation of Academic & Vocational Qualifications，HKCAAVQ)。其前身是 1990 年成立的"香港学术评审局"(Hong Kong Council for Academic Accreditation，HKCAA)。HKCAAVQ 是一个受香港政府管辖的独立机构，运营费主要来自认证费、政府补助和其他服务所得的收入。机构的主要业务是进行学位认证、制定香港高等教育质量保障的框架及开展其他高等教育质量保障活动。香港学术和职业资历评审局主要负责对未获自评资格的院校尤其是私立院校的副学位课程进行认可。

3. 联合质量审核委员会[①]

在教资会和教育统筹局的支持下，8 所受教资会资助的公立大学于 2005 年成立了"联合质量审核委员会"(Joint Quality Review Committee，JQRC，在香港称其为"联校素质检讨委员会")。JQRC 的服务对象主要是 8 所院校开设的自负盈亏的副学士课程。通过制定和推行质量保证政策与机制来维持这些副学士课程的质量

---

① 可参见其网站：http://www.jqrc.edu.hk/index.files/Chinese.htm。

水准。其手段主要有实施"院校审核"（institutional review），审查"中期报告"（interim report）以及"年度报告"（annual return）。

(二)跨境学位项目的质量保障

为了规范非本地课程，保护消费者(学生)的利益，使本地区高等教育保持国际公认的水准，1997年，香港教育统筹局制定了《非本地高等及专业教育(规管)条例》。该条例的颁布，使得香港形成了独具特色的跨境学位项目质量保障体系，该体系主要由注册和认证制度构成，如图7-2所示。

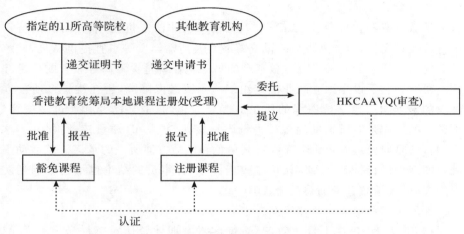

图 7-2　香港跨境学位项目保证保障概念

1.注册制度

根据《非本地高等及专业教育(规管)条例》的规定，对那些希望在香港举办高等教育的外国机构来说，必须事先获得香港教育统筹局内设的非本地课程注册处(Non-local Courses Registry)的认可。注册流程可以分为两个途径。

途径一：如果外方是和指定的香港本地高等院校①进行合作，只要由作为合作方的本地高等院校行政长官出面，向教育统筹局本地课程注册处递交一份证明书，证明合作课程符合政府的注册要求：(1)该课程由非本地机构或非本地专业团体与该高等院校联合主办；(2)课程经费不是由政府全额或部分资助(或教育统筹局局长批准除外)，政府即认可该课程为豁免课程(exempted course)，无须进行注册手续。

途径二：如果外方是和上述11所高等院校以外的教育机构进行合作，那就需要向非本地课程注册处进行注册申请。非本地课程注册处本身不对申请材料进行

---

① 包括8所公立大学和香港树仁大学、香港公开大学、香港演艺学院。

审核,而会听取 HKCAAVQ 的意见。其下设的"非本地课程小组委员会"(Sub-Committee on Non-local courses)具体负责审核,并将意见和建议反馈给本地课程注册处,本地课程注册处则最终给出结论,获得批准的课程被称为注册课程(registered course)。如果未获得批准,申请者有权诉诸"非本地高等及专业教育申诉委员会"(Non-local Higher and Professional Education Appeal Board)。

"香港学术及职业资历评审局"的审核依据是《非本地高等及专业教育(规管)条例》(第 493 章),要点如下:

(1)授予高等教育学位或资格的课程

①合作双方均是各自国家(地区)获得认可的教育机构(recognized institution);

②非本地高等院校输出到香港的课程和本国(本地区)提供的课程是否相同(same)或者类似(similar);

③完成课程学习后被授予的学位或资格是否和提供该课程的外方高等院校的学位或资格具有相同的质量。

(2)授予职业资格的课程

①必须获得输出方相关职业团体的认证;

②该认证团体在本领域享有盛誉,具有代表性。

完成注册后并不意味着质量监管的结束。无论是豁免课程还是注册课程,课程主办方每年必须向教育统筹局"非本地课程注册处"递交年度报告书,HKCAAVQ负责对这些报告书进行审核。如果发现报告书所写内容和当时的申请书内容不符,HKCAAVQ 会要求课程主办方做出说明,若发现有弄虚作假的现象,也可以取消课程的豁免或注册资格。

2.认证制度

在 2008 年《学历及职业资历评审条例》正式生效后,香港特别行政区政府决定委托"香港学术及职业资历评审局"对非本地课程进行认证。上述注册制度遵循的是可比性原则,即输出到香港的课程与其本土所举办的同类课程水平是否相当。而新的认证制度则不同,它将这些课程和本港教育系统进行衡量,判断课程是否可以获得香港资历架构(Qualifications Framework,QF)的认可并载入《资历名册》中。换而言之,这是一种试图将其他国家(地区)提供的跨境学位项目纳入输入国家(地区)教育体系中的尝试。由于认证制度和注册制度遵循不同理念,两者之间不会产生冲突。

可见,香港非本地课程的质量保障在行政上是由教育统筹局来具体操作的,"香港学术和职业资历评审局"曾承担起实质的质量保障工作。香港通过较为宽松的注册制吸引世界各国(地区)的高等院校来香港办学,再通过报告、认证等手段来维持合作非本地课程的质量。这种"宽注册、严审核"的做法值得借鉴。

第三节 新加坡

一、高等教育概括

(一)高等教育基本情况

新加坡位于东南亚马来半岛南端,面积约 700 平方千米,目前人口约 500 万。长期以来,新加坡一直是英属殖民地。1963 年,新加坡连同当时的马来亚联合邦、沙捞越以及沙巴共同组成马来西亚联邦,脱离了英国的统治。1965 年 8 月 9 日,新加坡脱离联邦,正式成立了新加坡共和国。在之后短短的几十年间,新加坡就发展成了全球最为富裕的国家之一。

在 1991 年南洋理工大学(Nanyang Technological University,NTU)成立之前,新加坡只有一所国立大学,即创办于 1905 年的新加坡国立大学(National University of Singapore,NUS)。进入 20 世纪 90 年代以后,新加坡高等教育得以发展,1991 年大学入学率是 14%,2001 年上升到 22%,2009 年为 25%,政府提出到 2015 年实现 30%的目标。当然,如果将理工学院等其他高校也算在内的话,新加坡高等教育入学率已经超过了 70%(池田充裕,2010)。

新加坡高校不多,但是体系比较复杂,表 7-4 列举了一些主要的高等院校。新加坡国立大学、南洋理工大学、新加坡管理大学(Singapore Management University,SMU)、新加坡科技设计大学(Singapore University of Technology and Design,SUTD)这四所是我们通常理解的国立大学,新跃大学(Singapore Institute of Management,SIM)虽然是唯一一所私立大学,但它实际上是一家继续教育机构,和英、美、中等国的大学合作,面向成人提供非全日制的学位课程。此外,理工学院、艺术学院以及技术教育学院等均为非学历教育,提供的是授予证书(certification)或文凭(diploma)的两年制或三年制课程。

表 7-4 新加坡主要高等院校

类别	校名
大学	新加坡国立大学、南洋理工大学、新加坡管理大学、新加坡科技设计大学
	新跃大学
理工学院	南洋理工学院、新加坡理工学院、义安理工学院、淡马锡理工学院、共和理工学院
艺术学院	拉萨尔艺术学院、南洋艺术学院
技教学院	新加坡技术教育学院

除了表 7-4 所列举的学校之外,还有一些特殊的高等院校。比如 2010 年成立的新型大学"新加坡技术学院"(Singapore Institute of Technology),它和外国大学合作,向新加坡 5 所理工学院的毕业生提供理工类专业的外国学位课程。此外,新加坡还存在不少外国大学海外分校,以及 100 多家私立教育机构,它们所提供的基本上是跨境学位项目。

(二)跨境学位项目概况

中华人民共和国成立之初,新加坡政府积极鼓励学生出国留学,学成回国参与国家建设。但是,在 1997 年亚洲金融风暴之后,政府意识到要调整策略。对一个缺乏自然资源的制造业小国来说,知识经济应该被摆在优先发展的地位。于是,政府提出了以提高质量和扩大容量为核心的跨境教育发展战略。

1998 年,新加坡经济发展局推出"世界一流大学项目"(World Class Universities,WCU),计划在十年内,引进至少 10 所世界顶尖大学来新加坡办学。2003 年,政府发表《新挑战、新目标:迈向充满活力的国际大都市》(*New Challenges, Fresh Goals—Towards a Dynamic Global City*)报告书,又提出了一个雄心勃勃的计划,即把新加坡建设成"全球校舍"(The Global Schoolhouse),具体战略包括:

(1)为"世界一流大学"在新加坡开始课程、建立合作关系、创办海外分校提供财政支持;

(2)到 2015 年,招收 15 万名留学生;

(3)通过与世界一流大学的合作,实现本国高等教育的现代化(Jane,2011)。

这些战略措施已经产生效应,越来越多的外国大学来新加坡办学,从而吸引了大量外国学生来新加坡留学。到 2007 年,新加坡的外国留学生人数已达约 8.6 万(Veronica,2009),新加坡成为又一个典型的跨境学位项目输入国。截至 2008 年,教育(所有层次)对新加坡的贡献占国内生产总值的 2%,预计到 2015 年,这个数字将达到 5%(Ministry of Trade and Industry,2003)。

1. 在新加坡办学的世界一流大学

1998 年新加坡政府提出的吸引"世界一流大学项目"早已提前实现,如表 7-5 所示,目前,在新加坡参与办学的世界知名大学已经远远超过了 10 所。以美国大学居多,且大多集中在新加坡国立大学(NUS)和南洋理工大学(NTU)这两所新加坡的顶尖大学内。这两所国立大学的国际化程度很高,例如,新加坡国立大学和海外高校联合开发了多项硕士和博士课程,包括 18 个双学位项目和 28 个联合学位项目[①]。

---

① 资料来自:新加坡国立大学网站,http://www.nus.edu.sg/registrar/edu/GD/spgdp-degree-with-o-verseas-univ.html,2012-02-18。

不过,不是所有来新加坡办学的外国大学都是那么顺利的。2007 年 3 月,澳大利亚新南威尔士大学(University of New South Wales)在新加坡创办了分校,计划招收 300 名学生,结果只招收到 148 名学生(其中 100 名为新加坡人),在对风险和收益进行反复权衡后,该分校于 5 月份宣布关闭(池田充裕,2010)。

新南威尔士大学事件给新加坡政府敲响了警钟,为了顺利实现"全球校舍"的目标和任务,2007 年,政府成立了"扩大大学规模委员会",经过 1 年的讨论,决定创建第四所国立大学,即新加坡科技设计大学(Ministry of Education Singapore, 2008)。该校创办过程中得到了美国麻省理工学院和中国浙江大学的协助,开创了三国合作办学的新模式。

表 7-5　世界一流大学在新加坡的办学情况

年份	办学基本情况
1998	麻省理工学院和 NUS、NTU 签订"新加坡-麻省协定",开展合作学位项目、远距离教育、企业研究等各种交流。
1998	约翰霍普金斯大学设立办事处,之后在 NUS 校园内建立国际医药研究中心,2011 年,和 NUS 杨秀桃音乐学院合作提供本科联合学位项目(音乐专业)。
1999	佐治亚理工学院在 NUS 设立亚洲太平洋运输研究院,2001 年起双方合作提供硕士双学位项目(运输管理专业)。
2000	宾夕法尼亚大学沃顿商学院在 SMU 建校之际设立了研究中心。
2000	法国的欧洲商学院(INSEAD)和芝加哥大学工商管理研究生院分别开设了亚洲分校(Asia Campus),提供 MBA 项目。
2001	荷兰埃因霍分技术大学在 NUS 内建立设计技术院,联合培养博士生。
2002	上海交通大学在 NTU 内设立新加坡研究生院,提供 MBA 项目。
2002	德国慕尼黑工业大学和 NUS、NTU 合作提供硕士联合学位项目(工业化学专业)。
2003	斯坦福大学和 NTU 开始联合培养硕士和博士(环境工程)。
2004	康奈尔大学在 NTU 内设立了康奈尔-南洋款待管理学院,提供硕士学位课程。
2005	法国高等经济商业学院(ESSEC)开设亚洲分校,提供 MBA 及其他管理类博士项目。
2005	杜克大学和 NUS 联合建立了医学研究生院,提供医学博士课程。
2005	日本早稻田大学和 NTU 联合提供双学位项目(MBA)。
2006	澳大利亚 S. P. Jain 管理学院(SJCM)开设新加坡分校,提供本科和硕士学位课程。
2006	内华达大学拉斯维加斯校开设新加坡分校,提供本科和硕士学位课程。
2007	纽约大学帝势艺术学校开设亚洲学院,提供电影制作、动画和数码设计等硕士课程。
2008	美国迪吉彭理工学院开设新加坡分校,提供动画设计、实时仿真系统等本科学位课程。

资料来源:各校网站。

2.跨境教育项目

这里的跨境教育项目指的是外方与新加坡当地教育机构和教育公司合作,在新加坡本土提供的各类教育课程,其数量上要远远多于和外国大学合作办学的教育机构。2010 年,新加坡约有 1120 个此类项目(Ministry of Education Singapore, 2010)。以下,以英国在新加坡的跨境教育项目为例来加以说明(QAA,2011)。

2009—2010 年度,有 471 个来自英国的跨境教育项目。从办学形式上看, 89% 是和新加坡当地教育机构合作的无须赴英国留学的项目,有 6% 属于衔接项目,学生可以在新加坡的教育机构选修部分学分,然后申请就读英国大学更高层次的学位项目。余下的 5% 属于双联学位项目或是一些得到新加坡本地学校支持的远距离教育项目。

从学位来看,70% 的项目授予的是荣誉学士学位(bachelor's degrees with honours),有 24% 的项目授予的是硕士学位,6% 授予的是博士学位。

从学科分布来看,约三分之二是工商管理类专业,其他专业包括创造艺术和设计(52 项)、数学和计算机(46 项)、工学(19 项)、教育(14 项)、生物学(13 项)、理学和建筑设计(各 8 项)、医学(7 项)、法学(6 项)、语言学(4 项)、历史哲学(3 项)、社会学(1 项)。

二、高等教育的质量保障

新加坡高等院校数量少,管理起来比较容易。受英国教育制度的影响,各大学一般都建有校外专家评审制度,同时,在教育部制定的"大学质量保障框架"(Quality Assurance Framework for Universities,QAFU)指导下,各大学每年向教育部递交自评报告书,并接受教育部主持的外部评价。由于新加坡大学享有较高的自主权,所以政府并没有开发国家层面的专门质量保障体系,高等教育的质量和水准基本上是通过各高校自身的努力来维持的(米泽彰纯,2004)。

外国教育机构既可以是本地的大学开展学位项目的合作,也可以和营利性的私立学校和提供教育服务的公司开展同样的合作。前者的质量由合作大学自身负责。而后者则被视为私立教育,需要接受教育部下属的私立学校管理处(private school section)的管理。

政府并没有针对跨境高等教育制定专门的法律法规,原则上是按照 1985 年《教育法》拟定的注册制来管理的。该注册不分主办者是国内还是国外,也不需要外国机构提供什么资信证明、合作实体管理方法等,所以审批时灵活性很大(胡焰初,2010)。在宽松的环境下,新加坡的私立教育出现了鱼龙混杂的现象。个别学校颁发假文凭,个别学校更是因经营不善而倒闭。为了改善形象,新加坡政府于 2009 年通过了新的《私立教育法案》(Private Education Act)以及《私立教育条例》(Private Education Regulations),力求加强和完善私立教育的质量保障体系。新的质量保障活动的核心是由注册、认可和认证构成的。

（一）强制性强化注册架构

强制性强化注册架构（Enhanced Registration Framework）规定，所有私立教育机构在经营之前，必须先向私立教育理事会注册。其目的是确保新加坡的私立教育机构具备一定的合理水准，以保护在私校就读的学生的利益。注册由教育部新设的私立教育理事会（Council for Private Education，CPE）负责管理。以往的私校注册是一次性的，除非发生特殊情况，注册事实上是永久有效的。新的注册制度则规定了一个特定的有效期，根据私立学校的表现，由私立教育理事会分别给予1～6年的有效经营期限，并且引入了停办、中止注册更新、停止颁发教育信托保障计划认证（EduTrust）等惩罚措施。

此外，私立教育机构在提供任何课程（包括跨境学位项目）之前，也必须先获得私立教育理事会的认可（不足一个月或50小时的证书课程除外）。能否顺利通过审核的关键在于资料是否真实以及外方大学在本土的地位高低。例如，"私立教育理事会将审查私立教育机构及颁发学位的外国大学的业绩记录和地位。外国大学需承诺，它通过本地私立教育机构所提供的学位课程，受到其国内相关监管机构的承认，并且有经过与其国内学府课程相同的学术批准及保证程序。这里的毕业生也应该与其国内毕业生获得同等的认可、对待和权利"[①]。

此外，所有涉及机构注册的有效期，机构所提供的课程、教师、收费、设施和退款政策等，均会公开在私立教育理事会的网站上，供相关人士查阅。

（二）EduTrust 教育信托认证（Quality Certification Scheme）

该认证秉承自愿申请的原则，旨在提供一种可信任的质量标志，以协助新加坡私立教育界中素质较高的业者突出它们的地位。私立教育机构必须具备这一资格，才可以招收那些需持有新加坡移民与关卡局（ICA）所发出的学生证（Student Pass）的国际学生。

认证资格分为三种：星级教育信托（EduTrust Star）、优质级教育信托（EduTrust）、基础级教育信托（EduTrust Provisional）。主要围绕六个方面来进行认定：（1）管理的承诺和责任；（2）机构监管和管理；（3）外部招生代理；（4）学生保障和支援服务；（5）学术程序和学生评估；（6）质量保证、监督和结果。

该认证取代了原先由新加坡消费者协会推出的"消协保证标志教育认证计划"（Case Trust for Education）。原计划只是强调要保护学生的缴费利益。EduTrust认证在审核时内容更加丰富，特别是增添了对学术质量进行判断的指标。

未被授予 EduTrust 教育信托认证或对获颁的 EduTrust 教育信托认证级别

---

① 引自新加坡私立教育理事会网站（http://cn.cpe.gov.sg/）。

有异议的私立教育机构,可以向私立教育委员会提出复审要求。

新加坡的跨境学位项目有两极分化的现象。一方面,政府成功地引进了一大批世界顶尖大学来本国办学,它们或和本地大学强强合作,或自己创办分校,提供的是以硕士和博士学位为主的合作项目,因此,在质量保障上的压力就比较小。另一方面,大量的营利性私立学校和公司也在提供跨境学位项目,它们成为政府质量保障最关注的对象。针对营利机构制定的分级认证制度更像是一种企业质量管理体系。

第八章 跨境学位项目质量保障的工具

第一节 实施准则

一、实施准则概述

实施准则指的是由管理机构系统收集的特定领域的规则、基准等信息,以客观的文字对行业规范做出说明,是从业人员的行动准则。虽然它是一种没有法律约束力的文件(Lazar et al. , 2007),但由于实施准则是在听取专家意见和总结实践经验的基础上制定的,因此具有很高的参考价值,它"适用于事前规制和事后评价,被广泛运用在针对机构、学习项目的广义的质量保障或认证过程中"(Marijk,1999)。实施准则不但可以促成质量保障良好实践规范的形成,而且,对不同实施准则的比较有助于了解不同国家的不同制度,促进跨境高等教育输出国和输入国之间的相互理解。

由国家制定的有关跨境高等教育质量保障的实施准则并不多见(Robin,2003)。不过,值得一提的是,作为主要跨境高等教育输出国,从维护本国大学的声誉出发,澳大利亚和英国自 20 世纪 90 年代开始就致力于开发、完善实施准则,由此对本国跨境高等教育活动的质量保障体系进行重新解读和构建。"早期的实施准则或行为准则(code of conduct)主要针对留学生的招生、入学、服务等。随着跨境教育的发展……实施准则成为输出国为本国高校在国外办学制定质量保障程序的最常用的工具。"(顾建新,2008)进入 21 世纪后,联合国教科文组织和世界经济合作与发展组织等国际机构和组织也开始通过制定实施准则或指导方针(guideline),参与跨境高等教育的政策推动和质量监控。在其引领下,世界各国展开了对跨境高等教育国际规范、跨境高等教育国际质量保障体系以及学位的国际通用性认证等问题的热烈讨论。

目前,下列四个主体制定的实施准则在国际上具有较大的影响。

(一)AVCC 的实施准则

在澳大利亚跨境高等教育政策的形成过程中,澳大利亚大学协会(Universities Australia)发挥了重要作用。该组织的前身即 AVCC。1990 年,AVCC 发表的《澳大利亚高等院校向境外学生提供教育的从业道德准则》(*the Code of Ethical Practice in the Provision of Education to Overseas Students by Australian Higher Education Institutions*),首次为接受外国留学生的澳大利亚高等院校制定了自律性规则。1995 年,AVCC 又发表了《澳大利亚高等院校提供境外教育和教育服务的从业道德准则》(*the Code of Ethical Practice in the Provision of Offshore Education and Educational Services by Australian Higher Education Institutions*)。上述两个实施准则在 1998 年被合二为一,统称为《向国际学生提供教育:澳大利亚大学实施准则与指导方针》(*Provision of Education to International Students:Code of Practice and Guidelines for Australian Universities*)。

2000 年 3 月,联邦政府和各州教育部长会议通过《高等教育审批程序国家议定书》(*National Protocols for Higher Education Approval Processes*),确定了澳大利亚高等教育质量保障的基本框架。当初该文本的第四部分对澳大利亚大学赴海外办学做了具体规定①。AVCC 很快对这一政策动向做出反应,在 2001 年对 1998 版实施准则进行了修改。2005 年,实施准则再次得以修订。2005 版实施准则共 29 页,由规范、一般指导方针和学费返还三部分组成。作为核心部分的一般指导方针则由 12 部分组成,它们分别是:①市场促进;②招募代理者;③入学申请;④对在澳大利亚大学的外国留学生(包括海外项目)到达前提供信息服务;⑤对上述留学生提供到达后的信息服务;⑥为学生提供信息服务;⑦获取准则和指导方针;⑧澳大利亚大学的基础设施;⑨对学生的支援;⑩对教职员工的支援;⑪回国服务;⑫合作伙伴(AVCC,2005)。

过去,实施准则是大学维护自身质量水准的工具,但是,AVCC 的这一实施准则已成为澳大利亚大学质量保障署(AUQA)实施海外项目质量审核的重要参考依据。

(二)英国高等教育质量保障署(QAA)的实施准则

1995 年,"高等教育质量保障审议会"(Higher Education Quality Council)制

---

① 澳大利亚大学的理事会对其海外办学活动的质量保障承担责任;海外办学活动需要接受澳大利亚大学质量保证署(AUQA)的外部审查;海外办学活动应该和澳大利亚本土提供的教育水准相当;澳大利亚的大学对涉及教学的所有环节负全部责任;该大学的理事会应向管辖方州政府进行绩效说明;应该采取恰当的措施保证学生的卫生福利。

定并公布了《提供高等教育海外合作项目的实施准则》(*Code of Practice for Overseas Collaborative Provision in Higher Education*),首次对已经或正准备向海外输出教育项目的英国高等院校提出了质量维护建议。1997 年成立的高等教育质量保障署(QAA)在构建外部质量保障体系时,同样重视跨境高等教育项目。1999 年 QAA 发表了《高等教育学术质量和标准保障的实施准则》(*Code of Practice for the Assurance of Academic Quality and Standards in Higher Education*),其第二章即专门针对该国在海外的教育合作项目。该文本分别在 2004 年和 2010 年两度被修订。

和 2004 版相比,2010 版的内容更为丰富,页数从 47 页增加到 91 页。针对可授予英国学位和资格证书的一般性海外合作项目和 FDL[①] 提出了维护质量的若干建议。以一般性海外合作项目为例,共从 10 个方面提出了 28 条建议。这 10 个方面分别是:①学术标准的责任和同等性(A1~A2);②政策、过程和信息(A3~A7);③选择合作机构和代理者(A8~A9);④缔结协议(A10~A11);⑤确保教育项目、学位和资格的学术水准和质量(A12~A18);⑥评价(assessment)要求(A19~A20);⑦校外考评(external examining)(A21~A23);⑧证书和成绩单(A24);⑨为学生提供的信息(A25~A27);⑩宣传和销售(A28)(QAA,2010)。和 AUQA 一样,QAA 也是依据自己制定的实施准则对海外合作项目进行质量审查。

(三)联合国教科文组织/欧洲委员会(UNESCO/Council of Europe)的实施准则

为促进各国间的相互理解和合作,一些国际机构和组织从 20 世纪末开始着手制定针对跨境高等教育活动的质量保障原则。由联合国教科文组织欧洲高等教育中心(UNESCO-CEPES)和欧洲委员会共同制定的《提供跨国教育的良好实施准则》(Code of good pratice of the provision of transnational education)就是一项具有广泛影响的成果。

该实施准则最早出现在 1999 年于耶路撒冷召开的一次有关跨国高等教育的工作会议上。在欧洲高等教育学历认可和交流信息中心网络(ENIC Network)的积极推动下,里斯本认证协定委员会(Lisbon Recognition Convention Committee)于 2001 年审定并通过了实施准则。之后,ENIC Network 又组织了准则的修订工作,新版本在 2007 年再次获得里斯本认证协定委员会的认可,成为里斯本认证协定的补充文本。

2007 年版在内容上略有充实,由序言、用语和原则三部分构成,旨在满足教育输出国和输入国的双方的期待、成为判断跨境高等教育质量保障问题的参考源、保

---

① FDL:Flexible and Distributed Learning 的简称。不必在指定的时间和地点去参与教学或其他活动,即有可能获得学位或资格证书的一种教育形式,如 e-learning。

护学生和相关人士的利益、促进相互间的资格认定（Council of Europe/UNESCO，2007）。该实施准则首次从国际机构和组织这一第三方立场出发，对跨境高等教育的定义做出了明确规定，该定义迄今仍被广泛引用。同时，准则制定的原则涉及跨境高等教育协定、教学研究的质量和水准、高等院校的政策和纲领、信息、教职员、文化和习惯等方面，这些原则已成为跨境高等教育质量保障的基石。

（四）联合国教科文组织/世界经济合作与发展组织（UNESCO/OECD）的"指导方针"

跨境高等教育项目数量的不断增加，以及新型教育提供方式的不断出现，对实施准则的内容和制定方法提出了新的要求。2003 年开始，UNESCO 和 OECD 也加入了构建跨境高等教育质量保障国际框架的行列，双方联手开展了拟定保障跨境高等教育办学质量指导方针的工作。2004 年 3 月、2004 年 10 月和 2005 年 1 月，分别在法国巴黎 UNESCO 总部、日本东京大学和法国巴黎 OECD 总部召开工作会议。2005 年 3 月，UNESCO 和 OECD 联合公布了《跨境高等教育办学质量的指导方针》，全文共 9 页，由"引言"和"针对高等教育各方的指导方针"两部分组成。INQAAHE 制定的《良好行动指南》主要针对的是质量保障机构，四家权威机构联手制定的《欧洲高等教育区质量保障标准和准则》则对质量保障机构和高等学校提出了建议，而《跨境高等教育办学质量的指导方针》对政府、高等院校/办学者、学生团体、质量保障和资质认定机构、学术认证机构、专业团体等六个相关主体提出了相应的建议。

（五）不同实施准则的比较

如前所述，制定实施准则本属于从业同行间的自律行为，要求从业人员依据准则自我控制和自我约束。以尊重各国多样性为前提开展各种活动的 UNESCO 和 OECD，试图淡化这一色彩，避免使人产生强制执行的误解，因此使用"指导方针"来替代实施准则，该"指导方针"并不是准则性的文书，内容上也区别于传统的实施准则，不是针对教育项目的各种构成要素和实施过程提出建议，而是对政府、高等院校/办学者、学生团体、质量保障和资质认定机构、学术认证机构（academic recognition bodies）和专业团体六个相关主体提出了相应建议。"指导方针"的颁布，促进了各国间的合作，充实了各方对跨境高等教育质量保障的认识。

毋庸置疑，国家、国际机构和组织在制定实施准则时的立场是不同的。具体地说，澳大利亚和英国的实施准则是从颁发学位的本国高等院校的立场出发来阐述大学应负的责任。而国际机构和组织制定的实施准则是从第三方出发，在承认国家的权威和各国高等教育系统的多样性的前提下，试图制定双方均能接受的质量保障原则，从而构建合作双方的信赖关系。举例而言，UNESCO 和 OECD 在针对政府的建议中指出，跨境高等教育的质量保障同时涉及输出国和输入国；在针对高等院校的建议中则指出,要确保境外教育项目和国内教育项目的质量相同,同时又应考虑到东道国的文化和语言的特点。办学时应尊重输入国的质量保障和资质认定制度等(UNESCO/OECD,2005)。

此外,输出国制定的实施准则通常是在本国的质量保障框架下制定的,不太考虑输入国的实情。比如,QAA 认为项目输入方应根据英国学位授予机构认可的评价要求对学生实施评价(assessment)。输入方在合作初期可能对英国式的评价要求知之甚少,来自英国的某些评价要求令输入方十分意外,不符合当地习俗。但是,一旦输入方的地方习俗和实践有可能损害评价过程的完整性和实施的一贯性,这些地方习俗和实践就不能被认可(QAA,2010)。

上述四种实施准则均经历了多次修订,修订过程也反映了各方跨境高等教育质量保障观的变化。众所周知,"如何保持跨境高等教育输出服务质量和本国教育质量一致,是跨境高等教育长远发展面临的最大挑战"(林金辉,刘志平,2010)。跨境高等教育发展初期,人们普遍认为,保持输出的学位项目和母校的学位项目相一致,是保障跨境学位项目质量的关键。例如,UNESCO 和欧洲委员会的 2001 年版实施准则中写道:"学生的入学申请、教学活动、考试和评价方法等项目构成要素,应该和颁发学位的高等院校的同一或类似项目相一致。"但 2007 年版出现了不同的表述,"一致"一词(equivalent to)被修改为"可比"(be comparable to)。其他实施准则也存在同样的情况。如 2005 年版的 AVCC 实施准则指出,学习成绩(academic performance)才是评价学生成功的唯一标准。2010 年版的 QAA 实施准则明确指出,输出到海外的学位项目和在本国的学位项目并不会完全相同,但是,颁发学位的高等院校需要确保本校的学位项目和海外项目在学术水平上具有可比性(comparability)。可以认为,跨境学位项目的质量保障观,已从过去强调过程的一致性转向重视结果的同等性。

二、从实施准则看跨境学位项目质量保障的核心问题

实施准则向我们传达了跨境学位项目质量保障的三个基本方向:

(1)责任明确。颁发学位的高等院校对学位的质量负责。包括输出学位项目的品质、入学和毕业的条件、教科书、评价体系等"物"的因素和教师、学生等"人"的因素。

(2)契约合法。和学位项目质量保障相关的条款必须符合项目输出国和输入国的法律条文。同时,在具有法律效应的合同书上,必须明确规定所有当事人的权利和义务。

(3)信息公开。必须向所有相关人员公开有用的信息。例如项目输出大学和

输入大学的法律地位、颁发学位的有效性、提供课程的质量保障体系等。

无论何种实施准则,均详尽列举了保障质量的"注意事项",如果能切实履行这些"注意事项",就能保障跨境学位项目的基本水准。上述实施准则显示,跨境学位项目质量保障的核心问题有以下八项。

(一)合作方的选择

多数跨境学位项目是输出方和输入方共同合作的产物。合作方对项目的质量会产生重大影响。因此,对输出国来说,有必要事先了解合作方的实力和履行契约的能力。尽职调查(due diligence investigation)被认为是达到这一目标的有效手段[①]。QAA 的实施准则就尽职调查提出如下几个方面:合作方在该国的法律地位、和英国高等院校的合作经验,财政资金的安全性,为确保项目成果而投入的人力和物力资源,为学生提供适合、安全的学习环境的能力,等等(QAA,2010)。

必须指出的是,QAA、AVCC 的实施准则均阐述了输出国的立场,作为输入国,也拥有选择对方的自由。应从合作双方的立场出发,重新探讨尽职调查之内容。如各国在社会、文化和历史等方面存在较大差异,应在尊重差异的基础上考察合作方。有必要了解高等教育,特别是和跨境高等教育相关的法令、两国在学位和资格认定上的公约,以及两国的教育传统、社会习俗等。

(二)中介的选择

中介指的是在项目输出大学和项目输入大学缔结合同过程中扮演牵线搭桥作用的个人或机构(Council of Europe/UNESCO, 2007；QAA, 2010)。通过中介来寻找合作伙伴被认为是最具效率的方式。但是,很多中介是以商业为目的的企业,和项目输出大学、输入大学的办学目的并不完全一致,甚至存在牟取非法经济利益、违规操作、欺诈消费者的中介。因此,建立针对中介的监管体制十分必要。UNESCO/OECD(2005)认为,通过中介提供教育项目时,合作双方应确保中介提供信息的可靠性。AVCC(2005)的实施准则就此问题提出了如下具体建议:和中介签订的合同应包括解除合同的条款;应要求中介充分阅读、理解和遵守实施准则等文件;和中介签订的合同应该包括会计监查的条款;应和中介保持定期接触,必要时实施监督、培训等;应在学生中开展中介满意度调查。

(三)合同的缔结

合同使得跨境学位项目的质量有了基本的保障。签订跨境学位项目合同过程中,要注意两个基本问题:第一,明确责任。合同书要明确合作双方的权利和义务

---

① 英国为如果进行"尽职调查"制定了相关的指导方针,可以参考:The International Unit's International Partnerships: A Legal Guide for UK Universities[J/OL]. www. international. ac. uk/our_research_and _ publications/index. cfm,2009-07-01.

（AVCC，2005；Council of Europe/UNESCO，2007；QAA，2010）。通常，颁布学位的学校对项目的学术水准及构成项目的各要素负有全责，而在教学、学生服务、学习设施等方面的责任，由双方共同分担。第二，合同要反映学术质量保障的具体措施。AVCC（2005）的实施准则认为，签订合同特别要注意：管辖当局的认可情况、内部和外部的认可审查方式、课程（语言、内容、提供方式）、市场销售（信息的准确性、市场销售的责任人等）、入学考试、教学、评价、学习支持体制、成绩评价、危机应对机制等。

（四）项目的开发

输出和本校相同的学位项目时，基本上不存在项目开发的问题。但近年来，针对输入国开发新项目的高等院校越来越多。如何使新项目和本校的项目在教学水平和教育质量上保持相同水准，成为合作双方的重要课题。其中，采用何种教学语言、颁发何种学位证书是两个不可回避的问题。

教学语言是跨境高等教育质量保障比较棘手的问题。通常，在项目输入大学进行教学的教师，应使用和项目输出大学相同的教学语言。但对在学者来说，接受非母语语言时存在不同程度的听力障碍，有时听课的确能够理解书本知识，但却很难理解教师提及的文化背景的内容。此外，部分跨境学位项目使用双语教学，自然容易使人质疑由此获得的学位是否和母校（项目输出大学）的学位具有同等价值。

如果在学位证书上省略学习所在地、教学语言（使用当地语言进行教学的情况下）等信息，就无法区分在母校学习获得的学位证书。Council of Europe/UNESCO（2007）的实施准则建议使用"文凭补充说明"。而 QAA（2010）的实施准则更是建议英国高等院校在学位证书和成绩证明书上记载相关信息，以免造成学生、父母、未来雇主相关人士的误解。这些相关信息包括：教学中使用的主要语言（英语之外）、考试使用的语言（英语之外）、输入方高等院校的名称、所在地等。但在现实中遵守这一原则的学校并不多。学校受到来自学生的压力。他们入学的理由，就是希望能获得和本校学生相同的学位，区别学位证书的做法会影响招生。

（五）教师的选拔

高质量的教师是项目成功的关键。跨境学位项目中，作为输出方的高等院校，应选拔优秀的教师，而作为输入方的高等院校，则应对这些教师的资质和能力进行审查，并对教师是否认真履行其职责进行监督。

AVCC（2005）的实施准则中，提到了选拔派遣到输入大学教学的本国教师时，要注意四点：能够实施本校的课程，同时具备有关本国高等教育体制的知识；具有对输入国和学生的跨文化敏感度，同时了解该国的历史、政治体制和教育系统；具备和入学政策相关的知识、经验和能力，具有和学生面对面交流的能力；经常会考虑和项目质量有关的问题。不过，实施准则并没有对输入大学执教的外国教师提出任何建议。笔者认为，输入大学同样应建立规范的机制，选拔己方担任教学的工作人员，除上述四点之外，还可加入在国外的生活经验、在国外大学的教学经验等。

此外，如同 UNESCO/OECD（2005）的"指导方针"所指出的，应为在项目中担任教学的教师提供良好的工作环境，制定帮助教师专业成长的措施，如开发教师研修项目、为教师提供心理咨询等。

（六）入学制度

建立完善的入学选拔制度是保障项目质量的前提。四个实施准则均提出要建立和本校学位项目选拔考试相当的入学制度，特别是要避免设定宽松的入学标准。不过，AVCC（2005）的实施准则认为，要允许由于经济能力或文化造成的学业失败（academic Failure），吸收入学欲望强烈、动机明确的学生入学。QAA（2010）的实施准则指出，选拔中要特别留意以下六点：入学条件和学习到达度（academic prerequisites）；外国资格和学分的认定；事前学习经验（prior learning）的认定、对基于事前经验的学习（prior experiential learning）的评价；语言的熟练程度评价；颁布学位的高等院校在校生信息；关于学习方法的文化假定（cultural assumptions）。此外，还要求公开选拔标准，对选拔过程予以监督，迅速回应考生的要求。

不可否认，跨境学位项目存在与输入国正常入学制度相冲突的现象。由于输入国和输出国的入学制度不同，在输入国的全国统一入学考试中不合格的学生，却有可能被录取到跨境学位项目中。这些学生虽然进入这些跨境学位项目，但却得不到输入国正规教育系统的认可。

（七）对学生的支持

为招募到学生，各类跨境学位项目都声称能为学生提供和输入大学不相上下的服务。除为学生提供输入大学校园网接口利用图书馆电子资源之外，还向学生提供有关大学的正确全面的信息，包括入学条件和手续、课程、学费、生活费、生活环境、宿舍及其他服务项目。而且，由于很多就读跨境学位项目的学生在经济上比较宽裕，帮助其理解外国文化、提高语言运用能力比经济援助更为重要。AVCC（2005）的实施准则为此提出了具体建议，即实施两阶段援助措施。第一阶段：入学前的信息提供，包括通俗易懂的大学指南、校园位置、负责人姓名和联络方式、生活费、宿舍、衣服和食品、学费、就职信息、打工信息、综合信息咨询员的联络方式等。第二阶段：入学后的信息提供，包括提供能顾及文化敏感度（cultural sensitivities）的迎新活动，大学目标、学分交换、英语能力要求、学习方法和评价、课程介绍等学习信息。

（八）成绩评价（Assessment）

如前所述,跨境学位项目的评价理念,已从强调过程的同等性向强调结果的同等性转变。因此,评价基准应根据输出大学规定的学习成果进行考核,并保持评价的连贯性。QAA(2010)认为,要让输入大学充分理解输出大学的评价标准,可通过通俗易懂的方式,向相关人员宣传评价的过程、允许的行为和不允许的行为、评价的实施方式等。

跨境学位项目的成绩评价比一般学位项目更为复杂。例如:如何保障输出大学的试卷安全问题;如何看待二重制打分制度(输入大学教师进行的综合评价及输出大学教师进行的抽样调查)。为确保评价的实效性,可以考虑两国高等院校合作共同构建评价系统的管理体制。

三、实施准则的未来

作为质量保障的有效工具,实施准则正在发挥越来越重要的作用。具体而言,各国制定的实施准则已成为本国质量保障机构外部评价的重要依据,国际机构和组织制定的"指导方针"或实施准则正成为跨境高等教育质量保障的基准。

不同主体制定的实施准则在发展过程中表现出不同的态势。作为国家层面制定的实施准则,以输出大学和输入大学为主要对象,围绕学位项目涉及的各项要素,力图详尽提示构建质量保障体系的"注意事项"。而作为国际机构和组织制定的"指导方针",则一改上述做法,以在跨境高等教育活动中的有关各方为对象,提出相应建议,试图从更广泛的视野来构筑跨境质量保障体系。

从长远看,实施准则的利用和普及均有待完善。目前存在的问题可归纳为三点:

首先,是实施准则的中立性问题。现存各种实施准则,多为输出国编制,对输入国的实情考虑不够,今后有必要参考国际机构和组织的实施准则,从中立的角度进行内容调整。对输入国或地区来说,在对跨境学位项目等进行质量监控时,多采用严格的事前认证和事后评价相结合的手段,对构成认证及评价基础的质量保障原则没有进行充分的梳理。今后,输入国或地区有必要在参考上述不同主体制定的实施准则基础上,开发符合自身特点的实施准则。

其次,是实施准则的更新问题。跨境高等教育的发展迅猛,变化也日新月异,这对实施准则的制定提出了两个要求。第一,要认识到实施准则具有"有效期",需适时更新。历经多次修订的上述四种实施准则便是很好的例子。第二,制定实施准则时,要考虑保持各条款的稳定性,频繁修订会对落实造成不便。

最后,是实施准则的有效性。目前"几乎不存在对国际机构和组织制定的实施准则发挥的效果进行测定的机制"(Stephen A，2003)。当然，各国的实施准则，原则上，是在尊重大学的自主性和自律性的基础上制定的，不具有强制性。只是将实施准则作为理想的行为规范，在质量保障过程中被寄予厚望，但从现实看，如果没有确保实施准则落实的机制，则很难保障实施准则的有效性。因此，如何更好地发挥这一实用工具的作用，为跨境学位项目的质量保障做出贡献，是今后实施准则面临的挑战之一。

第二节　质量审核

实施准则已经被越来越多的国家认可，但是在跨境学位项目质量保障过程中，单凭制定实施准则是远远不够的，实施准则能否得到遵守，实施准则颁布后有何效应，要回答这些问题，必须要再构建一种能够评价实施准则的机制。虽然尚不存在对国际组织制定的实施准则进行测量的系统，但是却存在着测定国家制定的实施准则的机制，那就是海外审核(overseas audit)。

一、概念

审核(audit)这一用语，是高等教育研究者之间已达成共识的概念(Maire et al.，2000)。美国高等教育鉴定委员会(Council for Higher Education Accreditation，CHEA)认为："审核指的是对高等院校，以及教育项目中的课程、职员、设施设备是否和当初设定的目的相一致进行判断的评估过程"(CHEA，2001)。它和认证(accreditation)、注册(register)不同，既不是对大学和教育项目的资源和活动进行全面的审查(review)，也不是对教学质量和学生的学习进行直接的评价。审核的重点是每一所高等院校中维持和提升质量的机制(David，2000)。在澳大利亚和英国，均存在主要以跨境学位项目为对象的质量审核制度。从 2002 年以来，澳大利亚大学质量保证署(AUQA)开始实施海外审核。在常规的院校审核过程中，如果 AUQA 的专家认为有必要，他们就会组团赴海外实施现场考察。但是，这一方式开销巨大，每年实施海外审核的大学数不到 5 所(大森不二雄，2005a)。从2005 年之后，在获得政府的财政支持后，海外审核的次数开始增加(大森不二雄，2005b)。和澳大利亚相比，英国在海外审核上更富有经验。它们是最早对跨境学位项目实施质量审核的国家(OECD，2004a)，迄今为止积累了相当数量的海外审查报告书。

二、英国 QAA 的海外审核概括

(一)发展历程

1996 年,作为 QAA 前身的"高等教育质量保障审议会"(HEQC)根据自己制定的实施准则,对本国具有学位授予权的大学在海外的合作项目实施了首次质量审核。当时接受审核的共四个国家,两个来自欧洲(希腊和西班牙),两个来自亚洲(马来西亚和新加坡)。1998 年,QAA 决定扩大质量审核的范围,对希腊、保加利亚、匈牙利、波兰、巴林、阿联酋(迪拜)、阿曼、印度、以色列等 9 个国家实施了审核。从 1996 年到 2005 年,QAA 在其网站上公开了 121 份海外审核报告书,笔者曾对这些报告做过分析,从图 8-1 可以看出,当时 QAA 的海外审核对象明显集中在欧洲和亚洲。由此可以看出,这两个地域是英国高等院校海外办学的主要目的地。接受 QAA 海外审核最多的国家依次是马来西亚(18 项)、希腊(14 项)和西班牙(10 项)。尽管当时中国已存在大量和英国大学合作的跨境学位项目,但并没有引起 QAA 的重视。

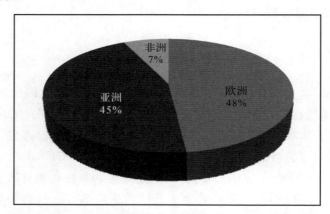

图 8-1 QAA 海外审核对象的地区分布比例(1996—2005 年)

从 2006 年开始,QAA 每年都会实施一次海外审核,审核的院校在 10 所左右。从表 8-1 可以看出,QAA 的海外审核对象的重心转向了亚洲,特别是中国。2006年,QAA 的三个审查小组对中国内地 10 个项目进行了审核,2012 年,QAA 再次实施了针对中国内地合作项目的海外审核[①]。

---

① 2012 年在中国实施的海外审核的报告书详情可参见 QAA 官网:https://www.qaa.ac.uk/international/transnational-education-review/review-of-tne-in-china#,2019-09-06。

表 8-1　2006 年以来 QAA 开展的海外审核活动

年份	审核对象	审核数量	个案调查数量
2006	中国内地	10	—
2007	中国香港	6	—
	俄罗斯	3	—
2008	希腊、塞浦路斯	6	—
2009	印度	10	11
2010	马来西亚	9	6
2011	新加坡	10	9
2012	中国内地	10	4

资料来源：根据 QAA 官方网站数据整理。

(二)海外审核概要[①]

从 2007 年开始，根据合作项目规模大小、复杂程度的不同，QAA 会采取不同的审核模式。如表 8-2 所示，分为三大类：第一类是常规模式，即常规的院校审核(institutional audit)，如果某院校的合作项目规模不大时即采用该模式；如果某院校的海外合作项目规模大、情况比较复杂，无法纳入到常规院校审核活动中时，QAA 就会实行海外审核，海外审核分混合模式和单独模式，前者依然是在院校审核框架下进行，后者则只关注合作项目，持续的时间也要长于常规模式和混合模式。

表 8-2　英国针对海外合作项目的三种质量审核模式

	院校审核	海外审核	
	常规模式	混合模式	单独模式
区别	即院校审核，无须对合作项目进行实地考察	在院校审核流程中，安排对 3 个以内的合作项目进行实地考察	类似常规院校审核之流程，只关注合作项目，选择 6 个以内的合作项目进行实地考察

海外审核的目的主要有以下三点：

(1)配合其他质量保障体系，为促进和强化良好的教育和学习做出贡献；

(2)向学生、雇佣者和其他相关人员公开易懂、值得信赖和具有价值的信息；

(3)如果发现问题，会向项目负责者提出劝告(QAA，2004)。

海外审核主要是想了解英国高校是如何管理和维护海外办学项目的学术水准和学术质量，具体包括以下内容：

(1)各学位授予机构内部质量保障的构造及机制的有效性。如是否依据 QAA

[①]　对海外审核的介绍参考的是英格兰和北爱尔兰的院校审核手册，即 QAA(2009a)。

制定的实施准则,定期对授予的学位和资格进行审查,如何解决存在的质量问题等。

（2）对各学位授予机构公开的质量保障相关信息的适当性（accuracy）、完整性（completeness）、信赖性（reliability）进行检证。

（3）通过检查各学位授予机构的内部质量保证实例,对教育过程中产生信息的妥当性进行检证（QAA,2009b）。

表 8-3 列举了海外审核的基本流程（单独模式）,可以看出,虽然赴海外的实地考察只需 1 周左右,但整个审核过程却长达一年多。在最后的审核报告书中,QAA 从以下三个等级中,对审核对象做出最终判断。

表 8-3 QAA 海外审核活动流程（单独模式）

时间表	活动内容
现场考察开始前第 40 周	QAA 信息部向 QAA 助理干事（AD）提供该大学的"教育质量信息"（TQI①）概要以及一封即将寄给大学的说明书
预备考察 现场考察开始前第 36 周	AD 访问大学,对大学方就审核过程及注意事项进行说明;大学方对 TQI 的准确性进行补充说明
现场考察前第 18 周	QAA 接受大学递交的简明材料;接受学生递交的书面材料（如有）
现场考察前第 16 周	QAA 和大学共同确认海外考察的对象（合作方）
现场考察前第 8 周	QAA 接受大学对海外合作方进行补充说明的资料
现场考察前第 6 周	短暂考察:考察小组访问大学,确认先前递交的信息,和重要的学生和大学代表进行座谈（通常为 3 天）
赴海外进行实地考察 现场考察前第 6 周至第 1 周内	考察小组通常由 2 名专家和 1 名秘书组成。通常会在一天时间内和合作高校中的高级管理人员、学生代表、教职员代表进行座谈
现场考察	考察小组访问大学进行深入了解,和学生座谈 1 到 2 次,最终得出结果（通常为五天）
现场考察后第 2 周	QAA 的助理干事将考察小组拟定的审核结果概要寄往大学
现场考察后第 8 周	QAA 将审核报告书（初稿）寄往大学
现场考察后第 14 周	QAA 听取大学对审核报告书（初稿）的意见
现场考察后第 18 周	QAA 完成审核报告并将其寄往大学
现场考核后第 20 周	QAA 听取大学对审核报告书的声明
现场考察后第 22 周	QAA 正式出版审核报告书

资料来源:根据 QAA(2009a)、QAA(2009b)整理而成。

（1）可信赖（confidence）。这表示审核对象存在管理教育质量和水准的机制,而且该机制被严格执行并取得了成效。

（2）只能有限信赖（limited confidence）。这表示目前的管理机制和教学方法

---

① 全称 Teaching Quality Information,英国高校自编的学校内部教育质量信息,采用描述性表述方式。

中存在缺陷,或者是公开信息的可信程度还不够高。

(3)不可信赖(no confidence)。这表示在对教学水准和质量的管理上还存在着严重的缺陷,所公开的信息无法信赖,并且容易造成误会。

一旦被认定是不可信赖的话,QAA 会要求大学尽早提出解决方案,并定期向QAA 汇报改善的进展过程。QAA 还会再度实施审核,如果原有问题依然没有得到妥善解决的话,英格兰高等教育基金委员会就会中止资金供给,被审核的学位项目也有可能被要求停办。

三、英国 QAA 的海外审核报告书

迄今为止,QAA 已经公开发表了大量海外审核报告书。对跨境学位项目输出国、输入国,以及项目学生、学者、雇主来说,这些报告书是极具参考价值的信息源。以下,从八个方面对报告书中经常提及的一些问题进行归纳和分析。

(一)责任的归属

根据 QAA 制定的实施准则,在签订办学合同时要明确各自的责任,通常,具有学位授予权的学校对项目的学术水准负全责,而在教学、学生服务、学习设施等方面,由双方共同分担责任。但是,部分跨境学位项目在责任归属问题上表述不明确,这就容易致项目和学生于危险之境。例如,QAA 发现,部分英国大学在和中国高校签订合作协议时,对项目因故中止时如何保证学生利益,发生纠纷时参考哪个国家的法律等都没有做出明确规定(QAA,2006)。

(二)入学条件

通常,由输出学位项目的大学设定选拔标准,而输入学位项目的大学负责招生选拔。为了确保能建立和本土大学相同的招生制度,QAA(2010)建议输出大学应该积极参与到招生工作中去。格林威治大学(University of Greenwich)在巴林的招生制度受到 QAA 的好评。格林威治大学的相关人员,对所有入学申请者的资格进行审核,之后,由其合作伙伴的招生部门再次进行确认,主要审核入学者的英语考试得分。此外,该校对在招生过程中发生的问题进行总结,写成内部报告。QAA(2005)认为,这一方式体现了该大学加强招生质量管理的努力。

(三)成绩评价

由于跨境学位项目的评价理念已从强调过程的同等性向结果的同等性转变。因此,应根据输出大学事先设定的学习成果对学生成绩进行考核。为此,很多英国大学在跨境学位项目中引入了校外评审制度和仲裁者制度。

(1)校外评审制度。很多英国通过校外专家评审委员会来对学生的成绩评价

进行监督。这些校外专家凭借自己的经验,对海外学生的成绩是否和英国的教育水准相一致进行了比较,提出了坦诚的意见。例如,他们在试卷分析后指出,海外学生在独立批判能力方面存在明显不足,试卷存在不少语法问题,负责教学的老师对此没有评价。但是,QAA 在审核过程中发现,不知道大学究竟是如何对待这些意见的,又在多大程度上采纳这些观点并予以改进(QAA,2003)。

当然,通常各大学是根据专业背景来聘用校外评审员的,评审员不一定了解跨境学位项目,他们的判断不一定完全准确(HEQC,1998),这也是今后进行成绩评价时需要注意的一个问题,即参与评价的教师应该具备对该国历史、教育系统以及文化的理解能力。

(2)仲裁者制度。仲裁员会对把跨境学位项目中的学生的成绩和本校学生的成绩进行比较,就水准是否一致提出自己的意见。他们的工作包括:对输入大学教师批改的试卷进行检查,必要的时候对分数进行校正,然后将结果写成报告书,告知本校质量保证机构。此外,有些大学还会将此结果告知输入大学的教师和学生。这一做法对维护跨境学位项目的质量很有帮助。

但是,仲裁者的这项工作很费时,而且在对评分标准的理解上,合作双方教师间会存在不同意见。如何使得本校教师和输入国大学教师间能够进行及时的意见交换,如何让学生尽早知道成绩结果,这些均是今后需要解决的问题。

(四)语言

使用同样的语言进行教学,是维持学位资格水准的手段之一。通常,跨境学位项目的教学、作业、考试等均是采用输出大学的母语(多为英语)来进行的,但是还是有不少学生的英语能力有待提高(QAA,2006)。为了吸引成人学生,个别项目使用输入国的语言进行教学(QAA,2000)。这一做法虽然考虑到了输入国学生的英语能力,但是,这能否帮助学生真正理解英文教材和参考书,学生参加母语编制考试得到的成绩,如何和本校的教育水准进行衡量,这些都是不可回避的问题。一些学校聘任一些既精通输入国语言,又了解英国高等教育系统的学者担任校外评审员或是仲裁员(QAA,2000),这是一种值得肯定的尝试。

(五)课程委员会

很多跨境学位项目设有课程委员会这一组织。他们的任务是维持教学水准,应对一些有关课程质量的问题。例如,如需要对学位项目的内容、构成、评价方法进行调整时,可以向该委员会提出申请,并报请输出大学的学术委员会通过。组成课程委员会的成员,通常由合作双方大学的课程主管(course Leader)、项目助手(tutor)、学生代表组成(HEQC,1998)。但是,在海外审核中发现,部分课程委员会讨论的主要议题是学生的生活、学生环境等问题,不太涉及学术问题(QAA,2002)。为改善这一现象,有必要对课程组成人员进行调整,对会议主题进行设计。

(六)课程

有一种观点是:要保持和本土大学相同的学术水准,最简单的方法就是提供相同课程。例如,在英国林肯大学的自我评价报告中就写道,"我们在西班牙提供和英国母校完全一致的课程,授予相同的学位"(QAA,2000)。这种表述在很多跨境学位项目的招生手册中可以见到。但是事实上,在海外提供的学位项目,很少和本土的学位项目是完全一致的。这是因为,第一,会多出一些培养语言能力的课程。跨境学位项目通常是用英语来教学的,对英语能力欠缺的学生,会准备一些英语辅导课。第二,为了适应当地文化,一些项目会对课程内容进行调整。这在工商管理专业尤为普遍,教材中有不少是本地案例。事实上,即便不是完全一致的课程,只要双方在规定的学习成果上事先达成一致,也同样是可以维持相同的学术水准的。

(七)学位和成绩证明书

QAA(2010)在实施准则中建议,为了避免学生、家长和雇主产生误会,应该在学位证书或是成绩证明中记载输入国大学的名称、所在位置等信息。事实上,对这一问题也存在不同的看法。例如,如果颁发的是联合学位,对QAA的这一建议不会产生争议。但是,如果仅仅颁发英国大学的学位,那么,遵守QAA建议的大学就不多了。一部分大学就此问题作了如下解释:"我们坚信,无论在哪里我们都能提供和本校相同教育水准的课程。因此,我们认为,只要在成绩证明书上注明输入国高等院校的名称就足够了"(QAA,2002)。部分大学原本就认为颁发的学位证书理应和本土大学一样(QAA,2000)。现实中,很多大学颁发的也是相同的学位,但会在成绩证明上注明合作大学、场所和教学语言等信息。

(八)对学生的支持

对学生的支持主要包括信息提供、资源提供和其他服务。信息提供指的是向学生传达正确和全面的信息。而且,原则上应该保证海外项目的学生可以获得和本校学生一样的信息,但是一些合作项目在信息提供方面做得不够充分和明确(QAA,2005)。QAA高度评价用双语来编制学生手册;资源提供指的是向学生提供计算机、网络和图书馆等硬件设施。例如,学生能否获得充足的学习材料,能否很容易地通过网络利用本校的数据库,等等;其他服务更多的是指发生问题时,学生是否有通畅的反映问题的途径。例如,格林威治大学跨境学位项目的学生手册中写道:"投诉的手续可以参照本大学的网站。"但是,QAA的专家指出,为了反映问题,学生必须登录本土大学的网站,这会让很多同学就此止步(QAA,2005)。

四、海外审核的未来

海外审核报告书上记载着评审专家的意见,如果项目受到的评价不高,对其发展会产生不利的影响。为了维护本土大学的声誉,也为了能够招收到更多的学生,跨境学位项目的主办方通常是比较认真地对待审核活动的。对输入大学来说,接受来自输出国的海外审查也是一种学习机会,可以了解外国大学质量保证的运营方式,从而引发对自己所在大学内部质量保证机制的思考。项目主办方也会努力去改善审核中反映出来的问题。因此,海外审查是促进高等院校内部质量保证的有效手段。

这一工具已经在保障跨境学位项目的质量上发挥了积极的作用,但是,今后还需要注意以下问题。

首先,跨境学位项目质量保障的理念,已经从强调过程的等同性向结果的等价性转变。那么,在今后的海外审核中,用什么办法来对输入大学和输出大学的学位项目的等价性进行比较呢? 笔者认为,可以把学习成果作为切入点。在进行海外审核时,不仅要评价过程,而且要评价跨境学位项目的学习成果,是否达到了双方开发项目时约定的目标。

其次,是海外审核的公开时间。的确,海外审核是一件相当费时的工作,但是,前后1年才能最终完成这一质量保证活动,似乎显得有点漫长。作为项目主办方,在接受评估的初期一定拥有满腔热情,希望能获得一个好的评价结果,随着时间的推移,他们当初的热情会面临降温。

最后,是对海外审核报告书的利用。海外审核的目的之一,是为学生、雇主和其他相关人员提供易懂且有价值的信息。但是,根据笔者对部分学生和输入国教师的访谈发现,他们事先对海外审核这一制度的了解几乎是空白的,在学生入学前,也不知道去利用这些报告书。因此,质量保障机构、项目合作大学,应该摸索如何宣传海外审核报告的手段,以便使它更好地为跨境学位项目的质量保障服务。

第九章　中国跨境学位项目的质量保障

第一节　现　状

一、高等教育的质量保障

1999 年 6 月党中央国务院召开第三次全国教育工作会议以后,中国的高等教育事业进入了一个快速发展的时期,在很短的时间内实现了高等教育大众化。2018 年,全国各类高等教育在学人数达到 3833 万人,在数量规模上居世界首位。

以普通高等学校里的本专科教育而言,全国普通高等学校的数量已经从 1999 年的 1071 所增长到了 2018 年的 2663 所(见表 9-1)。1999 年,普通高等学校全日制本专科在校生的平均规模是 3815 人,而到了 2018 年,普通高等学校本科、高职(专科)全日制在校生平均规模达到 10605 人,其中,本科院校 14896 人,高职(专科)院校 6837 人[①]。

表 9-1　中国普通高等学校的分布情况(2018 年)

	总计	中央部委		地方部门				
		教育部	其他部委	教育部门	其他部门	其他企业	民办	具有法人资格的中外合作办
本科院校	1245	76	38	633	70	0	419	9
高职(专科)院校	1418	0	5	519	513	49	330	2
总计	2663	76	43	1152	583	49	749	11

资料来源:教育部网站(http://www.moe.gov.cn/)。

实现高等教育大众化是中国教育发展史上的一次历史性跨越,但同时也使我

[①]　资料来源:http://www.moe.gov.cn/jyb_sjzl/sjzl_fztjgb/,2019-09-07。

国高等教育面临着一个严峻的挑战,即如何从数量发展走向质量发展。《国家中长期教育改革和发展规划纲要(2010—2020年)》中强调要把提高质量作为教育改革发展的核心任务,要全面提高高等教育质量。健全高等教育质量保障体系是实现上述任务的基本途径和重要举措。

考察一个国家的外部高等教育质量保障体系时,可以从质量保障的主体、目的、对象、指标或标准以及实施层面等方面入手(黄福涛,2005,2010)。借鉴这一思路,笔者以高等教育的过程为分析维度,从主体、手段、对象和标准这四个方面,对中国高等教育质量保障体系的现状进行了整理(见表9-2)。

表 9-2　中国高等教育外部质量保障体系的现状

维度	主体	手段	对象	标准
入口	教育部 (全国高等学校设置评议委员会)	审批	高等学校	法律、法规
	教育部 (学科发展与专业设置专家委员会)	备案或审批	学科专业	
过程	教育部 (高等教育教学评估中心)	评估	高校本专科教育	评估指标
	国务院学位办、教育部 (学位与研究教育发展中心)	评估	研究生教育	评估指标
出口	教育部 (学位与研究教育发展中心)	认证	中国学位证书及其他教育背景材料	法律、法规

(一)入口阶段

在入口阶段,教育部主要依靠两个专家咨询委员会来开展对学校和专业的质量保证活动。第一个专家咨询委员会是"全国高等学校设置评议委员会"。它成立于1992年,受教育部的委托,对高等学校的设置、现有高等学校的升格更名、现有高等学校的撤并调整进行审议并上报教育部最终决定。审批主要依据《普通本科学校设置暂行规定》和《专科学历教育高等学校设置标准》这两个法规条文。第二个专家咨询委员会是"教育部学科发展与专业设置专家委员会"。它成立于2002年,是教育部为了加大高校学科专业结构调整工作的力度,实现政府职能转变,提高高等学校专业设置管理科学化和民主化水平而设立的。除了为国家提供有关学科专业的咨询和建议之外,还承担对部分新设专业进行评议和咨询的任务。被列入到《普通高等学校本科专业目录》中的目录,只要依据相关程序向教育部备案即可,而《普通高等学校本科专业目录》规定的国家控制布点专业和尚未列入的新专业则要接受该委员会的评议并报教育部核准。

(二)过程阶段

高等教育质量保障体系中最核心的活动是对教育过程的管理和评价。两个直属于教育部的质量保障机构承担了这一重任。

1.教育部高等教育教学评估中心

该机构成立于 2004 年 8 月,是教育部直属的行政性事业单位。其主要任务是负责组织实施五年一度的高等学校本专科教育的评估工作。本科教学评估由教育部统一管理,高等教育教学评估中心组织专家实施外部评估。高职高专院校的教学评估则是由当地的省教育厅负责管理,高等教育教学评估中心组织专家具体实施。评估工作制定了周密详尽的指标体系,这一评估不仅关注本科教学工作,实际上涉及了高校办学的几乎所有方面(黄福涛,2010)。

2.教育部学位与研究教育发展中心

该机构成立于 2003 年,机构网站上称自己是"具有社会中介机构性质的、非营利性的社会组织"。但它却是教育部直属事业单位,在教育部和国务院学位委员会的领导下开展工作。主要开展以下质量保障活动:

(1)学位点定期评估,指的是定期对已经获得学位授予权的学科点进行发展状况评价。对博士点的定期评估工作,由国务院学位委员会办公室组织进行;对硕士点的定期评估工作委托各省级学位委员会或军队学位委员会负责组织。对每个学位授权点的定期评估每六年进行一次。

(2)国家重点学科评选。国家重点学科是国家根据发展战略与重大需求,择优确定并重点建设的培养创新人才、开展科学研究的重要基地,在高等教育学科体系中居于骨干和引领地位(教育部,2006)。我国分别在 1986—1987 年、2001—2002 年和 2006 年举行了三次国家重点学科评选。

(3)学科排名,指的是对《授予博士、硕士学位和培养研究生的学科、专业目录》中除去军事学门类外的全部一级学科进行整体水平评估,并根据评估结果进行排名,又称"一级学科整体水平评估"。此项工作于 2002 年首次在全国开展,至 2009 年已完成两轮评估。属于非强制性评估。

此外,该中心还承担了全国优秀博士学位论文评选、博士学位论文抽查等工作。可以看出,上述活动针对的都是研究生教育。但是也有两个例外:一是从 2001 年开始启动的中外合作办学评估(试点)工作(详见下文),二是自 2000 年起启动的"中国学位证书及其他教育背景材料认证"工作。这一认证是非强制性的。申请人只需按要求提供相应的认证材料,并交纳相应费用,即可获得学位中心出具的《认证报告》。报告内容包括"证书持有人的自然信息""证书颁发机构的合法性"及"证书内容是否属实"等信息,并可在网上进行在线验证。

在英国、澳大利亚和日本,均成立了一些相对独立于政府的质量保障机构,从表 9-2 可以看出,我国的高等教育质量保障体系还是没有摆脱浓厚的政府行政主导色彩。"中国的高等教育质量保障活动,是以政府的文件、法律法规为基础,在中央政府的主导下展开的。第三方质量保障机构,或者说社会团体和学术团体对大学教育及其质量保障的影响并不大。"(黄福涛,2005)《国家中长期教育改革和发展规划纲要(2010—2020 年)》为我们提示了未来完善高等教育质量保障体系的方向,如"开展由政府、学校及社会各方面参与的教育质量评价活动","制定教育质量国家标准","鼓励专门机构和社会中介机构对高等学校学科、专业、课程等水平和质量进行评估","探索与国际高水平教育评价机构合作质量保障"。

二、跨境高等教育学位项目的质量保障

我国对"中外合作办学"质量保障的探索是走在世界前列的,已经初步形成了具有特色的跨境学位项目质量保障体系(见表 9-3)。

表 9-3　中外合作办学项目外部质量保障体系的现状

维度	主体		手段	对象	标准
入口	地方教育行政部门		签署意见	全部跨境学位项目	法律、法规
	教育部		最终审批		
过程	中央	教育部(国际交流与合作司)	复核	部分跨境学位项目	评估指标
			信息公开	全部跨境学位项目	
		国务院学位办、教育部(学位与研究教育发展中心)	评估	部分跨境学位项目	评估指标
	地方	地方质量保障机构	认证	当地部分跨境学位项目	认证标准
出口	教育部(留学服务中心)		认证	所有外国学位	法律、法规

(一)入口阶段

入口阶段的质量保障是在中央政府和地方政府的合作下展开的。开办合作学位项目,必须事先获得政府的许可。根据《中外合作办学条例实施办法》的规定:"申请举办实施本科以上高等学历教育的中外合作办学项目,由拟举办项目所在地的省、自治区、直辖市人民政府教育行政部门提出意见后,报国务院教育行政部门批准。"(第三十六条)

各地教育行政部门通常会以相关法律条文为依据对提出申报的机构和项目进行审查。以福建为例,主要从以下四个方面进行审核(福建省教育厅,2005)。

(1)合法性:申请材料的形式、合作双方方的主体资格、合作协议等是否符合法律规定。

(2)特色性:申请项目是否具有竞争力和不可或缺性。

(3)优质性:是否属于引进优质教育资源。

(4)现实性:是否符合我省经济建设和教育事业发展需要。

最终的裁决机构是教育部国际交流与合作司。在获得该机构的批准后,合作

办学项目即可获得由教育部和劳动与社会保障部颁发的附有有效年限的《中华人民共和国中外合作办学项目批准书》(含正副本)。

(二)过程阶段

对教育过程的质量保障目前在中央和地方两个层次展开。

1. 中央

(1)教育部国际交流与合作司

国际交流与合作司创建了"教育涉外监管信息网",代表政府发布各类教育涉外活动监督与管理信息,在该网站上专门设立了"中外合作办学监管工作信息平台",主要通过公布通过审查的中外合作办学项目,以及其他相关政策和信息,对中外合作办学的动态进行监管。

值得一提的是国际交流与合作司于2004年启动的质量复核活动。根据规定,对以下两类中外合作办学项目进行质量复核:①《中外合作办学条例》施行前依照国家教育委员会1995年1月26日发布的《中外合作办学暂行规定》设立和举办的中外合作办学项目;②《中外合作办学条例》施行后至《中外合作办学条例实施办法》施行前依法设立的中外合作办学项目。为通过复核的机构补办中外合作办学项目批准书。其中,高等学校举办的中外合作办学项目的复核由所在地的省级教育行政部门负责。复核的重点是"中外合作办学项目的组织与管理、教育教学以及资产财务等情况"。这项庞大的工作持续了近两年,2006年,所有复核的结果全部在"教育涉外监管信息网"上予以公开。至此,政府建立起了全国性的中外合作办学项目数据库,网络公开也提高了中国跨境高等教育活动的透明性。

(2)教育部学位与研究教育发展中心

2001年4月,中心首次实施了对授予境外学位合作办学项目的教学合格评估。全国41所学校的55个项目通过了这一评估。2003年和2004年再次实施了评估活动。经过这几次的尝试,2009年,教育部颁发《教育部办公厅关于开展中外合作办学评估工作的通知》,正式启动了评估工作。评估重点放在依法办学、引进优质教育资源、办学质量和社会效益等决定中外合作办学项目办学稳定性及可持续发展能力的关键因素上。中外合作办学评估将分阶段进行,2010年,首先在辽宁、天津、江苏、河南四省市试点,并在总结经验和进一步完善评估标准后,陆续对依法批准设立和举办的实施本科以上高等学历教育以及实施境外学士学位以上教育的中外合作办学项目开展评估[①]。

2. 地方教育质量保障机构

从20世纪90年代末开始,全国各地陆续建立了一些地方教育质量保障机构,

---

① 消息来源:《中国教育报》2010年3月3日第1版。

如：江苏省教育评估院(1997)、辽宁省教育研究院评价所(1999)、上海市教育评估院(2000)、云南高等教育评估事务所(2000)、广东省教育厅教育发展研究与评估中心(2000)等。它们多数具有双重身份，既以民间机构的面貌出现，也和政府保持较为密切的联系，接受政府的日常经费，接受各级教育行政部门的委托评估项目(王英杰等，2009)。其中的上海市教育评估院较早开始了对中外合作办学项目进行认证的尝试。

上海结合本地特点，不断实践探索，创造了一套针对中外合作办学的有效管理制度(李亚东，江彦桥，2006)。在此基础上，2004年，上海市教育评估协会成立了"上海市中外合作办学认证委员会"，并委托上海市教育评估院开展了中外合作办学认证的研究工作。2005年，尝试性地对上海大学悉尼工商学院进行了认证，由此探索出一套比较完整的认证程序(张民选等，2010)。2007年起，上海市教育评估院与中国教育国际交流协会联合，共同推进在全国开展中外合作办学认证工作(赵峰，2008)。2011年，又率先在全国开展了示范性中外合作办学机构(项目)的评优活动(上海市教委，2011)。

(三)出口阶段

出口阶段的管理是由教育部留学服务中心来负责的。该机构也是一个教育部直属事业单位，成立于1964年7月，前身是高等教育部出国留学生集训办公室，现在的业务领域已经涉及公派出国、护照签证、国外宣传、回国派遣落户、学历学位认证、科研启动基金等。2000年，国务院学位委员会和教育部联合发文，同意"中心"在全国范围内开展国外学历学位认证工作。经批准的中外合作办学项目颁发的国(境)外学历学位证书可以申请认证(见图9-1)。

图9-1　中外合作办学国外学历学位认证书样本
资料来源：吉林大学华姆顿学院网站

从表9-3可以看出，我国跨境学位项目的外部质量保障体系同样没有摆脱中央政府主导型的模式，有学者指出，国家和地方的一整套密切关联的法规与政策构成了中国对跨境教育的监管工作(Robin M H，2008)。监管工作体现了自上而下的问责(Accountability)精神。

质量保障中的问责制依据的是法律法规,重在控制,最常用的手段就是审批、认可和认证,在我国跨境学位项目质量保障的三个维度(进口、过程和出口)中,这些手段均有不同程度的体现。

在考察我国跨境学位项目质量保障体系的过程中,笔者发现我国的跨境学位项目质量保障存在空白地带。科尔曼(David,2003)曾指出,因为跨境学位项目是边缘项目(peripheral programs),所以它往往被现有的质量保障体系所忽视。在英国、澳大利亚、马来西亚等国家,和其他普通学位项目一样,所有跨境学位项目都已成为国家质量保障体系的对象。但是在我国,有一些跨境学位项目是游离在现有质量保障体系之外的。比如,浏览各高校网站就会发现,它们在和国外教育机构开展多种形式的学位合作,有学术型的,也有商业型的。可是,在国家批准的中外合作办学项目名单中找不到这些项目的身影,如果不是中外合作办学,那么由谁来对它们的质量负责呢?目前的本科教学评估和研究生教学评估并不包括此类合作学位项目。英国、澳大利亚和马来西亚的经验是,由一个中立的统一的质量保障机构来统率全国质量保证活动。

第二节　展　望

全球高等教育市场日益开放,竞争日益激烈,跨境学位项目的质量保证也越来越受到关注,在如何构建有效质量保障体系的问题上,各国仍处在不断探索的过程中。在完善我国跨境学位项目质量保障体系的过程中,既要保持现有特色,也要注意与国际接轨。基本思路应该是:以质量标准为引领,以合作高校为核心,构建项目输出、输入国政府和质量保障机构互相配合的质量保障体系。在这一过程中,要特别重视一个趋势和两个切入点。

一、一个趋势

如前所述,我国已经形成了以法规为基础、以行政为主导、以问责为重心的跨境学位项目质量保障体系。其他输入国也具备这些特点。例如,罗马尼亚规定,外国高等院校在提供远距离教育时,必须在罗马尼亚国内设立相应的辅导机构;印度只允许外国高等教育机构和本国认可的高校进行学位合作;在新加坡跨境学位项目中担任教学的必须是外籍教师;阿拉伯联合酋长国要求美国大学必须提供与其国内完全一致的本科学位课程(Grant et al.,2006)。应该承认,这样一种质量保障体系在确保国家主权、维护政府权威和保障学生权益上的确能起到很好的作用，但在提高和改善学位项目质量方面就显得心有余而力不足。

英国和澳大利亚的高等教育质量保障已经体现出提高和改善的理念，中国香港和马来西亚的经验也值得借鉴。首先来看中国香港：中国香港学术评审局前总干事张宝德曾说过，"不必畏惧跨境教育，不一定非要采取强硬措施来控制其发展"（Peter，2006）。事实上，香港特区政府在审批跨境学位项目上较为宽松，年度报告制也是一种旨在改善质量的柔性手段。其次来看马来西亚：马来西亚国家学术鉴定局成立之后，也致力于开发统一的质量标准，为高校提高和改善学位项目质量提供指南。国家高等教育学历（资历）框架、质量基准（benchmarking）、最佳实践（best practice）、实施准则、质量审核、学生调查等都是构成提高改善型质量保障体系的重要因素。

当然，不同国家在不同发展阶段会采取不同理念的质量保障手段。我国刚刚进入高等教育大众化阶段，跨境学位项目又是国际化过程中出现的新现象，就现阶段来说，以问责为特点的质量保障活动是必需的，而且还要不断完善，教育部推出的中外合作办学评估，以及上海市教委牵头的中外合作办学质量认证工作都是加强质量保障的有效措施。不过，从长远看，重在关注学习成果的改善型质量保障活动将会成为未来的发展重点。跨境学位项目质量保障的基本原则应该是：努力确保跨境学位项目的学习结果与输出国本校的学习项目保持相同的学术标准。

二、两个切入点

（一）构建以促进和完善项目内部质量保障建设的外部质量保障体系

高等教育质量保障是由内外两部分构成的。从国际趋势可以看出，人们愈来愈认识到保障及改进质量的主要责任在高校自身。但同时，国家、质量保障机构等外部力量需要凝结成一股推动力量，才能形成一个良性的循环。

在对英国和澳大利亚进行考察的过程中，笔者发现了它们具有共同的特点：通过制定实施准则，使得各高校在输出学位项目时的质量意识得以加强。同时，通过实施质量审核，使得各高校在输出学位项目后能够不断了解自己的不足之处并加以改进。也就是说，英国和澳大利亚已经构建起以这样一种促进和完善项目内部质量保障建设的外部质量保障体系。

我国在此方面尚有改进之余地。例如，目前不存在实施准则之类的质量指南，各高校基本上是依据法规条例来开发合作学位项目的。而在本书提到的项目输出国和输入国中，都已经制定了学术资格框架以及其他一系列质量保障国家标准。当然，我们也在不断进步，已经出台的《中外合作办学评估指标》（试行）、《示范性中外合作办学项目评选指标》(试行)等都属于此类质量标准。只有丰富质量保障标准,完善评估、认证、审核等质量保障手段,才能推动各高校形成有效的跨境学位项目内部质量保障体系。

(二)构建由输出方和输入方共同合作的外部质量保障体系

跨境学位项目是输出国和输入国,输出大学和输入大学共同合作的产物,输出方和输入方理应通过合作来共同承担质量保障之职责。而且,从长远看,输入、输出国的区分会逐渐模糊。中国、马来西亚、印度等国已在泰国、新加坡、英国、瑞典、美国等地开设分校。这些传统的输入国积极向海外输出本国的学位项目时,更有必要向传统的输出国汲取经验。

在对输出国和输入国的质量保障活动进行考察的过程中,笔者发现,无论是输出国还是输入国,基本上是从各自的立场出发,实施不同的质量保障活动。随着跨境学位项目质量保障活动的强化和普及,某一跨境学位项目很有可能会接受来自不同国家、不同主体的多次评价。对跨境学位项目的主办方、学生来说,自然会因此产生评估疲劳症。而且,输入国和输出国执行的质量标准往往并不一致,导致项目主办方和学生无所适从。

目前输出方和输入方的合作停留在以交流、共享信息为主的初级阶段,应该积极寻求在此基础上的实质性合作。比如,共建、共享跨境学位项目数据库,共同开发和完善质量保障的标准,共同培养承担跨境学位项目质量保障的后备人才,共同参与各自的质量保障活动,乃至共同设计和开展质量保障活动。

合作重点应该是双方携手提供公开透明的信息。公开信息将在质量保障中发挥越来越大的作用。无论是政府、质量保障机构、高等院校/办学者、学生、家长还是雇主,从各自不同的立场出发,都希望获得有关跨境学位项目确切、可靠的信息,包括课程、学术要求、成绩评价方法、教师基本情况、学生支持措施等。这些信息将成为他们比较、判断学位项目质量的重要依据。

参考文献

一、英文参考文献

[1]ACA. Transnational education in the European context-provision，approaches and policies，A study produced by the Academic Cooperation Association on behalf of the European Commission [EB/OL]. http://ec. europa. eu/education/erasmus-mundus/doc/studies/tnereport_en. pdf,(2008)[2011-11-18].

[2]ACPET. Feedback on the Joint Committee on Higher Education Inquiry into the Desirability of a National Higher Education Accreditation Body [EB/OL]. http://www. acpet. edu. au/,(2008)[2011-11-10].

[3]Anthony B，et al. Global Student Mobility 2025：Forecasts of the Global Demand for International Higher Education[M]. Brisbane：IDP Education Australia，2002.

[4]Anthony B，et al. Vision 2020：Forecasting International Student Mobility——A UK Perspective[EB/OL]. https://www. britishcouncil. org/education/ihe/knowledge-centre/transnational-education/vision-2020,(2004)[2019-09-19].

[5]Antony S. Quality Assurance of Cross-border Higher Education[J]，Quality in Higher Education，2006，12(3)：257-276.

[6]AQF Council. Australian Qualifications Framework 2011[EB/OL]. http://www. aqf. edu. au/,(2011)[2012-01-18].

[7]Altbach P G. Ghange perspectives on international higher education[J]. Change,2002,34(3):29-31.

[8]Australian Education International. Transnational Education in the Higher Education Sector：Research Snapshot[EB/OL]. http://www. international. ac. uk/resources/TNE％20in％20HE％20Sector. pdf,(2009)[2012-02-08].

[9]Australian Education International. Transnational Education in the Higher Education Sector：Research Snapshot[EB/OL]. https://www. aei. gov. au/research/Research-Snapshots/Documents/RS％20Transnational％20education％20in％20HE％20sector％202010. pdf,(2011)[2012-02-08].

[10]AVCC. Provision of Education to International Students：Code of Practice and Guidelines for Australian Universities[EB/OL]. http：//www. universitiesaustralia. edu. au,(2005)[2011-01-16].

[11]Chantal K. The Recognition of Transnational Education Qualifications，Paper prepared for Seminar on Transnational Education，Malmo，Sweden[EB/OL]. http：//www. enseignement. be/download. php? do＿id＝3266,(2001)[2006-02-16].

[12]CHEA. Glossary of Key Terms in Quality Assurance and Accreditation [EB/OL]. http：//www. chea. org/international/inter ＿ glossary01. html,(2001)[2012-03-08].

[13]Christian T and Andrejs R. Survey on Masters Degrees and Joint Degrees in Europe[M]. Bruxelles：EUA Geneve，2002.

[14]Christine T E and Yang F. Foreign Universities in China：a case study[J]，European Journal of Education，2009，44(1)：21-36.

[15] Council of Australian Governments. International Students Strategy for Australia 2010 — 2014[EB/OL]. http：//www. coag. gov. au/reports/docs/aus＿international＿students＿strategy. pdf,(2010)[2012-02-25].

[16]Council of Europe. Recommendation on the Recognition of Joint Degree[EB/OL]. http：//www. aic. lv/bolona/Recognition/leg＿aca/RecJDand＿ExpM. pdf,(2004)[2011-08-12].

[17]Council of Europe/UNESCO. Revised Code of Good Practice in the Provision of Transnational Education [EB/OL]. http：//www. enic-naric. net/documents/REVISED_CODE_OF_GOOD_PRACTICE_TNE. pdf,(2007)[2012-11-12].

[18] CVCP/HEFCE. The Business of Borderless Education：UK perspectives [EB/OL]. http：//www. universitiesuk. ac. uk/Publications/Documents/BorderlessSummary. pdf,(2000)[2011-02-15].

[19]Dale D. Malaysia：Future Hub of International Education? [EB/OL]. http：//www. universityworldnews. com/article. php? story＝20090903203756838,(2009)[2011-11-12].

[20]Daniel O and Matthias K. Joint and Double Degree Programs：An Emerging Model for Transatlantic Exchange[M]. Washington DC：Institute of International Education，2009.

[21]David C. Quality Assurance in Transnational Education[J]，Journal of Stud-

ies in International Education，2003，7(4)，354-378.

[22]David D D. Designing Academic Audit：Lessons Learned in Europe and Asia [J]，Quality in Higher Education，2000，6(3)：187-207.

[23]David P. The Need for Context-sensitive Measures of Educational Quality in Transnational Higher Education[J]，Teaching in Higher Education，2011，16(6)：733-744.

[24]David P and Craig E. Academics as Part-time Marketers in University Off-shore Programs：an Exploratory Study，Journal of Higher Education Policy and Management[J]，2010，32(2)：149-158.

[25]David W. Australian Universities Quality Agency：Audit manual，Canberra：AUQA，2001.

[26]David W. The Quality of Transnational Education：A Provider View[J]. Quality in Higher Education，2006，12(3)：277-281.

[27]DEEWR. Media Release The Hon Julia Gillard MP[EB/OL]. http：//minis-ters. deewr. gov. au/gillard/australian-higher-education-graduation-state-ment，(2008)[2012-02-18].

[28]Denise B，et al. Review of Australian Higher Education Discussion Paper [EB/OL]. http：//www. deewr. gov. au/HigherEducation/Review/Pages/ReviewofAustralianHigherEducationDiscussionPaperJune2008. aspx，(2008)[2012-02-18].

[29]DEST. A National Quality Strategy for Australian Transnational Education and Training：A Discussion Paper[EB/OL]. http：//www. csu. edu. au/__da-ta/assets/pdf_file/0020/51473/Transnational-Ed_QualStrat_. pdf，(2005)[2011-11-15].

[30]DEST. OECD Thematic Review of Tertiary Education-Country Background Report：Australia [EB/OL]. http：//www. oecd. org/dataoecd/51/60/38759740. pdf，(2007)[2011-11-16].

[31]Dorothy D，et al. Transnational Education：Providers，Partners and Policy [Z]. Brisbane：IDP Education Australia，2000.

[32]Douglas B. A Critical Analysis of the UNESCO Guidelines for Quality Provi-sion of Cross-border Higher Education [J]. Quality in Higher Education，2007，13(2)：117-130.

[33]Education New Zealand. Offshore Education：Stock Take and Analysis[EB/OL]. http：//www. educationnz. org. nz/indust/eeip/OffEdFinalRpt281105.

pdf,(2005)[2012-02-12].

[34]ESIB. European Student Handbook on Transnational Education[EB/OL].
http://www. esib. org/projects/tne/TNEhandbook/index. html, (2003)
[2003-12-07].

[35]ESU. Transnational Education: Policy Paper[EB/OL]. http://www. esu-
online. org/news/article/6064/82/(2004)[2011-11-18].

[36]ESU. Improving Higher/Vocational Education through the engagement of
student experts[EB/OL]. www. coe. int/t/dg4/youth/Source/.../2009_
ESU_en. pdf,(2009)[2012-02-16].

[37]Friedhelm M. Results of the Survey on Study Programmes Awarding Doub-
le, Multiple or Joint Degrees[EB/OL]. http://www. aic. lv/bolona/2005_
07/sem05_07/se_jd_berlin/jd_report2. pdf,(2006)[2012-01-18].

[38]GATE. Barriers to Trade in Transnational Education Services: A Report by
the Global Alliance for Transnational Education[Z], 1997.

[39]Glenn R J. Bridging the Challenges of Transnational Education and Accredi-
tation[J], Higher Education in Europe, 2001, 26(1): 108-116.

[40]Grant H and V Lynn M. Repositioning Quality Assurance and Accreditation
in Australian Higher Education[M]. Canberra: Commonwealth of Austral-
ia, 2000.

[41]Grant M and Christopher Z. Transnational education: issues and trends in
offshore higher education[M]. London: Routledge, 2006.

[42]HEFCE. Funding Higher Education in England: How the HEFCE Allocates
its Funds[EB/OL]. http://www. hefce. ac. uk/pubs/hefce/2008/08_33/08_
33. pdf,(2008)[2011-11-12].

[43]HEFCE. A guide to UK higher education[EB/OL]. http://www. hefce. ac.
uk/pubs/hefce/2009/09_32/09_32. pdf,(2009)[2011-11-12].

[44]HEQC. University of Lincolnshire and Humberside and the University of
National and World Economics, Sofia, Bulgaria Institutional Review Reports
[EB/OL]. http://www. qaa. ac. uk/reviews/reports/overseas/LinHumUN-
WE98. asp♯8,(1998)[2006-02-16].

[45]Huang F T. Transnational higher education: a perspective from China[J],
Higher Education Research and Development, 2003, 22(2): 193-203.

[46]Iskandar Malaysia. Comprehensive Development Plan [EB/OL]. http://
www. iskandarmalaysia. com. my/comprehensive-development-plan-cdp,

(2010)[2011-11-10].

[47]Jane K. Borderless, Offshore, Transnational and Crossborder Education: Definition and Data Dilemmas[M]. London: Observatory for Borderless Higher Education, 2005.

[48]Jane K. New Typologies for Cross-border Higher Education[J], International Higher Education, 2005,(38): 3-5.

[49]Jane K. Joint and Double Degree Programmes: Vexing Questions and Issues [M]. London: The Observatory on Borderless Higher Education, 2008.

[50]Jane K. The Role of Cross-border Education in the Debate on Education as a Public Good and Private Commodity[J], Journal of Asian Public Policy, 2008, 1(2): 174-187.

[51]Jane K. Double-and Joint-Degree Programs: Double Benefits or Double Counting? [J]. International Higher Education, 2009,(55): 12-13.

[52]Jane K. Higher Education Crossing Borders. In Peterson, P. , Baker, E. , & McGaw, B. (editor) International Encyclopedia of Education 3rd Edition [M]. Oxford: Elsevier Publishers, 2010.

[53]Jane K. Education Hubs: A Fad, A Brand, An innovation? [J]. Journal of Studies in International Education[J]. 2011, 15(3): 221-240.

[54]Jane K and Sirat M. The Complexities and Challenges of Regional Education Hubs: Focus on Malaysia[J]. Higher Education, 2011, 62(5): 593-606.

[55]Julie E, et al. Outsourcing University Degrees: Implications for Quality Control[J], Journal of Higher Education Policy and Management, 2010, 32 (3): 303-315.

[56]Ka Ho M. The Quest for Regional Hub of Education: Growing Heterarchies, Organizational Hybridization, and New Governance in Singapore and Malaysia[J], Journal of Education Policy, 2011, 26(1): 61-81.

[57]Karen S. Assuring Quality in Transnational Higher Education: A Matter of Collaboration or Control[J]. Studies in Higher Education, 2010, 35 (7): 793-806.

[58]Katalin D. Serving Two Masters Academics Perspectives on Working at an Offshore Campus in Malaysia[J], Educational Review,2011,63(1): 19-35.

[59]Kaye E and Neil C. Managing Transnational Education: Does National Culture Really Matter? [J] Journal of Higher Education Policy and Management, 2009, 31(1): 67-79.

[60]Kurt L，et al. Cross-Border Higher Education：An Analysis of Current Trends，Policy Strategies and Future Scenarios[EB/OL]. www. obhe. ac. uk/products/reports/pdf/November2004_1. pdf，(2004)[2006-02-16].

[61]Lazar V，et al. Quality Assurance and Accreditation：A Glossary of Basic Terms and Definitions[M]. Bucharest：UNESCO/CEPES，2007.

[62]Maire B and Elizabeth N. Using Audit to Promote Organizational Learning，In Alison H & Sally B(editor)，Internal Audit in Higher Education[M]. 65-76，2000.

[63]Marijk V D W. Quality Assurance of Internationalisation and Internationalisation of Quality Assurance，in OECD(editor)，Quality and Internationalisation in Higher Education[M]. 225-236，1999.

[64]MCEETYA. National Protocols for Higher Education Approval Processes [EB/OL]. http://www. mceecdya. edu. au/mceecdya/national_protocols_for _higher_education_mainpage，15212. html，(2007)[2011-11-16].

[65]Michelle W and Lee D. Teaching in Transnational Higher Education：Enhancing Learning for Offshore International Students[M]. London：Routledge，2008.

[66]Ministry of Trade and Industry. Panel Recommends Global Schoolhouse Concept for Singapore to Capture Bigger Slice of USMYM2. 2 Trillion World Education Market[EB/OL]. http://app. mti. gov. sg/data/pages/507/doc/ DSE_recommend. pdf，(2003)[2012-02-18].

[67]Ministry of Education Singapore. Report of the Committee on the Expansion of the University sector：Greater Choice，More Room to Excel[EB/OL]. http://www. moe. gov. sg/media/press/files/2008/08/ceus-final-report-and-exec-summary. pdf，(2008)[2010-03-18].

[68]Ministry of Education Singapore. List of External Degree Programmes (EDPs)[EB/OL]. http://www. moe. gov. sg/education/private-education/ edp-list/，(2010)[2010-03-18].

[69]MOHE. Malaysia：International Students Statistics [EB/OL]. http:// www. mohe. gov. my/educationmsia/，(2008)[2012-01-18].

[70]MOHE. Education Malaysia[EB/OL]. http://www. mohe. gov. my/educationmsia/education. php? article=malaysia，(2010)[2012-01-18].

[71]MQA. MQA：At A Glance[EB/OL]. http://www. mqa. gov. my/en/profil _sepintas. cfm，(2007)[2012-01-18].

[72]MQA. Code Of Practice for Programme Accreditation，COPPA[EB/OL]. http://www. mqa. gov. my/en/garispanduan_coppa. cfm，(2008)[2012-01-18].

[73]MQA. Code Of Practice For Institutional Audit，COPIA(Second Edition) [EB/OL]. http://www. mqa. gov. my/garispanduan/COPIA/COPIA% 202nd%20Edition. pdf,(2009)[2012-01-18].

[74]OECD(2004a). Quality and Recognition in Higher Education：The Cross-border Challenge[M]. Paris：OECD，2004.

[75]OECD(2004b). Internationalisation and Trade in Higher Education-Opportunities and Challenges[M]. Paris：OECD，2004.

[76]Olve S. GATS and Education：An "Insider" View from Norway，International Higher Education[J]. 2005(39)：7-9.

[77]Paul B，et al. Quality Assurance in Transnational Higher Education，European Association for Quality Assurance in Higher Education，Helsinki[EB/OL]. http://www. enqa. eu/pubs. lasso,(2010)[2011-11-18].

[78]Peter P T C. Filleting the Transnational Education Steak[J]，Quality in Higher Education，2006，12(3)：283-285.

[79]QAA. Overseas Partnership Audit Report：University of Lincolnshire and Humberside and Colegio Universitario Melchor de Jovellanos[EB/OL]. http://www. qaa. ac. uk/reviews/reports/overseas/lincolnSpain02. pdf,(2000) [2006-03-20].

[80]QAA. Overseas Quality Audit Report：University of Nottingham and the National University of Singapore[EB/OL]. http://www. qaa. ac. uk/reviews/reports/overseas/nottingham_singapore02. asp,(2002)[2006-03-20].

[81]QAA. Overseas Quality Audit Report：University of Westminster and International College of Music，Malaysia[EB/OL]. http://www. qaa. ac. uk/reviews/reports/overseas/westminster_malaysia93. asp,(2003)[2006-03-20].

[82]QAA. Supplement to the Handbook for Institutional Audit：England：Collaborative Provision Audit[EB/OL]. http://www. qaa. ac. uk/reviews/institutionalAudit/collaborative/supplement/default. asp,(2004)[2005-09-01].

[83]QAA. Overseas Quality Audit Report：University of Greenwich and the Microcenter Institute of Technology Bahrain[EB/OL]. http://www. qaa. ac. uk/reviews/reports/overseas/RG187GreenwichBahrain. asp,(2005)[2006-03-20].

［84］QAA. UK higher education in China：An Overview of the Quality Assurance Arrangements［EB/OL］. http：//www. qaa. ac. uk/InstitutionReports/types-of-review/overseas/Documents,（2006）［2012-02-20］.

［85］QAA. Handbook for Institutional audit：England and Northern Ireland［EB/OL］. http：//www. qaa. ac. uk/Publications/,（2009）［2011-11-20］.

［86］QAA. Audit of Collaborative Provision Through a Separate Activity［EB/OL］. http：//www. qaa. ac. uk/Publications,（2009）［2011-11-20］.

［87］QAA. Code of Practice for the Assurance of Academic Quality and Standards in Higher Education Section 2：Collaborative provision and flexible and distributed learning［EB/OL］. http：//www. qaa. ac. uk/academicinfrastructure/codeofpractice/,（2010）［2011-01-16］.

［88］QAA. Audit of overseas provision in Singapore 2011［EB/OL］,http://www. qaa. ac. uk/InstitutionReports/types-of-review/overseas/Pages/default. aspx,（2011）［2011-11-18］.

［89］QAAHE. Guidelines on the Quality Assurance of Distance Learning［M］. Gloucester：QAAHE,1999.

［90］Rachael M. International［Branch］Campuses：OBHE coverage focus for 2019［EB/OL］,http://www. obhe. ac. uk/documents/view_details? id＝1104,（2019）［2019-08-30］.

［91］Richard R. Higher Education in China Part 2：Scale of Foreign Activity and Examples［Z］. London：Observatory on Borderless Higher Education，2003.

［92］Richard R. The Observatory on Borderless Higher Education［J］. The New Review of Information Networking，2003，9（1）：113-122.

［93］Richard R. Foreign Higher Education Activity in China［J］. International Higher Education，2004,（34）：21-23.

［94］Richard R. Higher Education in China：Context，Scale and Regulation of Foreign Activity，In The Observatory on Borderless Higher Education（editor），Mapping Borderless Higher Education：Policy，Markets and Competition［M］，London：Observatory on Borderless Higher Education，2004.

［95］Richard R. Transnational Delivery by UK Higher Education Part 2：Innovation and Competitive Advantage［Z］. Observatory on Borderless Higher Education Briefing Note 2004,（19）.

［96］Richard R and Line V. Transnational Higher Education：major markets and emerging trends'. In OBHE（eds. ），Mapping Borderless Higher Education：

policy, markets and competition(M), London: Observatory on Borderless Higher Education, 2004.

[97] Robert C and Diana K. International Education: Quality Assurance and Standards in Offshore Teaching: Exemplars and Problems [J]. Quality in Higher Education, 2004,10(1): 51-57.

[98] Robin M. The Development World of Borderless Education: Impact and Implications, In D'Antoni, S. (editor), The Virtual University: Models and Messages, Lessons from Case Studies[M]. Paris:UNESCO, 2003.

[99] Robin M and Carolyn C. Quality Assurance and Borderless Higher Education: Finding Pathways Through the Maze, In The Observatory on Borderless Higher Education(editor), Mapping Borderless Higher Education: Policy, Markets and Competition[M]. London: OBHE, 2004.

[100] Robin M, Steve W. The Role of Transnational, Private and For-Profit Provision in Meeting Global Demand for Tertiary Education: Mapping, Regulation and Impact, Report for the Commonwealth of Learning and UNESCO [EB/OL]. http://portal. unesco. org/education/en/files/30721/10848830391Transnational _ Summary _ Report. pdf/Transnational％2BSummary％2BReport. pdf,(2003)[2006-11-16].

[101] Robin M H. Transnational Education in China: Challenges, Critical Issues, and Strategies for Success[J], International Higher Education, 2008,(53): 14-15.

[102] Sachi H. Internationalism in Higher Education: A Review[EB/OL]. http://www. hepi. ac. uk/,(2004)[2006-03-18].

[103] Sandra G, et al. Quality Assurance of Transnational Education in the English-speaking Caribbean, Quality in Higher Education[J], 2006,12(2):125-133.

[104] Sandra G, et al. Quality Assurance of Transnational Education in the English-speaking Caribbean, Quality in Higher Education[J], 2006,12(2):125-133.

[105] Sérgio M D S. Regulation and Quality Assurance in Transnational Education[J], Tertiary Education and Management, 2002, 8(2): 97-112.

[106] Siew Y T. Exploring Acces and Equity in Malaysias Private Higher Education, ADBI Working Paper Series 280[EB/OL]. http://www. adbi. org/files/2011. 04. 19. wp280. access. equity. malaysia. higher. educ. pdf,(2011)

［2012-02-12］.

［107］Sir J D，et al. Who's Afraid of Cross-border Higher Education? A Developing World Perspective［EB/OL］. paper presented at the INQAAHE 2005 Conference，Wellington，New Zealand，http://www. uned. ac. cr/paa/pdf%5CSirJohnDaniel. pdf，(2005)［2011-11-12］.

［108］Stephen A. Transnational Education Project Report and Recommendations［EB/OL］. http://aic. lv/bolona/Bologna/Bol_semin/Malmo/Transnational%20Edu-report_S_ADAM. pdf，(2001)［2019-09-18］.

［109］Stephen A. The Recognition，Treatment，Experience and Implication of Transnational Education in Central and Eastern Europe 2002-2003［EB/OL］. http://www. hsv. se/download/18. 352a7be912949b4658a8000713/TheRecognitionTreatmentExperienceImplicationsofTransnationalEducatioin. CentralandEasternEurope2002—2003. pdf，(2003)［2011-01-16］.

［110］Stephen B. The mediating man：Cultural interchange and transnational education［M］. Honolulu：Culture Learning Institute，ELENA BORIN & EDWIN JUNO-DELGADO，1973.

［111］Sybille R and Christian T. Trends 2003：Progress Towards the European Higher Education Area［EB/OL］. http://www. eua. be/eua/jsp/en/upload/Trends2003_summary. 1064412673141. pdf，(2003)［2011-11-18］.

［112］Tony A. The Operation of Transnational Degree and Diploma Programs：the Australian Case［J］. Journal of Studies in International Education，1998，2(1)：3-22.

［113］Troy H et al. Cultural Differences，Learning Styles and Transnational Education［J］，Journal of Higher Education Policy and Management，2010，32(1)：27-39.

［114］Ulrich S. Joint and Double Degrees within the European Higher Education Area. CIDD Papers on International Business Education［EB/OL］，http://www. cidd. org/pdf/pub_papers_01. pdf，(2006)［2011-11-18］.

［115］UK Universities. Quality and Standards in UK Universities：A Guide to How the System Works［EB/OL］. http://www. universitiesuk. ac. uk/Publications/Documents，(2008)［2012-02-12］.

［116］UNESCO. Proceedings of the 1st Global Forum on International Quality Assurance，Accreditation and the Recognition of Qualifications in Higher Education［M］. Paris：UNESCO，17-18 October 2002.

[117]UNESCO/Council of Europe. Code of Good Practice of the Provision of Transnational Education[EB/OL]. http://portal. unesco. org/education/en/ev. php-URL_ID=22236&URL_DO=DO_TOPIC&URL_SECTION=201. html,(2001)[2006-11-16].

[118]UNESCO/OECD. Guidelines for Quality Provision in Cross-border Higher Education[EB/OL]. http://portal. unesco. org/education/en/ev. php-URL_ID=29228&URL_DO=DO_TOPIC&URL_SECTION=201. html,(2005)[2011-01-16].

[119]Universities Australia. Offshore Programs of Australian Universities. Canberra: Universities Australia, 2009.

[120]Veronica L. International Student Mobility: Status Report[Z]. London: Observatory on Borderless Higher Education, 2009.

[121]Vik N. Transnational Higher Education: A Stock Take of Current Activity, Journal of Study of International Education[J], 2009, 13(3): 310-330.

[122]William L and Alex K. International Branch Campuses: Data and Developments(OBHE Report)[EB/OL]. http://www. obhe. ac. uk/documents/view_details? id=894,(2012)[2012-04-03].

[123]Zita M F. Malaysia Quality Assurance System in Higher Education[EB/OL]. http://siteresources. worldbank. org/EDUCATION/Resources/malaysia-qa-system. pdf,(2006)[2011-11-18].

二、日文参考文献

[1]大森不二雄(2005a). 国境を越える教育に見るグローバル化と国家―英国及び豪州の大学の海外進出の事例分析[J]. 高等教育研究,2005,(8):157-181.

[2]大森不二雄(2005b). 国境を越える大学評価―グローバル教育で先行する英・豪の戦略[J]. アルカディア学報,2005,(2197).

[3]池田充裕. 世界の頂点目指す自治大学化と米中を結ぶ新大学の誕生. シンガポールの高等教育戦略[J]. カレッジマネジメント,2010,(162).

[4]海外職業訓練協会. マレーシアの雇用事情[EB/OL]. http://www. ovta. or. jp/info/asia/malaysia/06labor. html,(2009)[2011-11-18].

[5]黄福涛. 中国における高等教育の質的保証[M]. 広島大学高等教育研究開発センター編. 高等教育の質的保証に関する国際比較研究(COE 研究シリーズ). 広島:広島大学高等教育研究開発センター,2005:41-49.

[6]文部科学省. 文部科学白書:大学の国際化と地域貢献[EB/OL]. http://

www. mext. go. jp/b_menu/hakusho/html/hpaa200901/1283098_004_01. pdf，(2008)[2011-08-12].

[7]日本文部科学省. 教育指標の国際比較 2011[EB/OL]. http://www. mext. go. jp/b_menu/toukei/data/kokusai/1302640. htm，(2011)[2011-11-18].

[8]日本文部科学省. 2010 学校基本調査[EB/OL]. http://www. mext. go. jp/b_menu/toukei/chousa01/kihon/kekka/k_detail/1300352. htm，(2010)[2011-11-18].

[9]大塚豊. 現代中国高等教育の成立[M]. 町田：玉川大学出版社，1996.

[10]中央教育審議会. JDプログラム編成にあたっての留意点[EB/OL]. http://www. mext. go. jp/b_menu/shingi/chukyo/chukyo4/015/attach/1319069. htm(2012)[2012-03-28].

[11]安原義仁. イギリス高等教育の質的保証システム―基本構造―. 広島大学高等教育研究開発センター編. 高等教育の質的保証に関する国際比較研究（COE 研究シリーズ）[M]. 広島：広島大学高等教育研究開発センター，2005：151-160.

[12]米澤彰純. シンガポールの高等教育―アジアの教育ハブを作る[J]. アルカディア学報，2004，(2146).

[13]叶林. 中国におけるトランスナショナル学位プログラムの質保証. 羽田貴史，米澤彰純，杉本和弘編著. 高等教育質保証の国際比較[M]. 東信堂，2009.

[14]吉田文. 高等教育におけるeラーニング―現状と課題[J]. 大学評価・学位研究，2005，(2)：135-148.

三、中文参考文献

[1]毕家驹. 进口的洋教育也应接受质量评估[J/OL]. 中国高等教育评估，1998(3). http://www. tongji. edu. cn/~bijiaju/article/1998-05. pdf，[2011-11-16].

[2]蔡志书. 登州文会馆：近代中国较早的近现代大学[N]. 人民政协报，2010-12-15.

[3]车伟民，孔令凯. 我国跨境教育的质量风险分析[J]. 中国高等教育，2010(5)：25-27.

[4]陈昌贵. 跨国教育：一个不容忽视的新课题[J]. 高等教育研究，2006(4).

[5]陈远. 逝去的大学[M]. 北京：同心出版社，2005.

[6]陈学飞. 高等教育国际化：跨世纪的大趋势[M]. 福州：福建教育出版社，2002.

[7]大学教育资助委员会. 展望香港高等教育体系——大学教育资助委员会报告[EB/OL]. http://www. ugc. edu. hk/big5/ugc/publication/report/her2010/

her2010. htm,(2010)[2011-11-16].

[8]董秀华.上海中外俄合作办学现状与未来发展透视[J].教育发展研究,2002(9):49-54.

[9]方乐.跨境高等教育背景下的质量保障[J].中国高等教育评估,2005(4):23-27.

[10]冯国平.跨国教育的国际比较研究[M].上海:上海人民出版社,2010.

[11]福建省教育厅.福建省教育厅中外合作办学受理审批管理办法(试行)(闽教合作〔2005〕162号)[Z].2005.

[12]顾建新.跨国教育发展理念与策略[M].上海:学林出版社,2008.

[13]顾建新,徐辉.跨国教育的质量保障、认证和资格[J].比较教育研究,2006(4):77-82.

[14]郭丽君.全球化下的跨国高等教育:视点、问题与中国的应对[M].北京:中国社会科学出版社,2009.

[15]国家教育发展研究中心.2004年中国教育绿皮书[M].北京:教育科学出版社,2002.

[16]国家教委.关于境外机构和个人来华合作办学问题的通知(教办〔1993〕385号)[Z].1993.

[17]国家教委.中外合作办学暂行规定(教外综〔1995〕31号)[Z].1995.

[18]国务院.中华人民共和国中外合作办学条例(国务院令第372号)[Z].2003.

[19]国务院学位委员会.关于加强中外合作办学活动中学位授予管理的通知(学位办〔1996〕3号)[Z].1996.

[20]胡焰初.英国合作办学的行业规范与新加坡对外来教育服务的管理[J].河北法学,2010(4):17-23.

[21]黄福涛.“全球化”时代的高等教育国际化——历史与比较的视角[J].北京大学教育评论,2003,1(2):93-98.

[22]黄福涛.高等教育质量保证的国际趋势与中国的选择[J].北京大学教育评论,2010(1):114-124,191.

[23]黄建如,张存玉.澳大利亚大学质量保障署的跨国高等教育质量审核初探[J].复旦教育论坛,2010(3):81-84.

[24]焦国政.高等院校中外合作办学的回顾和思考[J].中国高等教育,1998(10):42-44.

[25]教育部.全国教育外事会议纪要[Z].教育部政报,2000(37).

[26]教育部.高等学校境外办学暂行管理办法(教育部令第15号)[Z].2002.

[27]教育部.中华人民共和国中外合作办学条例实施办法(教育部令第20号)

［Z］.2004.

[28]教育部.国家重点学科建设与管理暂行办法(教研〔2006〕3 号)［Z］.2006.

[29]教育部.教育部关于进一步规范中外合作办学秩序的通知(教外综〔2007〕14
号)［Z］.2007.

[30]教育部.教育部办公厅关于开展中外合作办学评估工作的通知(教外厅〔2009〕
1 号)［Z］.2009.

[31]姜丽娟.从 WTO—GATS 规范论跨国高等教育的质量议题［J］.复旦教育论
坛,2005(6):20-35.

[32]李亚东,江彦桥.跨境教育的本土质量保障与认证:上海的探索［J］.教育发展
研究,2006(16),62-65.

[33]李三青.1996 年以来马来西亚外国留学生教育研究［D］.厦门:厦门大
学,2007.

[34]林金辉,刘志平.中外合作办学中优质高等教育资源的合理引进与有效利用
［J］.教育研究,2007(5):36-39.

[35]林金辉,刘志平.高等教育中外合作办学研究［M］.广州:广东高等教育出版
社,2010.

[36]刘念才,Jan S.世界一流大学:特征·评价·建设［M］.上海:上海交通大学出
版社,2007.

[37]刘尔思,车伟民,黄镇海.论我国高校多层次跨境教育质量控制体系的构建
［J］.高等教育研究,2010(4):41-45.

[38]潘筱剑.从爱尔兰的高等教育特点谈如何提高中外合作办学质量［J］.上海理
工大学学报(社会科学版),2006(2):25-28.

[39]上海市教委.上海市教育委员会关于开展 2011 年上海市示范性中外合作办学
机构(项目)评选的通知(沪教委外〔2011〕61 号)［Z］.2011.

[40]孙曼丽,许明.跨国高等教育监管体系的国际比较［J］.比较教育研究,2008
(7):80-84.

[41]谭献民.教会大学与中国高等教育的近代化［J］.长沙电力学院学报(社会科学
版),1995(2):85-90.

[42]田正平.教会大学与中国现代高等教育——以 19 世纪末 20 世纪初为中心
［J］.高等教育研究,2004(3):88-92.

[43]汪一驹.中国知识分子与西方［M］.梅演生,译.台北:枫城出版社,1987.

[44]王剑波.跨国高等教育与中外合作办学［M］.济南:山东教育出版社,2005.

[45]王英杰,刘宝存.中国教育改革 30 年:高等教育卷［M］.北京:北京师范大学出
版社,2009.

［46］魏红,钟秉林.我国高校内部质量保障体系的现状分析与未来展望［J］.高等工程教育研究,2009(6):64-70.

［47］许培源.跨国高等教育的质量保证:模式和问题［J］.山西财经大学学报(高等教育版),2008(2):15-19,22.

［48］于富增,江波,束小玉.教育国际交流与合作史［M］.海口:海南出版社,2001.

［49］杨辉.跨国高等教育视野下我国高等教育中外合作办学研究［D］.北京:北京师范大学博士论文,2006.

［50］张慧杰.跨境教育服务贸易中质量认证进展与趋势［J］.复旦教育论坛,2005(6):30-41.

［51］张民选.跨境教育中的学生利益保护［J］.教育发展研究,2006(7):26-33.

［52］张民选,李亚东,等.中外合作办学认证体系的构建与运作［M］.北京:高等教育出版社,2010.

［53］赵峰.上海市教育评估院:迈向更广阔的国际舞台［J］.上海教育,2008(24):30-31.

［54］张卫国.跨国高等教育背景下教育主权新论［J］.国家教育行政学院学报,2011(5):24-28.

［55］张圣坤.引进优质教育资源提升中外合作办学水平［J］.中国高等教育,2003(11):10-13.

［56］周满生.WTO框架下的教育输入与输出和中国政府的教育立法调整［J］.美中教育评论,2006(3):1-6.

［57］周济.教育部部长周济就贯彻实施《中华人民共和国　中外合作办学条例》答记者问［EB/OL］.http://www.jsj.edu.cn/index.php/default/news/index/46,(2003)[2012-03-08].

［58］周谷平,应方淦.近代中国教会大学的学位制度［J］.浙江大学学报:人文社会科学版,2004(1):13-21.

附　录

附录1　中外合作办学项目评估方案（试行）

教育部（2009 年 7 月）

一、中外合作办学评估方案说明

为贯彻国务院颁布的《中华人民共和国中外合作办学条例》中确定的"扩大开放、规范办学、依法管理、促进发展"的中外合作办学工作方针，全面落实教育部加强中外合作办学行政监管的措施，推进"两个平台"（建立中外合作办学监管工作信息平台和中外合作办学颁发证书认证工作平台）和"两个机制"（建立中外合作办学质量评估机制和中外合作办学执法和处罚机制）建设，进一步规范中外合作办学管理，提高中外合作办学质量，促进中外合作办学健康发展，决定组织开展对中外合作办学的评估工作。

1. 评估对象

依法批准设立和举办的实施本科以上高等学历教育的中外合作办学机构和项目，以及实施境外学士学位以上教育的中外合作办学机构和项目。

2. 评估性质

合格评估。标准依据国务院《中外合作办学条例》和教育部《中外合作办学条例实施办法》以及相关文件要求而制定。

3. 评估周期

原则上依据中外合作办学审批的办学年限及培养周期进行定期评估。

4. 评估方式

采用单位自评与实地考察评估相结合的方式。

5. 评估结果

评估结果分为合格、有条件合格和不合格三种。

中外合作办学评估结果将根据实际情况以适当方式向社会公布,接受社会监督,并反馈到办学单位,指导改进办学。教育行政主管部门根据评估情况对存在的问题依据相关法律法规,采取相应措施。同时,通过评估,发现办学质量及效果突出的中外合作办学典型,大力宣传、借鉴好的办学经验,促进中外合作办学质量的提高。

二、中外合作办学项目评估指标体系

中外合作办学项目评估指标体系

一级指标	二级指标
1. 培养目标与培养方案	(1)培养目标
	(2)培养方案
2. 项目管理	(3)管理机构
	(4)资金管理
	(5)招生和学籍管理
	(6)教学质量监督
	(7)文凭证书管理
3. 培养条件	(8)政策环境
	(9)教学设施
4. 师资队伍	(10)师资评聘
	(11)师资状况
	(12)师资培训
5. 教学组织	(13)教学计划
	(14)教学大纲及教材
	(15)教学方式
	(16)教学文件及教学档案
6. 培养质量	(17)毕业成果质量鉴定
	(18)学生满意度
	(19)社会评价
7. 社会效益	(20)办学单位内部效益
	(21)办学单位外部效益
8. 办学特色	(22)办学特色

备注:中外合作办学项目评估指标体系有 8 项一级指标,22 项二级指标。

三、中外合作办学项目评估指标说明

1. 培养目标与培养方案

(1)培养目标

重点评估中外合作办学项目的培养目标是否与获得《项目批准书》时的承诺、

与招生简章及招生广告宣传中的承诺相符等。

(2)培养方案

重点评估中外合作办学项目的培养方案是否符合培养目标要求。实施本科以上高等学历教育的中外合作办学项目的教育教学计划、培养方案、学制年限的制定和执行是否符合国家的有关规定;实施外国教育机构学士学位以上学历学位教育的中外合作办学项目的教育教学计划、培养方案、课程设置、教学内容是否不低于外国教育机构在其所属国的标准和学术要求;同时实施中国高等学历教育和外国学历学位教育,并颁发中国学历、学位证书和外国教育机构学历、学位证书的中外合作办学项目的培养目标、培养要求、课程设置、教学内容等是否满足双方的学术要求。

2.项目管理

(1)管理机构

重点评估中外合作办学项目管理机构的建立及履职情况。中外合作办学项目作为中国教育机构教育教学活动的组成部分,是否接受中国教育机构的管理;管理机构是否对中外合作办学项目起到了领导和监督作用;管理机构是否与学生建立了有效的沟通机制,为学生提供了良好的服务;管理机构是否通过网络、报刊等渠道,向社会公布项目的办学层次和类别、专业设置、课程内容、招生规模、收费项目和标准等办学基本情况,定期向上级主管部门提交项目的招收学生、课程设置、师资配备、教学质量、财务状况等办学情况报告。

(2)资金管理

重点评估中外合作办学项目收取学费和使用资金情况。中外合作办学项目的中国教育机构是否依法对中外合作办学项目的财务进行管理,并在学校财务账户内设立中外合作办学项目专项,统一办理收支业务;中外合作办学项目的收费项目和标准是否符合国家有关规定,并向社会公布;是否按学年或者学期收费,未跨学年或者学期预收,是否以人民币计收学费;所收取的费用是否主要用于项目教育教学活动和改善办学条件,有无抽逃办学资金、挪用办学经费的情况;是否从事营利性经营活动。

(3)招生和学籍管理

重点评估中外合作办学项目在招生和学籍管理方面的制度及执行情况。中外合作办学项目是否依法制定了招生录取管理办法,对于实施高等学历教育的中外合作办学项目的招生是否纳入国家下达的高等学校招生计划,在学校年度招生规模内按照专业招生目录分列执行,并满足同地区同批次录取的要求;对于研究生层次的项目招生是否符合国家研究生学历教育招生录取规定和程序;对于实施外国教育机构学历、学位教育的项目是否招生录取标准不低于外国教育机构在其所属国的录取标准;招生录取工作是否严谨规范,是否有比较完整的原始档案材料;招生简章和招生广告样本是否报审批机关备案,是否与审批内容相符,是否实事求是;是否依法建立了学籍管理制度,学生学籍在境外教育机构注册情况。

（4）教学质量监督

重点评估中外合作办学项目是否建立了教学质量监督机制。对于实施中国学历教育的中外合作办学项目,中国教育机构是否对外国教育机构开设的课程和引进的教材进行了审核;是否对所提供课程的教育质量进行了评估;对于颁发外国教育机构的学历、学位证书的项目,是否采取有效措施保证课程设置、教学内容不低于该外国教育机构在其所属国的标准和要求;是否建立了保证教育质量持续改进的反馈机制和激励机制及执行情况。

（5）文凭证书管理

重点评估中外合作办学项目在文凭证书管理方面的制度及执行情况。中外合作办学项目是否建立了符合法规要求的、规范的颁发文凭证书的管理办法;颁发中国学历学位证书的项目是否严格按照国家有关规定要求执行;颁发的外国教育机构的学历、学位证书是否与该外国教育机构在其所属国颁发的学历、学位证书相同,并在该国获得承认;所颁发的文凭证书是否与中外合作办学项目审批以及招生简章和招生广告宣传中的承诺相符。

3.培养条件

（1）政策环境

重点评估中方教育机构是否建立了中外合作办学项目正常运行的保障机制;是否为中外合作办学项目的发展提供了一定的可持续发展的政策环境等。

（2）教学设施

重点评估中外合作办学项目可利用的教学设施是否能够满足中外合作办学项目教学活动的要求,包括:校舍、实验室、实习基地、图书馆、多媒体教学设施、案例教学条件、计算机及网络等。

4.师资队伍

（1）师资评聘

重点评估中外合作办学项目是否建立了符合法规要求的中外双方师资评聘标准和评聘制度及执行情况;所聘任的外籍教师是否满足具有相当学位和职业证书,具有一定教育教学经验等基本要求。

（2）师资状况

重点评估中外双方师资队伍是否符合中外合作办学的要求,包括整体学历结构、教学经验、实践经验,以及外籍教师的比例等。

(3)师资培训

重点评估中外合作办学项目是否按法规建立了教师培训制度,是否制定有师资培训计划及相应的保障实施措施及执行情况。

5.教学组织

(1)教学计划

重点评估中外合作办学项目的教学计划的制定是否充分体现项目培养方案;课程安排是否能够体现外方优质教学资源的优势,开设必要的国情课程、专题讲座、专题报告及实践活动等;是否严格按照教学计划组织实施教学等。

(2)教学大纲及教材

重点评估中外合作办学项目的课程教学大纲编写是否规范、科学、合理;是否有科学的教材引进和选用制度,引进了在国际上具有先进性的教材;教材选用的整体水平和使用效果等。

(3)教学方式

重点评估中外合作办学项目的教学方式是否适应学科专业的特点,包括:多媒体教学、案例教学等;教学语言是否与培养要求相适应等。

(4)教学文件及教学档案

重点评估中外合作办学项目的教学文件及教学档案是否完整、齐备。教学文件包括:培养方案、教学计划、教学日历、课程教学大纲及相关管理制度文件等;教学档案包括:学生学籍材料、成绩登记表、课程考核的原始材料等。

6.培养质量

(1)毕业成果质量鉴定

重点评估中外合作办学毕业生毕业成果的标准或要求是否明确,是否与所获得的文凭证书水准相符;毕业成果是否规范,是否符合标准要求。毕业成果指中外合作办学毕业学生获得文凭证书必须提交的学位论文、毕业设计、报告等成果。

(2)学生满意度

重点评估学生对中外合作办学项目的培养目标、培养方案、收费标准、颁发文凭证书等内容的知晓情况,保证学生知晓的措施及执行情况,该内容与招生简章和招生广告宣传中的承诺是否相符;中外合作办学项目的课程安排、教学内容、教学方式是否得到学生认可;学生对中外合作办学项目的教学水平和教学效果的满意情况等。

(3)社会评价

重点观测社会对中外合作办学项目培养质量的评价。包括中外合作办学项目的毕业学生就业率;学生工作单位对毕业学生评价;毕业学生对中外合作办学项目培养质量的评价等。

7.社会效益

(1)办学单位内部效益

重点评估中外合作办学项目所引进的教育资源是否对办学单位的教学实践、学科建设、科学研究等产生了良好的影响及辐射作用等。

(2)办学单位外部效益

重点评估中外合作办学项目所引进的教育资源是否与国家和地区的科技、经济、教育发展结合紧密,以及所产生的作用。

8.办学特色

重点评估中外合作办学项目在教学组织、课程体系、教学方式、教学内容、教学管理等方面的特色;中外合作办学项目在办学模式、管理模式、人才培养模式以及国际合作等方面的特色等。

附录 2　上海市示范性中外合作办学项目评选指标(试行)

上海市教育委员会 上海市教育评估院(2011)

一、指标说明

(一)内涵界定

示范性中外合作办学是指能够依法规范办学,有效地利用实质性引进的境外优质教育资源,具有显著的办学特色和较高的办学效益,能够起到示范带动作用的中外合作办学机构或项目。

(二)设计思路

围绕优质教育资源的引进与利用来展开:

1.中外合作办学机构或项目能够依法、规范办学;

2.引进的境外资源为优质资源,满足中方需求;

3.进行了实质性的引进,包括保障条件与引进表现;

4.进行了有效利用,提高了办学效益;

5.形成办学特色,能够发挥示范引领作用。

(三)使用说明

1.本套指标设计原则为普适性指标,可以涵盖中外合作办学机构和项目,具体使用时,专家可以适当进行调整。

2.本标准当中规范性指标为是否问题,实行一票否决;其他四方面指标,即优质性、实质性、有效性和引领性依据满足程度进行计分,总分为 1000 分。

3.在满足规范性指标的基础上,得分居前列者为优秀。

(四)申报条件

凡同时具备下列条件的中外合作办学机构和项目均可申报:

1.通过教育部备案与审批;

2. 已经有二届及以上毕业生,且仍具有 2 年以上有效期;

3. 能够依法规范办学,符合规范性指标要求。

二、上海市示范性中外合作办学机构(项目)评选指标(试行)

一级指标	二级指标	观测点	权重	学校自评	专家认定	实施方法
A1. 规范性(办学活动依法规范)	B1. 组织与管理	C1. 依法取得合作办学批准文件,不存在骗取或者伪造、变造、买卖、出租、出借办学许可证或项目批准书的行为。	★			查看办学许可证或项目批准书及有关管理办法
		C2. 合作办学者、法定代表人、名称、层次、类别等方面的变更程序规范,得到了审批机关的批准或核准。	★			对照批准或核准文件与现实状况
		C3. 遵守国家法律法规,没有开展宗教活动,也没有宗教组织和宗教教职人员参与合作办学活动。	★			访谈有关教师和学生
		C4. 机构章程、合作协议等符合国家法规	★			查看章程、合作协议和有关资金到账记录情况等;访谈中外理事会代表以及管理人员等
		C5. 理事会、董事会或者联合管理委员会人员组成、议事规则以及运行符合法规要求及协议或章程的约定。	★			查看理事会人员构成名单和近两年理事会会议记录
		C6. 校长或行政负责人的资格及履职情况符合法规要求。	★			查看校长或行政负责人简历、任命文件等,访谈校长或行政负责人以及教师和学生等
		C7. 按照法规规定期限上报年度办学报告,招生简章或者招生广告真实、准确并按规定及时备案。	★			查看招生简章或广告,访谈有关学生,年度办学报告
		C8. 实施我国高等学历教育的,按照同地区同批次计划内录取;实施外国教育机构学位教育的,其录取标准不低于外国教育机构在其所属国的录取标准。所颁发学历、学位证书及其他学业证书符合其审批许可范围。	★			查看近两年学生入学情况统计表等;访谈有关招生管理人员和学生等;查看有关批准或备案文件、学历、学位证书
		C9. 教师和学生在教育、经济等方面的合法权益得到维护。	★			访谈教师和学生,检查学校财务账目

（续表）

一级指标	二级指标	观测点	权重	学校自评	专家认定	实施方法
A1.规范性（办学活动依法规范）	B2.教育教学	C10.通过合法渠道引进教材；引进的教材应当具有先进性，内容没有与中国宪法和有关法律、法规相抵触。	★			访谈有关教材管理人员和学生，查阅教材等
		C11.按照中国对同级同类教育的要求开设关于宪法、法律、公民道德、国情等内容的课程。	★			查看课程设置一览表，访谈有关学生等
		C12.日常教学秩序正常，课时安排合理，教师能够严格按照计划进行授课。	★			查看课程设置一览表，访谈有关学生等
	B3.资产与财务	C13.达到国家举办的同级同类教育机构的设置标准，校舍或者其他教育教学设施、设备能够满足特定教育教学需求且安全可靠，获得消防安全许可；无重大安全隐患。	★			对照我国同级同类机构设置标准进行查看有关设施设备，并访谈有关教师和学生等
		C14.具有健全的财务、会计制度和资产管理制度，并按照国家有关规定设置会计账簿。项目在学校账户中设立专项。	★			查看有关规章制度和财务账簿，查看会计资质证明，访谈会计等财务管理人员
		C15.收费项目和标准依照国家有关政府定价或备案的规定确定并公布，没有擅自增加收费项目或者提高收费标准，并出具正规发票。	★			查看收费项目和标准的批准文件，对比有关招生简章、广告，访谈学生等
		C16.以人民币计收学费和其他费用，没有以外汇计收学费和其他费用，外汇支出活动符合国家外汇管理规定。	★			查看收费方式，访谈会计等财务管理人员和学生
		C17.收取的费用主要用于教育教学活动和改善办学条件。不存在抽逃办学资金或者挪用办学经费的行为。	★			查看近两年财务报告和审计报告
		C18.具有规范的预决算和审计体系，向社会公布审计结果，并报审批机关备案。	★			查看近两年财务报告和审计报告

一级指标	二级指标	观测点	权重	学校自评	专家认定	实施方法
A2.优质性（引进优质教育资源）（150）	B4.外方的办学优势与特色	C19.外方为国际知名的教育机构（研究型大学整体排名进入上海交通大学或泰晤士报国际排名 200 强，其他类教育机构属所在国同类院校排名的前列）。	20			查看有关排名情况；访谈有关专家或中国驻外方国家大使馆教育参赞等
		C20.引进培养全过程的学科、专业或项目为外方院校强势与特色学科、专业（位于国际或所在国同类学科、专业排名的前列）。	40			查看引进学科、专业在其校内的情况及国际比较优势与特色
		C21.教育理念先进，具有完善的质量保障体系，经过所在国政府认可质量认证机构的认证，且在有效期内。	20			访谈外方管理人员，深入了解外方办学理念、定位、通过有关质量认证或加入联盟等，内部质量保障体系等
	B5.中方的现实需要	C22.所引进的专业学科为国内急需、薄弱或空白，符合国家社会主义现代化及社会经济建设发展的要求。	20			查看中外合作办学机构或项目办学定位，访谈有关理事会代表和管理人员
		C23.符合上海"四个中心"和社会主义现代化国际大都市建设的要求。	30			了解该学科专业在国内的比较优势
		C24.所引进的学科专业与中方学校的发展定位相一致，能够满足中方学校学科建设、教学改革或科研发展需求。	20			查看中方学校的发展定位和规划，了解中外合作办学机构或项目对于学校发展的意义和作用
A3.实质性（教育过程、质量保障）（300）	B6.交流与合作机制	C25.中外双方相互信任，在各个层次都建立了有效的沟通与交流机制。	20			分别访谈中外双方理事会代表、管理人员代表、教师代表
		C26.中外双方母体机构实质性参与合作办学，并有积极支持合作办学和保证其教学质量不低于母体标准的政策和措施。	20			分别访谈中外双方理事会代表、管理人员代表等

(续表)

一级指标	二级指标	观测点	权重	学校自评	专家认定	实施方法
A3.实质性(教育过程、质量保障)(300)	B7.引进师资	C27.外国教育机构教师或经外方严格培训并得到认可的中方教师担负的专业核心课程的门数和教学时数应当占中外合作办学项目核心课程和教学时数的三分之一以上。	30			查看外籍教师和担任核心课程的中方教师简历和课程及课时一览表等,访谈有关学生
		C28.外籍教师和外籍管理人员,具备学士以上学位、2年以上相应教学经历或相应的职业资格证书;核心课程教师在其校本部有三年以上教学经历,具有较强的稳定性,能够在机构或项目连续工作两年以上。外语教师具有教师资格证,全部来自母语为该门外语的国家。	20			查看外籍教师和管理人员简历,访谈教师和学生等;查看外语及外方核心课程教师简历和工作记录,访谈有关学生
		C29.经常邀请外方专家、学者为学生做拓展性讲座或报告。外籍教师与中方教师经常开展教研活动,分享教学经验,研究教学中存在的问题及解决办法。	20			查看有关讲座、报告、教研活动的记录,访谈教师、学生
	B8.引进课程	C30.引进外方教学的全过程,且引进外方的专业核心课程应当占中外合作办学项目核心课程的三分之一以上。	30			查看课程设置一览表
		C31.引进的教育教学理念、教学方式和培养手段等具有国际先进性,并且在我国国内具有比较优势。	20			访谈行政负责人、教师、学生等
		C32.引进的教学计划、培养方案、课程设置等紧跟学科的最新发展成果,并且在我国国内具有比较优势。	20			访谈行政负责人、教师、学生等
		C33.引进的核心课程与原版教材具有国际先进性,并且在我国国内具有比较优势。	20			访谈行政负责人、教师、学生及有关专家等
		C34.引进的教育教学管理制度,如教学质量考评制度等具有国际先进性,并且在我国国内具有比较优势。	20			访谈行政负责人、教师、学生及有关专家等
		C35.外方承诺的合作办学投入如教材、大纲等如期到位。机构或项目能够充分共享外方的有关资源,如网络图书资源等。	30			查看有关经费到账记录;访谈教师、学生,查看网络资源等

(续表)

一级 指标	二级 指标	观测点	权重	学校 自评	专家 认定	实施方法
A3. 实质性 （教育 过程、 质量 保障） （300）	B9. 中方 支持	C36.能够充分共享中方母体机构的有关教育教学资源,如公共课教师、图书资料、实验室、培训基地等。	10			分别访谈教师代表、学生代表等
		C37.中方承诺的有关办学资金、师资等办学条件如期到位。	20			查看有关经费到账记录
		C38.严格执行核定的招生录取标准和年招生数,同时具有计划内和计划外招生的,其计划外招生数应少于计划内招生数。	20			查看有关近两年的招生录取记录,访谈有关学生
A4. 有效性 （消化、 利用 优质 资源） （300）	B10. 学生 表现	C39.近两年招生的第一志愿报考上线率较高,录取新生报到率在80%以上,并能吸引境外学生随班就读。	30			查看近两年招生录取情况,访谈学生
		C40.在校生参加各类专业考试与竞赛取得较好成绩,85%以上的在校生对所就读的中外合作办学机构或项目的运行比较满意。	20			查看学生参与有关考试与竞赛情况,进行学生满意度调查
		C41.毕业生初次就业率为90%以上,85%以上的毕业生初次就业单位与所学专业有较高的相关性,并且就业单位层次比较高。	20			查看毕业生的就业去向与数据统计,访谈毕业生
		C42.就业单位对机构或项目毕业生的职业道德、文化素养等评价高,对业务素质、职业技能评价好,总体满意率或工作称职率为80%以上。	20			对毕业生就业单位进行调查,访谈有关单位
	B11. 教师 表现	C43.具有完善的师资管理制度和激励政策,机制先进。	10			访谈有关教师、学生
		C44.教师教育教学理念得到更新,师德、业务能力受到学生好评,并对非中外合作课程教师起到引领示范作用。	10			访谈有关教师、学生
		C45.教师获得教学、科技开发、社会服务的成果多,近三年内获省(部)级以上(含)优秀教学成果奖或科研成果奖一项及以上;培养了一支全外语教学的师资队伍。	30			查看教师成果,访谈教师、学生

(续表)

一级指标	二级指标	观测点	权重	学校自评	专家认定	实施方法
A4.有效性(消化、利用优质资源)(300)	B.12管理水平	C46.管理队伍结构优、素质高、理念先进;管理方法科学、高效,手段先进。办学效益比较高,有效改善了办学条件。	20			访谈有关管理人员、教师、学生;分析财务审计报告
		C47.具有健全的教育教学管理组织系统、管理制度和中、长期发展规划,并有具体落实措施。	20			查看有关规章制度、规划文本,访谈有关管理人员和教师和学生等
		C48.具有比较完善、有效的危机(如自然灾害,流行性疾病等引起)应急预案。	10			查看应急预案,访谈有关负责人
		C49.具有适合自身特点的质量保障体系,运行有序,效果显著,并通过了上海市中外合作办学质量认证。	40			访谈有关管理人员、教师、学生
	B13.教育能力	C50.学科专业建设有计划、有措施、有成效,至少1个学科专业被列为校级及以上重点学科专业。	10			访谈有关教师,查看专业建设计划与成果
		C51.课程建设有计划、有措施、有成效,至少已有1门课程被列为校级及以上精品课程。	10			访谈有关教师,查看课程建设计划与成果
		C52.与专业教学改革相配套的教材建设有计划、有措施、有成效,至少已有1部教材被列为校级及以上优秀教材。	10			访谈有关教师,查看教材建设计划与成果
		C53.形成了浓厚的国际化氛围,近三年承办了两次及以上专业领域内的国际性学术研讨会,或在国内同类专业(项目)有引领和辐射作用。	20			校园观察,查看会议记录,访谈有关教师、学生
		C54.学生的学分能够与中外双方母体机构进行互换;授予的证书或学位能够得到中外双方所在国以及国际其他地区的认可。	20			

一级指标	二级指标	观测点	权重	学校自评	专家认定	实施方法
A5.创新性（形成特色，发挥示范引领作用）（250）	B14.创新与特色	C55.在引进和利用境外优质教育资源方面具有创新与特色，如办学模式、人才培养模式、教学组织、课程设置等。（机构或项目申报，限报一项，由专家进行认定）	40			查看资料，访谈有关管理人员、教师、学生等
		C56.在引进和利用境外优质教育资源方面具有创新与特色，如办学模式、人才培养模式、教学组织、课程设置等。（机构或项目申报，限报一项，由专家进行认定）	40			查看资料，访谈有关管理人员、教师、学生等
		C57.在引进和利用境外优质教育资源方面具有创新与特色，如办学模式、人才培养模式、教学组织、课程设置等。（机构或项目申报，限报一项，由专家进行认定）	40			查看资料，访谈有关管理人员、教师、学生等
	B15.示范引领作用	C58.办学理念、办学特色和办学成果，辐射提升了中方母体的整体办学能力和水平，并在上海市乃至全国同类院校中产生了影响。	50			查看网络资料，访谈上海市乃至全国有关中外合作办学单位
		C59.主动承担对上海市乃至全国中外合作办学机构或项目的带动责任，在促进资源共享、提高办学效益、增强适应力、扩大受益面等方面取得成效，受到好评。	40			查看记录材料，访谈上海市乃至全国有关中外合作办学单位
		C60具有明确的创造品牌意识和具体措施，对扩大本校该学科领域在上海、我国或国际上的影响等方面做出了较大贡献。	40			查看记录材料，访谈境外有关人员

附录 3　教育部审批和复核的本科中外合作办学机构与项目（含内地与港台地区合作办学机构与项目）名单

（2019 年 4 月 29 日更新）

"▲"为依据《中外合作办学条例》和《中外合作办学条例实施办法》批准设立和举办的中外合作办学机构和项目

"●"为根据原《中外合作办学暂行规定》依法批准设立和举办，现经复核通过的中外合作办学机构和项目

北京

中央财经大学与澳大利亚维多利亚大学合作举办国际经济与贸易专业本科教育项目●

北京理工大学与美国犹他州立大学合作举办国际经济专业学士学位教育项目●

华北电力大学与英国斯莱斯克莱德大学、英国曼彻斯特大学合作举办电气工程及其自动化专业本科教育项目▲

北京邮电大学与英国伦敦玛丽女王大学（原伦敦大学玛丽女王西田学院）合作举办电信工程及管理专业本科教育项目●

北京邮电大学与英国伦敦玛丽女王大学（原伦敦大学玛丽女王西田学院）合作举办电子商务及法律专业本科教育项目●

中国农业大学与美国科罗拉多大学（丹佛）合作举办国际经济与贸易专业本科教育项目●

中国农业大学与美国科罗拉多大学（丹佛）合作举办传播学专业本科教育项目●

北京林业大学与美国密西根州立大学合作举办草业科学专业本科教育项目●

北京农学院与英国哈珀亚当斯大学合作举办国际经济与贸易专业本科教育项目●

北京农学院与英国哈珀亚当斯大学合作举办食品科学与工程专业本科教育项目●

华北电力大学与法国格勒诺布尔国立理工学院合作举办核工程与核技术专业本科教育项目▲

首都医科大学与澳大利亚迪肯大学合作举办护理学专业本科教育项目▲

北京邮电大学与英国伦敦玛丽女王大学（原伦敦大学玛丽女王西田学院）合作举办物联网工程专业本科教育项目▲

北京农学院与澳大利亚伊迪斯科文大学合作举办农业资源与环境专业本科教育项目▲

北京建筑大学与美国奥本大学合作举办给排水科学与工程专业本科教育项目▲

北京林业大学与加拿大不列颠哥伦比亚大学合作举办木材科学与工程（木材加工）专业本科教育项目▲

北京林业大学与加拿大不列颠哥伦比亚大学合作举办生物技术（森林科学）专业本科教育项目▲

中国农业大学与美国俄克拉荷马州立大学合作举办农林经济管理专业本科教育项目▲

北京交通大学与加拿大滑铁卢大学合作举办纳米科技与技术专业本科教育项目▲

北京邮电大学世纪学院与日本京都计算机学院合作举办软件工程专业本科教育项目▲

北京交通大学与澳大利亚伍伦贡大学合作举办机械电子工程专业本科教育项目▲

北京理工大学与英国瑞丁大学合作举办会计学专业本科教育项目▲

北京理工大学与英国中央兰开夏大学合作举办电子工程专业本科学位教育项目●

北京外国语大学与韩国又松大学合作举办国际经济与贸易专业本科教育项目▲

北京工商大学与爱尔兰考克大学合作举办应用统计学（风险和精算）专业本科教育项目▲

北京化工大学与美国底特律大学合作举办机械设计制造及其自动化专业本科教育项目▲

中国传媒大学与美国密苏里哥伦比亚大学合作举办传播学专业本科教育项目▲

北京工商大学与爱尔兰考克大学合作举办食品科学与工程专业本科教育项目▲

北京化工大学与美国纽约州立大学环境科学与林业学院合作举办生物工程专业本科教育项目▲

北京化工大学与意大利热那亚大学合作举办工业设计专业本科教育项目▲

北京联合大学与俄罗斯乌拉尔国立交通大学合作举办轨道交通信号与控制专业本科教育项目▲

北京交通大学与荷兰代尔夫特理工大学合作举办交通运输专业本科教育项目▲

上海

上海工程技术大学与美国劳伦斯理工大学合作举办电子信息工程专业本科教育项目▲

上海师范大学与英国龙比亚大学合作举办土木工程专业本科教育项目▲

上海海事大学与荷兰泽兰德大学合作举办电气工程与智能控制专业本科教育项目▲

华东理工大学与德国吕贝克应用技术大学合作举办电气工程及其自动化专业本科教育项目●

华东理工大学与德国吕贝克应用技术大学合作举办化学工程与工艺专业本科教育项目●

东华大学与德国劳特林根应用技术大学合作举办轻化工程专业本科教育项目●

东华大学与日本文化学园合作举办服装与服饰设计专业本科教育项目●

上海财经大学与美国韦伯斯特大学合作举办工商管理专业本科教育项目●

上海财经大学与英国南安普顿大学合作举办金融学专业本科教育项目●

上海理工大学与德国汉堡应用技术大学合作举办机械设计制造及其自动化专业本科教育项目●

上海理工大学与德国汉堡应用技术大学合作举办电气工程及其自动化专业本科教育项目●

上海理工大学与德国汉堡应用技术大学合作举办国际经济与贸易专业本科教育项目●

上海理工大学与美国北达科他大学合作举办工商管理专业本科教育项目●

上海工程技术大学与美国劳伦斯理工大学合作举办机械设计制造及其自动化专业本科教育项目●

上海工程技术大学与美国劳伦斯理工大学合作举办交通运输专业本科教育项目●

上海工程技术大学与美国劳伦斯理工大学合作举办自动化专业本科教育项目●

上海工程技术大学与韩国东西大学合作举办数字媒体艺术专业本科教育项目●

上海海洋大学与澳大利亚塔斯马尼亚大学合作举办市场营销专业本科教育项目●

上海海洋大学与澳大利亚塔斯马尼亚大学合作举办信息管理与信息系统专业本科教育项目●

上海中医药大学与英国伦敦都市大学合作举办药学专业本科教育项目●

上海师范大学与法国克莱蒙·奥弗涅大学合作举办广告学专业本科教育项目●

上海师范大学与法国克莱蒙·奥弗涅大学合作举办经济学专业本科教育项目●

上海师范大学与法国克莱蒙·奥弗涅大学合作举办计算机科学与技术专业本科教育项目●

上海师范大学与美国戴顿大学合作举办电子信息工程本科教育项目●

上海师范大学与美国戴顿大学合作举办机械设计制造及其自动化本科教育项目●

上海师范大学与美国韦伯州立大学合作举办经济学专业本科教育项目●

上海电力学院与英国斯特拉斯克莱德大学合作举办电气工程及其自动化专业本科教育项目●

上海电力学院与英国斯特拉斯克莱德大学合作举办计算机科学与技术专业本科教育项目●

上海应用技术学院与美国中密西根大学合作举办电气工程及其自动化专业本科教育项目●

上海应用技术学院与美国中密西根大学合作举办机械设计制造及其自动化专业本科教育项目●

同济大学与意大利米兰理工大学、意大利都灵理工大学合作举办电子信息工程专业本科教育项目▲

上海对外经贸大学与德国奥斯纳布吕克应用技术大学合作举办会展经济与管理专业本科教育项目●

同济大学与意大利米兰理工大学、意大利都灵理工大学合作举办机械设计制造及其自动化专业本科教育项目▲

上海电机学院与美国北爱荷华大学合作举办国际经济与贸易专业本科教育项目▲

上海音乐学院与日本数字好莱坞大学合作举办录音艺术专业本科教育项目▲

上海财经大学与英国南安普敦大学合作举办经济学专业本科教育项目●

上海应用技术学院与新西兰奥克兰理工大学合作举办应用化学专业本科教育项目●

上海应用技术大学与加拿大汤姆逊大学合作举办市场营销专业本科教育项目●

上海对外经贸大学与加拿大道格拉斯学院合作举办财务管理专业本科教育项目●

上海对外经贸大学与加拿大道格拉斯学院合作举办金融学专业本科教育项目●

上海对外经贸大学与澳大利亚皇家墨尔本理工大学合作举办物流管理专业本科教育项目●

上海对外经贸大学与澳大利亚皇家墨尔本理工大学合作举办国际商务专业本科教育项目●

上海杉达学院与美国瑞德大学合作举办国际经济与贸易专业本科教育项目●

上海理工大学与美国纽约市立大学皇后学院合作举办英语专业本科教育项目●

上海海事大学与荷兰泽兰德大学合作举办机械电子工程专业本科教育项目▲

上海对外经贸大学与英国中央兰开夏大学合作举办英语专业本科教育项目●

上海师范大学与德国兰茨胡特应用技术大学合作举办汽车服务工程专业本科

教育项目▲

上海工程技术大学与法国国际时装学院合作举办服装与服饰设计专业本科教育项目▲

华东理工大学与德国克劳斯塔尔工业大学合作举办化学工程与工艺专业本科教育项目▲

上海师范大学与荷兰应用科技大学合作举办园艺专业本科教育项目▲

同济大学与意大利博洛尼亚大学合作举办自动化专业本科教育项目▲

上海师范大学与俄罗斯彼得罗扎沃茨克国立格拉祖诺夫音乐学院合作举办音乐表演专业本科教育项目▲

上海外国语大学与西班牙阿尔卡拉大学合作举办西班牙语专业本科教育项目▲

上海交通大学与加拿大渥太华大学合作举办临床医学专业本科教育项目▲

上海师范大学天华学院与美国西俄勒冈大学合作举办学前教育专业本科教育项目▲

上海外国语大学与德国拜罗伊特大学合作举办德语专业本科教育项目▲

上海建桥学院与美国沃恩航空科技大学合作举办机械设计制造及自动化专业本科教育项目▲

上海师范大学天华学院与美国阿拉巴马大学合作举办小学教育专业本科教育项目▲

上海师范大学天华学院与美国威斯康星协和大学合作举办康复治疗学专业本科教育项目▲

天津

天津商业大学与澳大利亚查理斯特大学合作举办财务管理专业本科教育项目●

天津商业大学与美国佛罗里达国际大学合作举办酒店管理和旅游管理专业本科教育项目●

天津理工大学与日本大阪产业大学合作举办工业工程专业本科教育项目●

天津理工大学与加拿大魁北克大学席库提米分校合作举办计算机科学与技术专业本科教育项目●

天津理工大学与加拿大汤姆逊大学合作举办工商管理专业本科教育项目●

天津科技大学与美国库克学院合作举办工商管理专业本科教育项目●

天津科技大学与澳大利亚南十字星大学合作举办财务管理专业本科教育项目●

天津师范大学与日本国立三重大学合作举办日语专业本科教育项目▲

南开大学与加拿大注册会计师协会合作举办国际会计专业本科教育项目●

天津理工大学与加拿大魁北克大学席库提米分校合作举办动画专业本科教育

项目▲

天津工业大学与澳大利亚伍伦贡大学合作举办通信工程专业本科教育项目▲

天津工业大学与澳大利亚伍伦贡大学合作举办电气工程及其自动化专业本科教育项目▲

天津科技大学与日本京都信息大学院大学合作举办计算机科学与技术专业本科教育项目▲

天津科技大学与英国赫瑞瓦特大学合作举办生物工程专业本科教育项目▲

天津美术学院与英国赫特福德大学合作举办数字媒体艺术专业本科教育项目▲

天津工业大学与美国博林格林州立大学合作举办信息管理与信息系统专业本科教育项目▲

天津城建大学与丹麦 VIA 大学学院合作举办工程管理专业本科教育项目▲

天津师范大学与莫斯科国立文化学院合作举办音乐学专业本科教育项目▲

天津大学与法国波尔多国立高等建筑景观学院合作举办建筑学（风景园林）专业本科教育项目▲

天津中医药大学与英国诺丁汉大学合作举办临床药学专业本科教育项目▲

天津财经大学珠江学院与美国阿兰特国际大学合作举办物联网工程专业本科教育项目▲

天津财经大学与美国西弗吉尼亚大学合作举办金融学专业本科教育项目▲

南开大学与法国诺欧商学院合作举办电子商务专业本科教育项目▲

天津职业技术师范大学与爱尔兰斯莱戈理工学院合作举办电子信息工程专业本科教育项目▲

重庆

四川外国语大学与澳大利亚纽卡斯尔大学合作举办商务英语专业本科教育项目▲

重庆交通大学与英国诺森比亚大学合作举办机械设计制造及其自动化专业本科教育项目▲

重庆交通大学与英国伦敦南岸大学合作举办土木工程专业本科教育项目▲

重庆邮电大学与美国北亚利桑那大学合作举办电子信息工程专业本科教育项目▲

西南大学与澳大利亚迪肯大学合作举办软件工程专业本科教育项目▲

西南政法大学与英国考文垂大学合作举办法学专业本科教育项目▲

重庆邮电大学移通学院与德国海德堡应用技术大学合作举办电气工程及其自动化专业本科教育项目▲

重庆理工大学与韩国科学技术院合作举办电子信息工程专业本科教育项目▲

重庆大学与美国辛辛那提大学合作举办机械设计制造及其自动化专业本科教

育项目▲

西南大学与澳大利亚西澳大学合作举办自动化专业本科教育项目▲

重庆大学与美国辛辛那提大学合作举办电气工程及其自动化专业本科教育项目▲

重庆理工大学与韩国科学技术院合作举办计算机科学与技术专业本科教育项目▲

西南大学与澳大利亚国立大学合作举办心理学专业本科教育项目▲

重庆第二师范学院与美国纽约州立大学新帕尔兹分校合作举办学前教育专业本科教育项目▲

重庆邮电大学与美国纽约州立大学阿尔巴尼分校合作举办软件工程专业本科教育项目▲

西南大学与新西兰奥克兰大学合作举办计算机科学与技术专业本科教育项目▲

江苏

江苏科技大学与澳大利亚拉筹伯大学合作举办工商管理专业本科教育项目●

南京师范大学与英国诺森比亚大学合作举办电气工程及其自动化专业本科教育项目●

常州大学与加拿大圣西维尔大学合作举办工商管理专业本科教育项目●

常州大学与加拿大圣西维尔大学合作举办信息管理与信息系统专业本科教育项目●

常州大学与加拿大圣西维尔大学合作举办计算机科学与技术专业本科教育项目●

常州大学与加拿大圣西维尔大学合作举办化学工程与工艺专业本科教育项目●

南京工程学院与英国诺森比亚大学合作举电气工程及其自动化(电气与电子工程)专业本科教育项目●

南京工程学院与英国诺森比亚大学合作举办国际经济与贸易(金融与投资管理)专业本科教育项目●

江苏理工学院与德国梅泽堡应用技术大学合作举办机械设计制造及其自动化专业本科教育项目●

江苏理工学院与德国梅泽堡应用技术大学合作举办市场营销专业本科教育项目●

江苏理工学院与德国梅泽堡应用技术大学合作举办环境工程专业本科教育项目●

江苏理工学院与德国梅泽堡应用技术大学合作举办应用化学专业本科教育项目●

扬州大学与澳大利亚查理·斯窦大学合作举办国际商务专业本科教育项目●

南京审计大学与澳大利亚科廷大学合作举办会计学专业本科教育项目▲

常熟理工学院与德国北黑森应用技术大学合作举办机械电子工程专业本科教育项目▲

常州工学院与英国赫特福德大学合作举办软件工程专业本科教育项目▲

苏州科技大学（原苏州科技学院）与英国南威尔士大学（原格拉摩根大学）合作举办工程管理专业本科教育项目▲

南京晓庄学院与英国基尔大学合作举办人文地理与城乡规划专业本科教育项目▲

盐城工学院与英国格林威治大学合作举办电气工程及其自动化专业本科教育项目▲

金陵科技学院与美国纽约州立大学科贝尔斯基尔农业与技术学院合作举办园艺专业本科教育项目▲

南京信息工程大学与英国雷丁大学合作举办应用化学专业本科教育项目▲

常州大学与爱尔兰国立大学梅努斯合作举办电子信息工程专业本科教育项目▲

常州大学与爱尔兰国立大学梅努斯合作举办制药工程专业本科教育项目▲

金陵科技学院与澳大利亚昆士兰科技大学合作举办软件工程专业本科教育项目▲

金陵科技学院与英国德蒙福特大学合作举办通信工程专业本科教育项目▲

南京航空航天大学与英国伦敦城市大学合作举办自动化专业本科教育项目▲

南京中医药大学与澳大利亚格里菲斯大学合作举办生物制药专业本科教育项目▲

苏州大学与加拿大维多利亚大学合作举办金融学专业本科教育项目▲

盐城工学院与英国格林威治大学合作举办机械设计制造及其自动化专业本科教育项目▲

中国矿业大学与澳大利亚格里菲斯大学合作举办土木工程专业本科教育项目▲

江南大学与澳大利亚蒙纳士大学合作举办工商管理专业本科教育项目▲

南京理工大学与英国考文垂大学合作举办工业设计专业本科教育项目▲

南京航空航天大学与澳大利亚皇家墨尔本理工大学合作举办交通运输专业本科教育项目▲

南京林业大学与加拿大不列颠哥伦比亚大学合作举办林学专业本科教育项目▲

南京林业大学与加拿大不列颠哥伦比亚大学合作举办木材科学与工程专业本科教育项目▲

南京工业大学与英国谢菲尔德大学合作举办化学专业本科教育项目▲

南京工业大学与爱尔兰塔拉理工学院合作举办机械工程专业本科教育项目▲

南京中医药大学与澳大利亚斯维本科技大学合作举办公共事业管理专业本科教育项目▲

中国矿业大学与澳大利亚皇家墨尔本理工大学合作举办建筑环境与能源应用工程专业本科教育项目▲

苏州大学与英国曼彻斯特大学合作举办纺织工程专业本科教育项目▲

江苏大学与美国阿卡迪亚大学合作举办数学与应用数学专业本科教育项目▲

江苏科技大学与乌克兰马卡洛夫国立造船大学合作举办船舶与海洋工程专业

本科教育项目▲

苏州科技大学(原苏州科技学院)与英国南威尔士大学(原格拉摩根大学)合作举办机械设计制造及其自动化专业本科教育项目▲

常州工学院与丹麦 VIA 大学学院合作举办学前教育专业本科教育项目▲

南京工业大学与英国谢菲尔德大学合作举办数学与应用数学(金融数学)专业本科教育项目▲

南京邮电大学与美国纽约理工学院合作举办数字媒体技术专业本科教育项目▲

南京邮电大学与美国纽约理工学院合作举办通信工程(电子与计算机工程)专业本科教育项目▲

江苏师范大学与俄罗斯圣彼得堡亚历山大一世国立交通大学(原俄罗斯圣彼得堡交通大学)合作举办金融工程专业本科教育项目▲

南京财经大学与加拿大滑铁卢大学合作举办工商管理专业本科教育项目▲

南京信息工程大学与英国曼彻斯特大学合作举办大气科学专业本科教育项目▲

常熟理工学院与德国米特韦达应用技术大学合作举办电气工程及其自动化专业本科教育项目▲

河海大学与英国阿伯瑞斯特维斯大学合作举办环境科学专业本科教育项目▲

南京信息工程大学与英国安格利亚鲁斯金大学合作举办数字媒体艺术本科教育项目▲

三江学院与美国纽黑文大学合作举办电气工程及其自动化专业本科教育项目▲

南京工业大学与爱尔兰塔拉理工学院合作举办制药工程专业本科教育项目▲

南京中医药大学与澳大利亚皇家墨尔本理工大学合作举办食品质量与安全专业本科教育项目▲

南京邮电大学与美国纽约理工学院合作举办计算机科学与技术专业本科教育项目▲

徐州工程学院与俄罗斯圣彼得堡国立电子技术大学合作举办电气工程及其自动化专业本科教育项目▲

江苏师范大学与俄罗斯圣彼得堡亚历山大一世国立交通大学合作举办轨道交通信号与控制专业本科教育项目▲

盐城工学院与美国底特律大学合作举办车辆工程专业本科教育项目▲

南京信息工程大学与爱尔兰沃特福德理工学院合作举办软件工程专业本科教育项目▲

苏州大学与美国阿肯色大学合作举办物流管理专业本科教育项目▲

南京晓庄学院与英国基尔大学合作举办应用化学专业本科教育项目▲

苏州科技大学(原苏州科技学院)与英国南威尔士大学(原格拉摩根大学)合作

举物流管理专业本科教育项目▲

　　淮阴师范学院与美国萨姆休士顿州立大学合作举办小学教育专业本科教育项目▲

　　南京晓庄学院与韩国又松大学合作举办学前教育专业本科教育项目▲

　　南京信息工程大学与英国雷丁大学合作举办国际经济与贸易专业本科教育项目▲

　　苏州大学文正学院与美国爱达荷大学合作举办电气工程及其自动化专业本科教育项目▲

　　苏州大学应用技术学院与美国加州州立大学圣贝纳迪诺分校合作举办物联网工程专业本科教育项目▲

　　徐州工程学院与俄罗斯圣彼得堡国立电子技术大学合作举办机械电子工程专业本科教育项目▲

　　中国药科大学与英国斯特拉斯克莱德大学合作举办药学专业本科教育项目▲

　　盐城师范学院与俄罗斯莫斯科国立文化学院（原俄罗斯莫斯科国立文化艺术大学）合作举办音乐表演专业本科教育项目▲

　　南京工业大学与英国谢菲尔德大学合作举办材料科学与工程专业本科教育项目▲

　　金陵科技学院与英国格拉斯哥卡利多尼亚大学合作举办土木工程专业本科教育项目▲

　　常州工学院与丹麦 VIA 大学学院合作举办土木工程专业本科教育项目▲

　　苏州科技大学（原苏州科技学院）与英国南威尔士大学（原格拉摩根大学）合作举办土木工程专业本科教育项目▲

　　南京邮电大学与美国纽约理工学院合作举办财务管理专业本科教育项目▲

　　南京工业大学与爱尔兰塔拉理工学院合作举办电子信息工程专业本科教育项目▲

　　苏州大学与加拿大维多利亚大学合作举办新能源材料与器件专业本科教育项目▲

　　苏州高博软件技术职业学院与英国斯泰福厦大学合作举办软件技术专业专科项目▲

　　苏州高博软件技术职业学院与英国斯泰福厦大学合作举办国际商务专业专科项目▲

　　南京工业大学浦江学院与奥地利维也纳模都尔大学合作举办酒店管理专业本科教育项目▲

　　常州大学与美国新泽西城市大学合作举办应用化学专业本科教育项目▲

　　南京艺术学院与英国普利茅斯大学数字媒体艺术专业本科教育项目▲

　　无锡太湖学院与美国达拉斯浸会大学合作举办物联网工程专业本科教育项目▲

　　苏州大学应用技术学院与美国加州州立大学北岭分校合作举办服装设计与工程专业本科教育项目▲

浙江

浙江理工大学与美国时装技术学院(纽约州立大学)合作举办服装设计与工程专业本科教育项目▲

浙江理工大学与美国时装技术学院(纽约州立大学)合作举办服装与服饰设计专业本科教育项目▲

浙江大学城市学院与新西兰怀卡托大学合作举办金融学专业本科教育项目●

浙江大学宁波理工学院与美国印第安纳波利斯大学合作举办金融学专业本科教育项目●

浙江大学宁波理工学院与美国印第安纳波利斯大学合作举办国际经济与贸易专业本科教育项目●

宁波大学与法国昂热大学合作举办旅游管理专业本科教育项目▲

温州医科大学与美国托马斯大学合作举办护理学专业本科教育项目▲

温州大学与丹麦尼尔斯布鲁克哥本哈根商学院合作举办市场营销专业本科教育项目▲

中国计量大学与新西兰奥克兰理工大学合作举办计算机科学与技术专业本科教育项目▲

宁波工程学院与美国特拉华州立大学合作举办会计学专业本科教育项目▲

杭州电子科技大学与英国东伦敦大学合作举办通信工程专业本科教育项目▲

浙江工业大学与瑞典布莱京厄理工大学合作举办软件工程专业本科教育项目▲

浙江师范大学与英国伍斯特大学合作举办软件工程专业本科教育项目▲

浙江财经大学与加拿大劳伦森大学合作举办会计学专业本科教育项目▲

温州大学与台湾中华大学合作举办电子信息工程专业本科教育项目▲

温州大学与美国肯恩大学合作举办英语专业本科教育项目(已并入温州肯恩大学)▲

温州大学与美国肯恩大学合作举办经济学专业本科教育项目(已并入温州肯恩大学)▲

温州大学与美国肯恩大学合作举办计算机科学与技术专业本科教育项目(已并入温州肯恩大学)▲

宁波大学与美国中田纳西州立大学合作举办数学与应用数学专业本科教育项目▲

浙江财经大学与美国托莱多大学合作举办市场营销专业本科教育项目▲

浙江科技学院与法国塞尔齐·蓬多瓦兹大学合作举办土木工程专业本科教育项目▲

浙江科技学院与美国布里奇波特大学合作举办经济学专业本科教育项目▲

温州大学瓯江学院与英国密德萨斯大学合作举办建筑学专业本科教育项目▲

温州大学与美国肯恩大学合作举办国际经济与贸易专业本科教育项目（已并入温州肯恩大学）▲

浙江工业大学与澳大利亚蒙纳士大学合作举办金融学专业本科教育项目▲

浙江工业大学与澳大利亚联邦大学合作举办土木工程专业本科教育项目▲

浙江工业大学之江学院与美国布里奇波特大学合作举办工业设计专业本科教育项目▲

浙江传媒学院与英国考文垂大学合作举办服装与服饰设计专业本科教育项目▲

浙江农林大学与加拿大不列颠哥伦比亚大学合作举办林学专业本科教育项目▲

浙江海洋大学与俄罗斯圣彼得堡国立海洋技术大学合举办船舶与海洋工程专业本科教育项目▲

丽水学院与瑞典耶夫勒大学学院合作举办护理学专业本科教育项目▲

宁波大红鹰学院与台湾昆山科技大学合作举办视觉传达设计专业本科教育项目▲

浙江师范大学与澳大利亚伊迪斯·科文大学合作举办广告学专业本科教育项目▲

中国计量大学与英国安格利亚鲁斯金大学合作举办金融工程专业本科教育项目▲

浙江财经大学与英国班戈大学合作举办金融学专业本科教育项目▲

广东

广州大学与法国昂热大学合作举办旅游管理专业本科教育项目●

华南师范大学与澳大利亚南昆士兰大学合作举办商学学士学位教育项目●

广东技术师范学院与英国哈德斯菲尔德大学合作举办教育管理与发展学士学位教育项目●

广东工业大学与印度韦洛尔理工大学合作举办动画专业本科教育项目▲

华南农业大学与爱尔兰都柏林大学合作举办生物科学专业本科教育项目▲

广州商学院与美国贝尔维尤大学合作举办物流管理专业本科教育项目▲

华南理工大学广州学院与美国乔治亚州托马斯大学合作举办宝石及材料工艺学专业本科教育项目▲

北京师范大学珠海分校与加拿大圣玛丽大学合作举办金融学专业本科教育项目▲

华南师范大学与英国阿伯丁大学合作举办金融学专业本科教育项目▲

北京师范大学珠海分校与德国品牌学院-汉堡传播与管理应用科学大学合作举办视觉传达设计专业本科教育项目▲

北京理工大学珠海学院与美国布莱恩特大学合作举办会计学专业本科教育项目▲

海南

海南热带海洋学院（原琼州学院）与奥地利克雷姆斯国际管理中心应用技术大学合

作举办旅游管理专业本科教育项目▲

　　海南大学与爱尔兰都柏林理工学院合作举办会展经济与管理专业本科教育项目▲

　　三亚学院与丹麦尼尔斯布鲁克哥本哈根商学院合作举办酒店管理专业本科教育项目▲

福建

　　福建农林大学与加拿大戴尔豪西大学合作举办农业资源与环境专业本科教育项目●

　　福建农林大学与加拿大戴尔豪西大学合作举办园艺专业本科教育项目●

　　集美大学与美国库克学院合作举办工商管理专业学士学位教育项目●

　　集美大学与美国库克学院合作举办国际会计专业学士学位教育项目●

　　厦门大学与爱尔兰都柏林商学院合作举办会计学专业本科教育项目▲

　　厦门大学与爱尔兰都柏林商学院合作举办金融学专业本科教育项目▲

　　福建师范大学与日本京都情报大学院大学合作举办数字媒体技术专业本科教育项目▲

　　福建师范大学与日本京都情报大学院大学合作举办网络工程专业本科教育项目▲

　　福建农林大学与加拿大不列颠哥伦比亚大学合作举办生态学专业本科教育项目▲

　　三明学院与美国特拉华州立大学合作举办体育教育(体育管理)本科教育项目▲

　　厦门理工学院与加拿大里贾纳大学合作举办环境工程专业本科教育项目▲

　　福建农林大学与加拿大戴尔豪西大学合作举办风景园林专业本科教育项目▲

　　福州大学与加拿大曼尼托巴大学合作举办土木工程本科教育项目▲

　　厦门理工学院与新西兰惠灵顿维多利亚大学合作举办电子信息工程专业本科教育项目▲

　　福建农林大学金山学院与加拿大圣文森山大学合作举办旅游管理专业本科教育项目▲

　　三明学院与台湾大叶大学合作举办电子信息工程本科教育项目▲

　　莆田学院与美国新奥尔良大学合作举办公共事业管理专业本科教育项目▲

山东

　　青岛大学与奥地利克雷姆斯高等专业学院合作举办旅游管理专业本科教育项目▲

　　青岛大学与韩国大佛大学合作举办朝鲜语专业本科教育项目●

　　青岛大学与澳大利亚詹姆斯·库克大学合作举办英语专业本科教育项目●

　　青岛大学与澳大利亚詹姆斯·库克大学合作举办会计学专业本科教育项目●

　　青岛大学与澳大利亚詹姆斯·库克大学合作举办国际经济与贸易专业本科教

育项目●

济南大学与英国格拉斯哥加利多尼亚大学合作举办环境工程专业本科教育项目▲

济南大学与英国格拉斯哥加利多尼亚大学合作举办金融学专业本科教育项目▲

山东农业大学与英国皇家农学院合作举办食品质量与安全专业本科教育项目▲

泰山医学院与韩国全北大学校合作举办临床医学专业本科教育项目▲

泰山医学院与韩国延世大学原州分校合作举办医学影像学专业本科教育项目▲

济南大学与英国格拉斯哥加利多尼亚大学合作举办机械工程及自动化专业本科教育项目▲

青岛大学与澳大利亚霍尔姆斯学院合作举办国际商务专业本科教育项目▲

山东建筑大学与澳大利亚格里菲斯大学合作举办土木工程专业本科教育项目▲

山东科技大学与澳大利亚塔斯马尼亚大学合作举办电气工程及其自动化专业本科教育项目▲

滨州学院与法国南锡经济管理学校合作举办财务管理专业本科教育项目▲

聊城大学与韩国建国大学合作举办生物工程专业本科教育项目▲

鲁东大学与美国布里奇波特大学合作举办生物科学专业本科教育项目▲

山东科技大学与美国克拉克大学合作举办信息管理与信息系统专业本科教育项目▲

济南大学与英国格拉斯哥加利多尼亚大学合作举办网络工程专业本科教育项目▲

聊城大学与德国安哈尔特应用技术大学合作举办机械设计制造及其自动化专业本科教育项目▲

临沂大学与韩国水原大学合作举办社会体育指导与管理专业本科教育项目▲

青岛大学与韩国世翰大学(原大佛大学)合作举办数字媒体技术专业本科教育项目▲

青岛科技大学与美国特洛伊大学合作举办应用化学专业本科教育项目▲

青岛理工大学与韩国光云大学合作举办建筑学专业本科教育项目▲

山东财经大学与加拿大达尔豪斯大学合作举办经济学专业本科教育项目▲

山东建筑大学与新西兰 Unitec 理工学院合作举办建筑学专业本科教育项目▲

山东科技大学与澳大利亚塔斯马尼亚大学合作举办通信工程专业本科教育项目▲

山东艺术学院与韩国又松大学合作举办戏剧影视美术设计专业本科教育项目▲

烟台大学与韩国檀国大学合作举办材料科学与工程专业本科教育项目▲

山东师范大学与韩国又石大学合作举办物流管理专业中外合作教育项目▲

山东科技大学与美国克拉克大学合作举办国际经济与贸易专业本科教育项目▲

山东理工大学与韩国建国大学合作举办电气工程及其自动化专业本科教育项目▲

青岛科技大学与韩国汉阳大学合作举办机械工程专业本科教育项目▲

鲁东大学与英国基尔大学合作举办应用心理学专业本科教育项目▲

山东交通学院与俄罗斯顿河国立技术大学合作举办交通运输专业本科教育项目▲

山东财经大学与新西兰国立理工学院合作举办会计学专业本科教育项目▲

青岛大学与奥地利克雷姆斯国际管理中心应用技术大学合作举办物流管理专业本科教育项目▲

山东建筑大学与美国北达科他州立大学合作举办工程管理（建设项目数字化）专业本科教育项目▲

山东师范大学与美国东田纳西州立大学合作举办财务管理（公司理财与投资）专业中外合作教育项目▲

青岛科技大学与韩国国立庆尚大学合作举办高分子材料与工程专业本科教育项目▲

青岛理工大学与瑞士西北应用科学与艺术大学合作举办财务管理专业本科教育项目▲

山东交通学院与俄罗斯远东国立交通大学举办电气工程及其自动化专业本科学历教育合作项目▲

山东农业大学与英国皇家农学院合作举办土地资源管理专业本科教育项目▲

烟台大学与美国西俄勒冈大学合作举办法学（区域犯罪信息分析）专业本科教育项目▲

山东大学与澳大利亚皇家墨尔本理工大学合作举办机械设计制造及其自动化专业本科教育项目▲

山东理工大学与爱尔兰利莫瑞克大学合作举办机械设计制造及其自动化专业本科教育项目▲

青岛大学与美国佛罗里达国际大学合作举办西班牙语专业本科教育项目▲

聊城大学与韩国清州大学合作举办广播电视编导专业本科教育项目▲

青岛科技大学与韩国汉阳大学合作举办材料成型及控制工程专业本科教育项目▲

山东工商学院与美国纽约理工学院合作举办人力资源管理（国际人力资源管理）专业本科教育项目▲

山东理工大学与爱尔兰利莫瑞克大学合作举办计算机科学与技术专业本科教育项目▲

齐鲁工业大学与德国北黑森应用科技大学合作举办机械设计制造及其自动化专业本科教育项目▲

山东师范大学与美国拿撒勒大学合作举办音乐表演专业本科教育项目▲

山东科技大学与英国伍斯特大学合作举办金融学专业本科教育项目▲

济宁医学院与美国孟菲斯大学合作举办护理学专业本科教育项目▲

临沂大学与韩国江南大学合作举办社会工作本科教育项目▲

青岛科技大学与法国勒阿弗尔大学合作举办自动化专业本科教育项目▲

山东大学与澳大利亚国立大学合作举办计算机科学与技术专业本科教育项目▲

山东理工大学与韩国建国大学合作举办环境设计专业本科教育项目▲

山东艺术学院与韩国又松大学合作举办数字媒体艺术专业本科教育项目▲

中国海洋大学与澳大利亚塔斯马尼亚大学合作举办海洋科学专业本科教育项目▲

山东大学与澳大利亚西澳大学合作举办金融学专业本科教育项目▲

山东工商学院与美国纽约理工学院合作举办酒店管理专业本科教育项目▲

北京交通大学与美国罗切斯特理工学院合作举办信息管理与信息系统专业本科教育项目▲

中国海洋大学与美国亚利桑那大学合作举办法学专业本科教育项目▲

齐鲁工业大学与新西兰东部理工学院合作举办酿酒工程专业本科教育项目▲

山东建筑大学与英国利兹贝克特大学合作举办环境设计专业本科教育项目▲

青岛理工大学与美国堪萨斯大学合作举办土木工程专业本科教育项目▲

烟台大学文经学院与德国梅泽堡应用技术大学合作举办机械设计制造及其自动化专业本科教育项目▲

江西

江西中医药大学与美国托马斯大学合作举办护理学专业本科教育项目▲

东华理工大学与爱尔兰阿斯隆理工学院合作举办软件工程专业本科教育项目▲

东华理工大学与爱尔兰阿斯隆理工学院合作举办机械工程及自动化专业本科教育项目▲

南昌航空大学与澳大利亚格里菲斯大学合作举办环境工程专业本科教育项目▲

南昌大学与英国伦敦玛丽女王大学合作举办临床医学专业本科教育项目▲

华东交通大学与英国安格利亚鲁斯金大学合作举办工程管理专业本科教育项目▲

南昌工程学院与荷兰萨克逊应用科技大学合作举办土木工程专业本科教育项目▲

东华理工大学与爱尔兰都柏林理工学院合作举办电子信息工程专业本科教育项目▲

江西科技师范大学与美国芝加哥哥伦比亚学院合作举办学前教育专业本科教育项目▲

井冈山大学与英国波尔顿大学合作举办土木工程专业本科教育项目▲

江西中医药大学与英国波尔顿大学合作举办市场营销专业本科教育项目▲

南昌航空大学与美国北爱荷华大学合作举办电子信息工程专业本科教育项目▲

江西财经大学与瑞典达拉那大学合作举办软件工程专业本科教育项目▲

南昌工程学院与韩国光州大学合作举办电气工程及其自动化专业本科教育项目▲

江西科技师范大学与美国纽约电影学院洛杉矶分校合作举办视觉传达设计专业本科教育项目▲

南昌理工学院与韩国南部大学合作举办汽车服务工程专业本科教育项目▲

赣南师范大学与俄罗斯奔萨国立大学合作举办音乐学专业本科教育项目▲

四川

四川农业大学与美国密西根州立大学合作举办草业科学专业本科教育项目●

成都学院与新西兰怀卡托理工学院合作举办艺术设计本科教育项目▲

成都理工大学与英国斯泰福厦大学合作举办工商管理专业本科教育项目▲

电子科技大学与英国格拉斯哥大学合作举办电子信息工程专业本科教育项目▲

西南交通大学与美国乔治梅森大学合作举办经济学专业本科教育项目▲

西南交通大学与美国乔治亚州立大学合作举办生物工程专业本科教育项目▲

西南财经大学与美国纽约城市大学巴鲁学院合作举办会计学专业本科教育项目▲

四川师范大学与欧洲设计学院合作举办产品设计专业本科教育项目▲

成都理工大学与英国牛津布鲁克斯大学合作举办会计学专业本科教育项目▲

西南财经大学与法国南特高等商学院合作举办市场营销专业本科教育项目▲

四川师范大学与莫斯科国立师范大学合作举办绘画专业本科教育项目▲

西南交通大学与美国俄克拉荷马州立大学合作举办安全工程专业本科教育项目▲

西南财经大学与伦敦大学伯贝克学院合作举办国际商务专业本科教育项目▲

安徽

合肥学院与德国奥斯纳布吕克应用科技大学合作举办物流管理专业本科教育项目▲

合肥学院与德国汉诺威应用科技大学合作举办机械设计制造及其自动化专业本科教育项目▲

安徽大学与美国加利福尼亚州立大学圣马可斯分校合作举办艺术设计(创意设计)专业本科教育项目▲

合肥学院与德国汉诺威应用科学大学合作举办工业设计专业本科教育项目▲

安徽科技学院与韩国韩南大学合作举办机械设计制造及其自动化专业本科教育项目▲

安徽科技学院与美国布里奇波特大学合作举办电气工程及其自动化专业本科教育项目▲

黄山学院与法国瓦岱勒国际酒店与旅游管理商学院合作举办酒店管理专业本

科教育项目▲

巢湖学院与爱尔兰阿斯隆理工学院合作举办酒店管理专业本科教育项目▲

合肥师范学院与爱尔兰阿斯隆理工学院合作举办制药工程专业本科教育项目▲

安徽建筑大学与美国中密歇根大学合作举办环境设计专业本科教育项目▲

安徽工程大学与美国底特律大学合作举办电气工程及其自动化专业本科教育项目▲

合肥工业大学与美国克拉克大学合作举办国际经济与贸易专业本科教育项目▲

安徽科技学院与韩国顺天乡大学合作举办网络工程专业本科教育项目▲

河北

河北工业大学与法国巴黎高等计算机学院合作举办计算机科学与技术专业本科教育项目●

河北金融学院与爱尔兰都柏林格里菲斯学院合作举办金融学专业本科教育项目▲

河北大学与爱尔兰国家学院合作举办人力资源管理专业本科教育项目▲

华北理工大学(原河北联合大学)与德国海德堡应用技术大学合作举办电气工程及其自动化专业本科教育项目▲

河北师范大学与英国斯特灵大学合作举办翻译专业本科教育项目▲

河北科技大学与韩国诚信女子大学合作举办服装与服饰设计专业本科教育项目▲

河北经贸大学与美国芝加哥康考迪亚大学合作举办人力资源管理专业本科教育项目▲

河北金融学院与爱尔兰都柏林格里菲斯学院合作举办会计学专业本科教育项目▲

河北工业大学与德国北豪森应用技术大学合作举办环境工程专业本科教育项目▲

华北理工大学(原河北联合大学)与德国海德堡应用技术大学合作举办机械设计制造及其自动化专业本科教育项目▲

河北外国语学院与美国威诺纳州立大学合作举办学前教育专业本科教育项目▲

河北科技大学与新西兰怀卡托大学合作举办金属材料工程专业本科教育项目▲

燕山大学与澳大利亚科廷科技大学合作举办工业工程专业本科教育项目▲

河北经贸大学与美国芝加哥康考迪亚大学合作举办市场营销专业本科教育项目▲

河北工业大学与新西兰梅西大学合作举办物联网工程专业本科教育项目▲

石家庄铁道大学与美国佛罗里达理工学院合作举办机械设计制造及其自动化专业本科教育项目▲

河北科技大学与澳大利亚联邦大学合作举办环境科学专业本科教育项目▲

华北科技学院与美国玛斯金格姆大学合作举办安全工程专业本科教育项目▲

河北地质大学与英国厄尔斯特大学合作举办金融学专业本科教育项目▲

河北地质大学与韩国圆光大学合作举办环境设计专业本科教育项目▲

河北师范大学与澳大利亚悉尼科技大学合作举办生物技术专业本科教育项目▲

北华航天工业学院与美国圣马丁大学合作举办机械设计制造及其自动化专业本科教育项目▲

河南

河南大学与澳大利亚维多利亚大学合作培养计算机科学与技术专业本科教育项目●

河南大学与澳大利亚维多利亚大学合作培养会计学专业本科教育项目●

河南大学与澳大利亚维多利亚大学合作培养国际经济与贸易专业本科教育项目●

河南大学与德国安哈尔特应用技术大学合作举办生物工程专业本科教育项目●

河南大学与德国安哈尔特应用技术大学合作举办国际经济与贸易专业本科教育项目●

郑州大学与澳大利亚伍伦贡大学合作举办电子信息工程专业本科教育项目●

郑州大学与澳大利亚伍伦贡大学合作举办计算机科学与技术专业本科教育项目●

郑州大学与澳大利亚伍伦贡大学合作举办通信工程专业本科教育项目●

河南科技大学与英国赫特福德大学合作举办工商管理专业本科教育项目●

河南科技大学与英国赫特福德大学合作举办计算机科学与技术专业本科教育项目●

河南科技大学与英国东伦敦大学合作举办信息管理与信息系统专业本科教育项目●

河南工业大学与英国瑞丁大学合作举办生物技术专业本科教育项目●

河南工业大学与英国瑞丁大学合作举办食品科学与工程专业本科教育项目●

河南工业大学与英国班戈大学合作举办会计学专业本科教育项目●

河南工业大学与英国班戈大学合作举办市场营销专业本科教育项目●

河南工业大学与英国班戈大学合作举办人力资源管理专业本科教育项目●

黄河科技学院与美国肖特大学合作举办工商管理专业本科教育项目●

黄河科技学院与美国肖特大学合作举办计算机科学与技术专业本科教育项目●

南阳理工学院与新西兰惠灵顿维多利亚大学合作举办工商管理专业本科教育项目●

商丘师范学院与英国肯星顿商学院合作举办经济学专业本科教育项目●

商丘师范学院与英国肯星顿商学院合作举办计算机科学与技术专业本科教育项目●

新乡医学院与英国诺森比亚大学合作举办护理学专业本科教育项目●

郑州轻工业大学与英国爱丁堡龙比亚大学合作举办国际商务专业本科教育项目●

郑州轻工业大学与英国爱丁堡龙比亚大学合作举办互联网科学与技术专业本科教育项目●

郑州轻工业大学与英国爱丁堡龙比亚大学合作举办产品设计专业本科教育项目●

郑州轻工业大学与英国爱丁堡龙比亚大学合作举办数字媒体艺术专业本科教育项目●

中原工学院与英国曼彻斯特大学合作举办会计学专业本科教育项目●

中原工学院与英国曼彻斯特大学合作举办市场营销专业本科教育项目●

中原工学院与英国曼彻斯特大学合作举办纺织工程专业本科教育项目●

中原工学院与英国曼彻斯特城市大学合作举办视觉传达设计专业本科教育项目●

河南农业大学与加拿大凯波布兰顿大学合作举办工商管理专业本科教育项目●

河南农业大学与加拿大凯波布兰顿大学合作举办国际经济与贸易专业本科教育项目●

郑州轻工业大学与英国爱丁堡龙比亚大学合作举办电子商务专业本科教育项目●

河南理工大学与美国北卡罗来纳农工州立大学合作举办电气工程及其自动化专业本科教育项目▲

河南理工大学与美国北卡罗来纳农工州立大学合作举办机械设计制造及其自动化专业本科教育项目▲

黄淮学院与英国考文垂大学合作举办动画专业本科教育项目▲

郑州大学与美国佛罗里达大学合作举办机械工程及自动化专业本科教育项目▲

郑州大学与日本长冈技术科学大学合作举办材料科学与工程专业本科教育项目▲

郑州大学与美国佛罗里达大学合作举办护理学专业本科教育项目▲

郑州大学与美国佛罗里达大学合作举办广播电视新闻学专业本科教育项目▲

河南大学与俄罗斯南联邦大学合作举办视觉传达设计专业本科教育项目▲

河南大学与俄罗斯南联邦大学合作举办俄语专业本科教育项目▲

华北水利水电学院与英国提赛德大学合作举办地质工程专业本科教育项目▲

南阳理工学院与新西兰惠灵顿维多利亚大学合作举办应用化学专业本科教育项目▲

河南农业大学与澳大利亚新英格兰大学合作举办动物科学专业本科教育项目▲

河南师范大学与美国南俄勒冈大学合作举办旅游管理专业本科教育项目▲

郑州大学与白俄罗斯国立音乐学院合作举办音乐表演专业本科教育项目▲

郑州大学与美国佛罗里达大学合作举办化学专业本科教育项目▲

河南工程学院与荷兰撒克逊应用科技大学合作举办纺织工程专业本科教育项目▲

河南农业大学与澳大利亚新英格兰大学合作举办环境科学专业本科教育项目▲

黄淮学院与印度迈索尔大学合作举办软件工程专业本科教育项目▲

信阳师范学院与韩国汉阳大学合作举办土木工程专业本科教育项目▲

郑州大学与波兰罗兹大学合作举办经济学专业本科教育项目▲

河南科技大学与英国考文垂大学合作举办车辆工程专业本科教育项目▲

河南财经政法大学与俄罗斯人民友谊大学合作举办人文地理与城乡规划专业本科教育项目▲

河南理工大学与爱尔兰利莫瑞克大学合作举办计算机科学与技术专业本科教育项目▲

黄淮学院与英国阿伯瑞斯特维斯大学合作举办美术学专业本科教育项目▲

华北水利水电学院与英国提赛德大学合作举办机械设计制造及其自动化专业本科教育项目▲

南阳理工学院与新西兰惠灵顿维多利亚大学合作举办生物工程专业本科教育项目▲

许昌学院与美国西俄勒冈大学合作举办舞蹈学专业本科教育项目▲

河南理工大学与爱尔兰利莫瑞克大学合作举办土木工程专业本科教育项目▲

河南科技大学与英国考文垂大学合作举办机械设计制造及其自动化专业本科教育项目▲

黄淮学院与英国斯旺西大学合作举办会计学专业本科教育项目▲

信阳师范学院与韩国汉阳大学合作举办生物技术专业本科教育项目▲

河南工程学院与澳大利亚堪培拉大学合作举办视觉传达设计专业本科教育项目▲

安阳工学院与英国提赛德大学合作举办土木工程专业本科教育项目▲

河南财经政法大学与俄罗斯人民友谊大学合作举办金融学专业本科教育项目▲

中原工学院与英国曼彻斯特城市大学合作举办环境设计专业本科教育项目▲

中原工学院与英国曼彻斯特城市大学合作举办服装与服饰设计专业本科教育项目▲

郑州轻工业大学与英国爱丁堡龙比亚大学合作举办环境设计专业本科教育项目▲

河南大学与俄罗斯南联邦大学合作举办环境设计专业本科教育项目▲

河南大学与白俄罗斯国立大学合作举办播音与主持艺术专业本科教育项目▲

黄淮学院与英国阿伯瑞斯特维斯大学合作举办广播电视编导专业本科教育项目▲

郑州大学与波兰华沙大学合作举办应用心理学专业本科教育项目▲

黄淮学院与英国阿伯瑞斯特维斯大学合作举办音乐表演专业本科教育项目▲

河南工程学院与荷兰撒克逊应用科技大学合作举办服装设计与工程专业本科教育项目▲

洛阳理工学院与爱尔兰阿斯隆理工学院合作举办土木工程专业本科教育项目▲

河南城建学院与俄罗斯圣彼得堡国立建筑工程大学合作举办给排水科学与工程专业本科教育项目▲

许昌学院与美国俄勒冈理工学院合作举办土木工程专业本科教育项目▲

郑州航空工业管理学院与波兰社会科学与人文大学合作举办产品设计专业本科教育项目▲

河南工业大学与台湾中原大学合作举办物联网工程专业本科教育项目▲

华北水利水电大学与俄罗斯乌拉尔联邦大学合作举办土木工程专业本科教育项目▲

郑州航空工业管理学院与波兰华沙人文社科大学合作举办环境设计专业本科教育项目▲

南阳师范学院与韩国全州大学合作举办广播电视编导专业本科教育项目▲

黄淮学院与韩国东明大学合作举办动画专业本科教育项目▲

郑州大学与美国威斯康星大学斯托特分校合作举办机械工程专业本科教育项目▲

河南师范大学与法国佩皮尼昂大学合作举办法语专业本科教育项目▲

湖北

武汉理工大学与英国威尔士三一圣大卫大学合作举办艺术设计学士学位教育项目▲

湖北中医药大学与美国温斯顿·沙伦州立大学合作举办护理学专业本科教育项目▲

三峡大学与英国莱斯特大学合作举办电气工程及其自动化专业本科教育项目▲

武汉纺织大学与英国曼彻斯特大学合作举办纺织工程专业本科教育项目▲

武汉轻工大学与英国蒂赛德大学合作举办食品科学与工程专业本科教育项目▲

中南财经政法大学与韩国东西大学合作举办视觉传达设计专业本科教育项目▲

湖北大学与澳大利亚迪肯大学合作举办环境工程专业本科教育项目▲

华中师范大学与澳大利亚格里菲斯大学合作举办社会工作专业本科教育项目▲

华中师范大学与澳大利亚皇家墨尔本理工大学合作举办学前教育专业本科教育项目▲

黄冈师范学院与日本吉备国际大学合作举办动画专业本科教育项目▲

中南财经政法大学与韩国东西大学合作举办电影学专业本科教育项目▲

华中师范大学与澳大利亚斯维本科技大学合作举办生物技术专业本科教育项目▲

武汉理工大学与澳大利亚纽卡斯尔大学合作举办金融学专业本科教育项目▲

武汉科技大学与美国桥港大学合作举办电子信息工程专业本科教育项目▲

武汉体育学院与澳大利亚格里菲斯大学合作举办运动康复与健康专业本科教

育项目▲

湖北工业大学与美国威斯康星大学密尔沃基分校合作举办视觉传达设计专业本科教育项目▲

湖北美术学院与韩国韩瑞大学合作举办动画专业本科教育项目▲

武汉理工大学与英国威尔士三一圣大卫大学合作举办车辆工程专业本科教育项目▲

长江大学与英国伍斯特大学合作举办护理学专业本科教育项目▲

湖北大学与澳大利亚堪培拉大学合作举办国际事务与国际关系专业本科教育项目▲

湖北经济学院与美国蒙哥马利·奥本大学合作举办信息管理与信息系统专业本科教育项目▲

汉口学院与美国芝加哥哥伦比亚学院合作举办艺术设计专业本科教育项目▲

武汉大学与英国邓迪大学合作举办建筑学专业本科教育项目▲

华中农业大学与英国哈泊·亚当斯大学合作举办市场营销专业本科教育项目▲

武汉科技大学与澳大利亚迪肯大学合作举办机械工程专业本科教育项目▲

湖北工程学院与英国安格利亚鲁斯金大学合作举办土木工程专业本科教育项目▲

湖北理工学院与新西兰尼尔森马尔伯勒理工学院合作举办视觉传达设计专业本科教育项目▲

湖北师范学院与印度拉夫里科技大学合作举办生物技术专业本科教育项目▲

湖北科技学院与德国海德堡应用科技大学合作举办电气工程及其自动化专业本科教育项目▲

湖北工业大学与英国安格利亚鲁斯金大学合作举办电子信息工程专业本科教育项目▲

武汉轻工大学与美国南犹他大学合作举办工程管理专业本科教育项目▲

湖北文理学院与澳大利亚阳光海岸大学合作举办机械设计制造及其自动化专业本科教育项目▲

武汉工程大学与美国佛罗里达理工学院合作举办能源与动力工程专业本科教育项目▲

三峡大学与美国孟菲斯大学合作举办旅游管理专业本科教育项目▲

长江大学与爱尔兰利莫瑞克理工学院合作举办土木工程专业本科教育项目▲

湖北工业大学与英国安格利亚鲁斯金大学合作举办机械设计制造及其自动化专业本科教育项目▲

湖北科技学院与英国考文垂大学合作举办护理学专业本科教育项目▲

武汉东湖学院与美国南新罕布什尔大学合作举办视觉传达设计专业本科教育

项目▲

湖北第二师范学院与美国佛罗里达理工学院合作举办电子信息科学与技术专业本科教育项目▲

黄冈师范学院与英国伍斯特大学合作举办学前教育专业本科教育项目▲

湖北汽车工业学院与英国波尔顿大学合作举办车辆工程专业本科教育项目▲

武汉纺织大学与日本文化学园大学合作举办服装与服饰设计专业本科教育项目▲

武汉科技大学与英国伯明翰城市大学合作举办网络工程专业本科教育项目▲

武汉轻工大学与美国南犹他大学合作举办广告学专业本科教育项目▲

湖北工程学院与英国胡弗汉顿大学合作举办金融工程专业本科教育项目▲

江汉大学与爱尔兰阿斯隆理工学院合作举办视觉传达设计专业本科教育项目▲

湖北大学与英国博尔顿大学合作举办材料化学专业本科教育项目▲

武汉商学院与德国埃森经济管理应用科技大学合作举办物流管理专业本科教育项目▲

湖北汽车工业学院与法国贝尔福-蒙比利亚工程技术大学合作举办计算机科学与技术专业本科教育项目▲

湖北第二师范学院与新西兰南方理工学院合作举办计算机科学与技术专业本科教育项目▲

湖南

湖南农业大学与英国格林威治大学合作举办生物科学专业本科教育项目▲

湖南工程学院与英国高地与岛屿大学合作举办电气工程及其自动化专业本科教育项目▲

南华大学与美国蒙哥马利奥本大学合作举办护理学专业本科教育项目▲

中南林业科技大学与美国蒙哥马利奥本大学合作举办环境科学专业本科教育项目▲

湖南工程学院与英国高地与岛屿大学合作举办机械设计制造及其自动化专业本科教育项目▲

湖南农业大学与英国格林威治大学合作举办环境科学专业本科教育项目▲

湘潭大学与西班牙莱昂大学合作举办机械设计制造及其自动化专业本科教育项目▲

邵阳学院与英国安格利亚鲁斯金大学合作举办通信工程专业本科教育项目▲

湖南文理学院与英国伍斯特大学合作举办网络工程专业本科教育项目▲

中南大学与澳大利亚蒙纳士大学合作举办材料科学与工程专业本科教育项目▲

湘南学院与英国伍斯特大学合作举办预防医学专业本科教育项目▲

湖南文理学院与加拿大菲莎河谷大学合作举办信息管理与信息系统专业本科教育项目▲

湖南工业大学与新西兰尼尔森·马尔伯勒理工学院合作举办视觉传达设计专业本科教育项目▲

湖南涉外经济学院与英国赫特福德大学合作举办会计学专业本科教育项目▲

中南大学与澳大利亚蒙纳士大学合作举办土木工程专业本科教育项目▲

长沙理工大学与美国田纳西大学查塔努加分校合作举办土木工程专业本科教育项目▲

湖南城市学院与新西兰维特利亚理工学院合作举办视觉传达设计专业本科教育项目▲

湖南工学院与英国桑德兰大学合作举办电气工程及其自动化本科教育项目▲

湖南商学院与美国弗罗斯特堡州立大学合作举办金融学专业本科教育项目▲

湖南财政经济学院与英国罗汉普顿大学合作举办会计学专业本科教育项目▲

湖南人文科技学院与英国巴斯斯巴大学合作举办学前教育专业本科教育项目▲

湖南师范大学与俄罗斯下诺夫哥罗德国立格林卡音乐学院合作举办音乐表演专业本科教育项目▲

湖南科技大学与英国谢菲尔德哈勒姆大学合作举办建筑学专业本科教育项目▲

陕西

西安交通大学与香港理工大学合作举办酒店及餐饮管理学士学位教育项目●

西安电子科技大学与法国南特大学综合理工学院合作举办电子信息工程专业本科教育项目▲

西安科技大学与澳大利亚塔斯马尼亚大学合作举办土木工程专业本科教育项目▲

西安航空学院与德国北黑森应用技术大学合作举办机械电子工程专业本科教育项目▲

西安电子科技大学与英国赫瑞瓦特大学合作举办通信工程专业本科教育项目▲

榆林学院与英国胡弗汉顿大学合作举办机械设计制造及其自动化专业本科教育项目▲

西北农林科技大学与美国内布拉斯加林肯大学合作举办食品科学与工程专业本科教育项目▲

西安邮电大学与英国斯泰福厦大学合作举办电子信息工程专业本科教育项目▲

西安科技大学与澳大利亚麦考瑞大学合作举办电气工程及其自动化专业本科教育项目▲

西北大学与英国埃塞克斯大学合作举办电子信息科学与技术专业本科教育项目▲

山西

太原理工大学与英国赫特福德大学合作举办机械设计制造及其自动化专业本科教育项目▲

太原科技大学与美国奥本大学合作举办环境工程专业本科教育项目▲

黑龙江

哈尔滨工程大学与英国斯特拉斯克莱德大学合作举办轮机工程专业本科教育项目(已停办)●

哈尔滨工程大学与英国斯特拉斯克莱德大学合作举办金融学专业本科教育项目●

哈尔滨工程大学与澳大利亚新英格兰大学合作举办计算机科学与技术专业本科教育项目●

哈尔滨工程大学与澳大利亚新英格兰大学合作举办金融学专业本科教育项目●

黑龙江大学与俄罗斯远东国立大学合作举办数学与应用数学专业本科教育项目●

黑龙江大学与英国布莱德福德大学合作举办电子信息工程专业本科教育项目●

黑龙江大学与英国布莱德福德大学合作举办计算机科学与技术专业本科教育项目●

黑龙江大学与英国布莱德福德大学合作举办国际经济与贸易专业本科教育项目●

哈尔滨理工大学与英国伦敦城市大学合作举办通信工程专业本科教育项目●

哈尔滨师范大学与美国北卡罗莱纳大学彭布罗克分校合作举办英语专业本科教育项目●

齐齐哈尔大学与俄罗斯西伯利亚联邦大学合作举工商管理专业本科教育项目●

齐齐哈尔大学与俄罗斯后贝加尔车尔尼雪夫斯基国立人文师范大学合作举数学与应用数学专业本科教育项目●

齐齐哈尔大学与俄罗斯后贝加尔车尔尼雪夫斯基国立人文师范大学合作举办化学专业本科教育项目●

齐齐哈尔大学与俄罗斯后贝加尔车尔尼雪夫斯基国立人文师范大学合作举办生物科学专业本科教育项目●

佳木斯大学与加拿大北美文理学院合作举办计算机科学与技术专业本科教育项目●

齐齐哈尔大学与俄罗斯后贝加尔车尔尼雪夫斯基国立人文师范大学合作举音乐专业本科教育项目●

佳木斯大学与加拿大北美文理学院合作举办工商管理专业本科教育项目●

佳木斯大学与加拿大北美文理学院合作举办会计学专业本科教育项目●

黑河学院与俄罗斯布拉戈维申斯克国立师范大学合作举办美术学专业本科教

育项目●

佳木斯大学与加拿大北美文理学院合作举办国际经济与贸易专业本科教育项目●

黑龙江八一农垦大学与俄罗斯符拉迪沃斯托克国立经济服务大学合作举办计算机科学与技术专业本科教育项目●

黑龙江八一农垦大学与俄罗斯符拉迪沃斯托克国立经济服务大学合作举办农林经济管理专业本科教育项目●

黑龙江八一农垦大学与俄罗斯符拉迪沃斯托克国立经济服务大学合作举办市场营销专业本科教育项目●

黑龙江八一农垦大学与俄罗斯符拉迪沃斯托克国立经济服务大学合作举办会计学专业本科教育项目●

东北农业大学与俄罗斯远东国立技术水产大学合作举办工商管理专业本科教育项目●

东北农业大学与俄罗斯远东国立技术水产大学合作举办金融学专业本科教育项目●

东北农业大学与俄罗斯太平洋国立大学合作举办国际经济与贸易专业本科教育项目●

牡丹江师范学院与英国西敏斯特大学合作举办英语专业本科教育项目●

哈尔滨医科大学与俄罗斯符拉迪沃斯托克国立医科大学合作举办临床医学专业本科教育项目●

大庆师范学院与俄罗斯乌苏里斯克国立师范学院合作举办计算机科学与技术专业本科教育项目●

大庆师范学院与俄罗斯乌苏里斯克国立师范学院合作举办市场营销专业本科教育项目●

牡丹江医学院与俄罗斯太平洋国立医科大学举办临床医学专业本科教育项目●

牡丹江医学院与俄罗斯太平洋国立医科大学举办麻醉学专业本科教育项目●

黑龙江中医药大学与俄罗斯阿穆尔国立医学院合作举办中西医临床医学专业本科教育项目●

牡丹江医学院与俄罗斯符拉迪沃斯托克国立医科大学举办医学检验专业本科教育项目●

牡丹江医学院与俄罗斯太平洋国立医科大学举办医学影像学专业本科教育项目●

齐齐哈尔医学院与俄罗斯赤塔国立医学院合作举办临床医学本科教育项目●

哈尔滨师范大学与俄罗斯莫斯科国立师范大学合作举办历史学专业本科教育项目●

黑龙江工程学院与英国格林威治大学合作举办计算机科学与技术专业本科教育项目●

黑龙江工程学院与英国格林威治大学合作举办机械设计制造及其自动化专业本科教育项目●

黑龙江工程学院与英国格林威治大学合作举办会计学专业本科教育项目●

绥化学院与俄罗斯阿穆尔国立大学合作举办计算机科学与技术专业本科教育项目●

黑河学院与俄罗斯布拉戈维申斯克国立师范大学合作举办计算机科学与技术专业本科教育项目●

黑河学院与俄罗斯布拉戈维申斯克国立师范大学合作举办俄语专业本科教育项目●

黑河学院与俄罗斯布拉戈维申斯克国立师范大学合作举办音乐学专业本科教育项目●

哈尔滨师范大学与俄罗斯克拉斯诺雅尔斯克国立师范大学合作举办数学与应用数学专业本科教育项目●

哈尔滨师范大学与澳大利亚卧龙岗大学合作举办物理学专业本科教育项目●

齐齐哈尔大学与俄罗斯伊尔库茨克国立语言大学合作举办俄语专业本科教育项目●

齐齐哈尔大学与韩国东新大学合作举办朝鲜语专业本科教育项目●

哈尔滨工业大学与澳大利亚悉尼大学合作举办电气工程及其自动化专业本科教育项目▲

哈尔滨工程大学与俄罗斯圣彼得堡国立海洋技术大学合作举办船舶与海洋工程专业本科教育项目●

东北林业大学与俄罗斯符拉迪沃斯托克国立经济与服务大学合作举办会计学专业本科教育项目●

黑龙江科技大学与俄罗斯远东联邦大学合作举办计算机科学与技术专业本科生教育项目●

黑龙江科技大学与俄罗斯远东联邦大学合作举办土木工程专业本科生教育项目●

黑龙江科技大学与加拿大北阿尔伯塔理工学院计算机与技术专业本科教育项目●

黑龙江科技大学与加拿大道格拉斯学院合作举办财务管理专业本科生教育项目●

牡丹江师范学院与俄罗斯乌苏里斯克国立师范学院合作举办旅游管理专业本科教育项目▲

牡丹江师范学院与韩国清州大学合作举办生物技术专业本科教育项目▲

黑河学院与俄罗斯远东国立农业大学合作举办国际经济与贸易专业本科教育

项目▲

　　黑河学院与俄罗斯布拉戈维申斯克国立师范大学合作举办体育教育专业本科教育项目▲

　　哈尔滨理工大学与美国匹兹堡州立大学合作举办车辆工程专业本科教育项目▲

　　齐齐哈尔医学院与俄罗斯赤塔国立医学院合作举办口腔医学本科教育项目▲

　　佳木斯大学与俄罗斯阿列赫姆国立大学合作举办学前教育专业本科教育项目▲

　　齐齐哈尔医学院与俄罗斯赤塔国立医学院合作举办精神医学本科教育项目▲

　　黑龙江大学与英国斯旺西大学合作举办传播学专业本科教育项目▲

　　齐齐哈尔大学与俄罗斯克麦罗沃食品工业技术学院合作举办食品科学与工程专业本科教育项目▲

　　哈尔滨金融学院与美国圣托马斯大学合作举办金融学专业本科教育项目▲

　　黑河学院与俄罗斯南乌拉尔国立大学合作举办旅游管理专业本科教育项目▲

　　大庆师范学院与俄罗斯布拉戈维申斯克国立师范大学合作举办化学工程与工艺专业本科教育项目▲

　　哈尔滨工程大学与英国斯旺西大学合作举办材料物理专业本科教育项目▲

　　哈尔滨工程大学与英国斯旺西大学合作举办机械设计制造及其自动化专业本科教育项目▲

　　哈尔滨医科大学与英国知山大学合作举办护理学专业本科教育项目▲

　　黑龙江工程学院与美国西伊利诺伊大学合作举办地理信息科学专业本科教育项目▲

辽宁

　　沈阳工业大学与澳大利亚格里菲斯大学合作举办国际经济与贸易专业本科教育项目●

　　大连交通大学与澳大利亚拉筹伯大学合作举办会计学专业本科教育项目●

　　东北财经大学与澳大利亚科廷大学合作举办会计学专业本科教育项目●

　　东北财经大学与加拿大西安大略大学休伦大学学院合作举办经济学专业本科教育项目●

　　沈阳工业大学与澳大利亚格里菲斯大学合作举办会计学专业本科教育项目●

　　大连工业大学与英国南安普顿大学合作举办视觉传达设计专业本科教育项目▲

　　大连工业大学与英国南安普顿大学合作举办服装与服饰设计专业本科教育项目▲

　　鲁迅美术学院与日本文化学园文化服装学院合作举办服装与服饰设计专业本科教育项目▲

　　东北财经大学与加拿大西安大略大学国王大学学院合作举办经济学专业本科

教育项目●

东北财经大学与加拿大西安大略大学国王大学学院合作举办财务管理专业本科教育项目●

东北财经大学与英国厄尔斯特大学合作举办金融学专业本科教育项目●

东北财经大学与英国厄尔斯特大学合作举办会计学专业本科教育项目●

沈阳大学与德国海德堡应用科技大学合作举办工业工程专业本科教育项目▲

大连大学与澳大利亚南十字星大学合作举办旅游管理专业本科教育项目●

大连大学与澳大利亚南十字星大学合作举办会计学专业本科教育项目●

大连交通大学与美国瓦尔帕莱索大学合作举办机械工程专业本科教育项目▲

大连科技学院与美国莱特州立大学合作举办信息工程专业本科教育项目▲

大连交通大学与美国瓦尔帕莱索大学合作举办土木工程专业本科教育项目▲

沈阳大学与德国埃森经济管理应用科技大学合作举办自动化专业本科教育项目▲

沈阳城市建设学院与美国东伊利诺伊大学合作举办建筑学专业本科教育项目▲

沈阳航空航天大学与法国皮卡迪大学合作举办机械设计制造及其自动化专业本科教育项目▲

辽宁石油化工大学与芬兰北中部应用科技大学合作举办化学工程与工艺专业本科教育项目▲

大连海洋大学与新西兰奥塔哥理工学院合作举办机械设计制造及其自动化专业本科教育项目▲

鲁迅美术学院与英国索尔福德大学合作举办数字媒体艺术专业本科教育项目▲

沈阳工程学院与澳大利亚莫道克大学合作举办电气工程及其自动化专业本科教育项目▲

吉林

吉林财经大学与澳大利亚查尔斯特大学合作举办金融学专业本科教育项目●

吉林财经大学与澳大利亚查尔斯特大学合作举办会计学专业本科教育项目●

吉林财经大学与澳大利亚查尔斯特大学合作举办电子商务专业本科教育项目●

长春师范大学与澳大利亚南十字星大学合作举办旅游管理专业本科教育项目●

长春师范大学与澳大利亚南十字星大学合作举办计算机科学与技术专业本科教育项目●

东北电力大学和美国犹他州立大学合作举办国际经济与贸易专业本科教育项目●

东北师范大学与美国肯尼绍州州立大学合作举办计算机科学与技术专业本科教育项目●

东北师范大学与美国肯尼绍州州立大学合作举办英语专业本科教育项目●

长春大学与俄罗斯乌斯季诺夫波罗的海国立技术大学合作举办自动化专业本科教育项目▲

长春大学与俄罗斯乌斯季诺夫波罗的海国立技术大学合作举办机械工程专业本科教育项目▲

长春工程学院与英国西苏格兰大学合作举办机械设计制造及其自动化专业本科教育项目▲

长春工程学院与英国西苏格兰大学合作举办土木工程专业本科教育项目▲

吉林建筑大学(原吉林建筑工程学院)与俄罗斯太平洋国立大学合作举办建筑学专业本科教育项目▲

长春工业大学与美国奥克兰大学合作举办机械工程专业本科教育项目▲

吉林农业大学与意大利卡麦利诺大学合作举办生物技术专业本科教育项目▲

长春大学与俄罗斯伏尔加格勒国立师范大学合作举办俄语专业本科教育项目▲

东北电力大学与英国史萃克莱德大学合作举办电气工程及其自动化专业本科教育项目▲

长春工业大学与美国波特兰州立大学合作举办电气工程及其自动化专业本科教育项目▲

吉林建筑大学(原吉林建筑工程学院)与俄罗斯太平洋国立大学合作举办工程管理专业本科教育项目▲

长春师范大学与俄罗斯克麦罗沃国立文化学院合作举办音乐学专业本科教育项目▲

东北师范大学人文学院与美国南方理工州立大学合作举办英语(科技交流)专业本科教育项目▲

白城师范学院与韩国大邱加图立大学合作举办学前教育专业本科教育项目▲

北华大学与英国提赛德大学合作举办机械设计制造及其自动化专业本科教育项目▲

吉林大学与俄罗斯托姆斯克理工大学合作举办物理学专业本科教育项目▲

长春工业大学与美国波特兰州立大学合作举办计算机科学与技术专业本科教育项目▲

吉林建筑大学与美国波特兰州立大学合作举办土木工程专业本科教育项目▲

北华大学与芬兰于韦斯屈莱应用科技大学合作举办护理学专业本科教育项目▲

白城师范学院与俄罗斯莫斯科国立人文大学合作举办音乐表演专业本科教育项目▲

吉林工程技术师范学院与韩国世翰大学合作举办动画专业本科教育项目▲

通化师范学院与英国格林多大学合作举办视觉传达设计专业本科教育项目▲

东北师范大学与美国南伊利诺伊大学合作举办会计学专业本科教育项目▲

长春师范大学与俄罗斯克麦罗沃国立文化学院合作举办视觉传达设计专业本科教育项目▲

长春工程学院与俄罗斯南俄国立技术大学（新切尔卡斯克理工学院）合作举办能源与动力工程专业本科教育项目▲

吉林师范大学与韩国教员大学合作举办学前教育专业本科教育项目▲

长春理工大学与美国特拉华州立大学合作举办光电信息科学与工程专业本科教育项目▲

东北师范大学与美国罗格斯-新泽西州立大学合作举办金融学专业本科教育项目▲

延边大学与韩国湖西大学合作举办通信工程专业本科教育项目▲

长春科技学院与美国加州浸会大学合作举办食品科学与工程专业本科教育项目▲

白城师范学院与俄罗斯乌拉尔国立师范大学合作举办环境设计专业本科教育项目▲

吉林华桥外国语学院与美国新泽西城市大学合作举办金融学专业本科教育项目▲

延边大学与韩国崇实大学合作举办经济学专业本科教育项目▲

长春工业大学与美国奥克兰大学合作举办工业工程专业本科教育项目▲

通化师范学院与韩国岭南大学合作举办食品科学与工程专业本科教育项目▲

北华大学与美国康奈尔学院合作举办通信工程专业本科教育项目▲

吉林师范大学与美国拉特诺大学合作举办电子信息工程专业本科教育项目▲

吉林化工学院与美国克利夫兰州立大学合作举办机械设计制造及其自动化专业本科教育项目▲

吉林农业科技学院与韩国庆南大学合作举办机械设计制造及其自动化专业本科教育项目▲

广西

广西民族大学与英国斯泰福厦大学合作举办会计学专业本科教育项目▲

广西财经学院与澳大利亚精英高等教育学院合作举办会计学专业本科教育项目▲

桂林理工大学与英国伯明翰城市大学合作举办市场营销专业本科教育项目▲

广西师范大学与英国格林多大学合作举办学前教育专业本科教育项目▲

广西医科大学与美国西俄勒冈大学合作举办公共事业管理专业本科教育项目▲

广西艺术学院与美国西俄勒冈大学合作举办音乐学专业本科教育项目▲

广西科技大学与澳大利亚南十字星大学合作举办软件工程专业本科教育项目▲

广西大学与美国中密歇根大学合作举办电气工程及其自动化专业本科教育项目▲
广西师范学院与英国卡迪夫城市大学合作举办旅游管理专业本科教育项目▲
广西中医药大学与美国督优维尔学院合作举办护理学专业本科教育项目▲
广西科技大学与英国爱丁堡龙比亚大学合作举办机械工程专业本科教育项目▲
钦州学院与波兰华沙理工大学合作举办电子信息工程专业本科教育项目▲
广西师范学院与台湾暨南国际大学合作举办电子信息工程专业本科教育项目▲
广西财经学院与美国温斯洛普大学合作举办国际商务专业本科教育项目▲
桂林旅游学院与瑞士洛桑酒店管理学院合作举办酒店管理专业本科教育项目▲

云南

云南财经大学与美国库克学院合作举办国际经济与贸易专业本科教育项目●
云南财经大学与澳大利亚查理·斯特大学合作举办会计学专业本科教育项目●
云南财经大学与英国爱丁堡龙比亚大学合作举办金融学专业本科教育项目▲
云南师范大学与澳大利亚皇家墨尔本理工大学合作举办动画专业本科教育项目▲
云南师范大学与澳大利亚格里菲斯大学合作举办社会体育指导与管理专业本科教育项目▲
云南师范大学与爱尔兰国家学院合作举办会计学专业本科教育项目▲
云南农业大学与英国胡弗汉顿大学合作举办土木工程专业本科教育项目▲
云南财经大学与法国瓦岱勒国际酒店与旅游管理商学院合作举办酒店管理专业本科教育项目▲
云南农业大学与新西兰林肯大学合作举办农林经济管理专业本科教育项目▲
云南大学与泰国清迈大学合作举办物流管理专业本科教育项目▲

贵州

贵州财经大学与英国爱丁堡龙比亚大学合作举办金融学专业本科教育项目▲
贵州财经大学与美国西密歇根大学合作举办会计学专业本科教育项目▲
贵州民族大学与美国阿尔弗莱德大学合作举办数字媒体艺术专业本科教育项目▲
贵州财经大学与美国马歇尔大学合作举办电子商务专业本科教育项目▲

甘肃

西北民族大学与美国犹他州立大学合作举办国际经济与贸易专业本科教育项目▲

内蒙古

内蒙古农业大学与加拿大阿尔伯塔大学合作举办农业资源与环境专业本科教

育项目▲

内蒙古农业大学与加拿大阿尔伯塔大学合作举办食品科学与工程专业本科教育项目▲

内蒙古工业大学与英国斯旺西城市大学合作举办工业设计专业本科教育项目▲

内蒙古民族大学与美国托马斯大学合作举办护理学专业本科教育项目▲

呼伦贝尔学院与俄罗斯别尔哥罗德国立工艺大学合作举办土木工程专业本科教育项目▲

内蒙古师范大学与澳大利亚迪肯大学合作举办动画专业本科教育项目▲

内蒙古财经大学与澳大利亚斯威本科技大学合作举办会计学专业本科教育项目▲

新疆

新疆农业大学和俄罗斯国立太平洋大学合作举办交通运输专业本科教育项目▲

附录4 教育部审批和复核的硕士及以上中外合作办学机构与项目(含内地与港台地区合作办学机构与项目)名单

（2019 年 4 月 29 日更新）

"▲"为依据《中外合作办学条例》和《中外合作办学条例实施办法》批准设立和举办的中外合作办学机构和项目

"●"为根据原《中外合作办学暂行规定》依法批准设立和举办,现经复核通过的中外合作办学机构和项目

北京

北京理工大学与英国瑞丁大学合作举办信息科学硕士学位教育项目▲

中央财经大学与美国史蒂文斯理工学院合作举办企业项目管理理学硕士学位教育项目▲

对外经济贸易大学与法国诺欧商学院合作举办零售管理硕士学位教育项目▲

北京大学与比利时弗拉瑞克商学院、英国伦敦大学学院合作举办工商管理硕士学位教育项目●

清华大学与澳大利亚麦考瑞大学合作举办应用金融硕士学位教育项目▲

清华大学与澳大利亚国立大学合作举办管理硕士学位教育项目●

清华大学与美国天普大学合作举办法学硕士学位教育项目●

北京科技大学与美国德克萨斯大学阿灵顿分校合作举办工商管理硕士学位教育项目●

对外经济贸易大学与美国马里兰大学合作举办工商管理硕士学位教育项目●

对外经济贸易大学与法国巴黎第一大学合作举办企业管理硕士学位教育项目●

北京理工大学与德国德累斯顿工业大学合作举办职业教育与人力资源开发硕士学位教育项目●

首都师范大学与澳大利亚弗林德斯大学合作举办教育硕士学位教育项目●

清华大学与香港中文大学合作举办工商管理硕士学位教育项目●

清华大学与法国英士国际商学院（INSEAD）合作举办高级管理人员工商管理硕士学位教育项目▲

对外经济贸易大学与美国西雅图城市大学合作举办工商管理硕士学位教育项目▲

清华大学与美国北卡罗莱纳大学（教堂山分校）合作举办工程管理（全球供应链领袖）专业硕士研究生教育项目▲

北京邮电大学与法国里昂商学院合作举办高级管理人员工商管理（物联网管理）硕士学位教育项目▲

中国社会科学院研究生院与美国杜兰大学合作举办金融管理硕士学位教育项目▲

北京外国语大学与英国博尔顿大学合作举办全媒体国际新闻专业硕士学位教育项目▲

北京科技大学与瑞典布莱京理工学院合作举办软件工程与交互设计专业理学硕士学位教育项目▲

清华大学与法国国立民航大学合作举办航空管理（机场管理）硕士学位教育项目▲

清华大学与法国国立路桥大学、法国国立民航大学合作举办高级管理人员工商管理（航空管理）硕士学位教育项目▲

中国传媒大学与英国威斯敏斯特大学合作举办国际媒体商务硕士学位教育项目▲

中国人民大学与加拿大女王大学合作举办金融学硕士学位教育项目▲

中国传媒大学与美国纽约理工学院合作举办艺术（动画与影视特效）硕士学位教育项目▲

北京城市学院与英国华威大学合作举办项目管理硕士学位教育项目▲

北京交通大学与美国罗彻斯特理工学院合作举办企业管理（创业与创新）硕士学位教育项目▲

北京化工大学与美国石溪大学合作举办管理科学与工程硕士研究生教育项目▲

清华大学与美国苏富比艺术学院合作举办艺术管理硕士研究生教育项目▲

北京国家会计学院与美国天普大学合作举办审计（IT审计）硕士学位教育项目▲

北京语言大学与英国诺丁汉特伦特大学合作举办外国语言学及应用语言学硕士研究生教育项目▲

清华大学与新加坡管理大学合作举办会计专业硕士研究生教育项目▲

北京理工大学与德国英戈尔施塔特应用技术大学合作举办电动汽车与车辆电气化硕士学位教育项目▲

北京师范大学与加拿大萨斯喀彻温大学合作举办水安全专业硕士学位教育项目▲

中国社会科学院研究生院与美国杜兰大学合作举办能源管理专业硕士学位教

育项目▲

中国政法大学与美国圣路易斯华盛顿大学合作举办国际法专业硕士研究生教育项目▲

上海

复旦大学与美国圣路易斯华盛顿大学合作举办高级管理人员工商管理硕士学位教育项目●

复旦大学与挪威商学院合作举办工商管理硕士学位教育项目●

上海交通大学与加拿大不列颠哥伦比亚大学合作举办国际工商管理硕士学位教育项目●

上海交通大学与新加坡南洋理工大学合作举办高级管理人员工商管理硕士学位教育项目●

东华大学与加拿大卡尔顿大学合作举办工商管理硕士学位教育项目●

上海财经大学与美国韦伯斯特大学合作举办工商管理硕士学位教育项目●

华东政法大学与新加坡国立大学合作举办法学硕士学位教育项目●

复旦大学与香港大学合作举办工商管理硕士学位教育项目●

上海海事大学与瑞典世界海事大学合作举办国际运输与物流硕士学位教育项目●

同济大学与美国德克萨斯大学阿灵顿分校合作举办高级管理人员工商管理硕士学位教育项目●

同济大学与法国国立桥路大学合作举办国际工商管理硕士学位教育项目●

上海交通大学与美国南加利福尼亚大学合作举办高级管理人员工商管理硕士学位教育项目●

华东理工大学与澳大利亚堪培拉大学合作举办工商管理硕士学位教育项目●

华东政法大学与美国威斯康星大学麦迪逊分校合作举办高级法律硕士学位教育项目▲

上海交通大学与法国 KEDGE 商学院(原马赛商学院)合作举办工商管理硕士学位教育项目●

上海外国语大学与韩国梨花女子大学合作举办韩国社会与文化专业硕士研究生教育项目▲

上海国家会计学院与美国亚利桑那州立大学合作举办金融财务方向高级管理人员工商管理硕士教育项目●

上海国家会计学院与香港中文大学合作举办高级财会人员专业会计学硕士学位教育项目▲

上海国家会计学院与美国亚利桑那州立大学合作举办会计(管理会计)硕士学

位教育项目▲

上海大学与法国让穆兰里昂第三大学合作举办社会学专业硕士研究生教育项目▲

华东师范大学与法国里昂商学院合作举办市场营销专业（精品品牌管理方向）硕士研究生教育项目▲

上海交通大学与新加坡国立大学合作举办数量金融硕士学位教育项目▲

天津

天津商业大学与美国东密西根大学合作举办人力资源管理硕士学位教育项目●

天津师范大学与韩国世翰大学合作举办教育行政学硕士学位教育项目●

天津师范大学与韩国世翰大学合作举办情报学硕士学位教育项目●

天津财经大学与加拿大西三一大学合作举办工商管理硕士学位教育项目●

天津理工大学与加拿大魁北克大学席库提米分校合作举办项目管理硕士学位教育项目●

中国民航大学与法国国立民航大学、法国航空航天大学合作举办航空安全管理硕士学位教育项目●

南开大学与澳大利亚弗林德斯大学合作举办医院管理硕士学位教育项目●

南开大学与澳大利亚弗林德斯大学合作举办国际经贸关系硕士学位教育项目●

南开大学与澳大利亚弗林德斯大学合作举办教育领导与管理硕士学位教育项目▲

天津理工大学与加拿大皇家路大学合作举办环境与管理硕士学位教育项目▲

天津工业大学与意大利卡罗·卡塔内奥自由大学合作举办纺织工程专业硕士研究生教育项目▲

重庆

重庆大学与香港大学合作举办可持续城市发展硕士学位教育项目●

重庆理工大学与韩国科学技术院合作举办信息与通信工程专业硕士研究生教育项目▲

西南政法大学与美国凯斯西储大学合作举办法律硕士研究生教育项目▲

江苏

南京大学与荷兰马斯特里赫特管理学院合作举办工商管理硕士学位教育项目●

中国矿业大学与加拿大魁北克大学合作举办工商管理硕士学位教育项目●

南京师范大学与美国马里兰大学合作举办刑事司法学硕士学位教育项目●

南京理工大学与美国卡耐基梅隆大学合作举办模式识别与智能系统专业硕士

研究生教育项目▲

江苏大学与德国奥托·冯·格里克-马格德堡大学合作举办工程热物理（化学和能源工程）专业硕士研究生教育项目▲

南京艺术学院与意大利博罗尼亚大学合作举办文化遗产保护与修复专业硕士研究生教育项目▲

南京航空航天大学与德国汉堡工业大学合作举办技术管理专业硕士研究生教育项目▲

江苏师范大学与俄罗斯莫斯科国立经济统计信息大学合作举办国际贸易学硕士学位教育项目▲

南京工业大学与法国勃艮第大学关于合作举办控制科学与工程（机器视觉）专业硕士研究生教育项目▲

南京师范大学与美国马里兰大学合作举办地理信息科学硕士学位教育项目▲

江苏师范大学与俄罗斯普列汉诺夫经济大学合作举办国际贸易学硕士教育项目▲

南京航空航天大学与英国克兰菲尔德大学合作举办航空工程（航空制造）专业硕士研究生教育项目▲

江苏科技大学与俄罗斯奥加辽夫莫尔多瓦国立大学合作举办能源动力专业硕士学位教育项目▲

浙江

浙江大学与香港理工大学合作举办品质管理硕士学位教育项目●

浙江大学与香港理工大学合作举办酒店及旅游业管理硕士学位教育项目●

浙江大学与香港理工大学合作举办国际房地产硕士学位教育项目●

浙江工业大学与英国利兹贝克特大学合作举办国际贸易与金融硕士学位教学项目●

浙江师范大学与澳大利亚伊迪斯·科文大学合作举办教育管理硕士学位教育项目●

浙江工商大学与加拿大魁北克大学席库提米分校合作举办项目管理硕士学位教育项目●

中国美术学院与德国柏林艺术大学合作举办美术学硕士学位教育项目▲

宁波大学与澳大利亚堪培拉大学合作举办工商管理硕士学位教育项目▲

浙江大学与法国巴黎高商合作举办高级管理人员工商管理硕士学位教育项目▲

宁波大学与法国昂热大学合作举办旅游管理专业硕士研究生教育项目▲

中国美术学院与德国品牌学院设计与传播应用科学大学合作举办艺术学（国际品牌传播）硕士学位教育项目▲

浙江传媒学院与英国博尔顿大学合作举办视觉传媒硕士学位教育项目▲

杭州师范大学与澳大利亚堪培拉大学合作举办教育领导与管理硕士学位教育项目▲

中国美术学院与德国安哈尔特应用技术大学合作举办艺术学（建筑遗产保护）硕士研究生教育项目▲

浙江海洋大学与意大利比萨大学合作举办海洋生物学专业硕士研究生教育项目▲

杭州电子科技大学与法国巴黎第五大学合作举办生物医学工程专业硕士研究生教育项目▲

杭州电子科技大学与日本山梨大学合作举办计算机科学与技术专业硕士研究生教育项目▲

中国美术学院与法国南特大西洋设计学校合作举办艺术硕士专业学位教育项目▲

浙江财经大学与新西兰奥克兰理工大学合作举办应用金融学专业硕士学位教育项目▲

浙江理工大学与美国北卡罗莱纳州立大学合作举办服装设计与工程专业硕士研究生教育项目▲

广东

中山大学与美国明尼苏达大学合作举办高级管理人员工商管理硕士学位教育项目●

广东外语外贸大学与英国利兹大学合作举办英语教学硕士学位教育项目●

清华大学与香港中文大学合作举办工商管理（金融与财务方向）硕士学位教育项目●

北京大学与香港中文大学合作举办金融学专业硕士研究生教育项目▲

广东外语外贸大学与英国雷丁大学合作举办英语教育硕士学位教育项目▲

北京大学（汇丰商学院）与香港科技大学合作举办工商管理硕士学位教育项目▲

天津大学与美国佐治亚理工学院合作举办电子与计算机工程硕士学位教育项目▲

北京大学与新加坡国立大学合作举办西方经济学专业硕士研究生教育项目▲

北京大学与新加坡国立大学合作举办企业管理专业（金融工程）硕士研究生教育项目▲

广东外语外贸大学与葡萄牙科英布拉大学合作举办葡萄牙语语言文学硕士学位教育项目▲

华南理工大学与意大利都灵理工大学合作举办建筑学专业（城市设计方向）硕士学位教育项目▲

山东

山东建筑大学与澳大利亚维多利亚大学合作举办企业管理（创业与中小企业管理）硕士学位教育项目▲

北京交通大学与法国计算机及新技术学院合作举办软件工程硕士学位教育项目▲

青岛科技大学与韩国中央大学合作举办影视与动画专业艺术硕士研究生教育项目▲

山东农业大学与英国切斯特大学合作举办食品加工与安全专业硕士研究生教育项目▲

江西

江西财经大学与美国纽约理工学院合作举办工商管理硕士学位教育项目●

南昌大学与法国普瓦提埃大学合作举办国际企业管理硕士学位教育项目●

江西师范大学与英国莱斯特大学合作举办计算机科学硕士学位教育项目▲

四川

电子科技大学与美国韦伯斯特大学合作举办工商管理硕士学位教育项目●

四川大学与香港理工大学合作举办灾害护理学专业硕士学位教育项目▲

西南交通大学与德国德累斯顿国际大学合作举办无损检测专业硕士研究生教育项目▲

电子科技大学与瑞典皇家理工学院合作举办集成电路工程硕士研究生教育项目▲

电子科技大学与加拿大麦吉尔大学合作举办生物医学工程-神经科学硕士学位教育项目▲

安徽

安徽师范大学与美国约翰逊大学合作举办现代教育技术专业硕士研究生教育项目▲

安徽工业大学与美国普渡大学盖莱默分校合作举办动力工程及工程热物理专业硕士研究生教育项目▲

河北

河北科技大学与韩国祥明大学合作举办工业设计工程专业硕士研究生教育项目▲

燕山大学与澳大利亚科廷科技大学合作举办电气工程专业硕士研究生教育项目▲

湖北

中南民族大学与美国威斯康星大学普拉特维尔分校合作举办英语教学硕士学位教育项目●

华中师范大学与美国科罗拉多州立大学合作举办区域旅游与环境硕士学位教育项目▲

武汉大学与爱尔兰都柏林城市大学合作举办软件工程专业工程硕士项目▲

中南财经政法大学与意大利罗马第一大学合作举办欧洲学:比较法与欧洲法硕士学位教育项目▲

陕西

西安交通大学与美国德克萨斯大学阿灵顿分校合作举办高级管理人员工商管理硕士学位教育项目●

西安交通大学与香港理工大学合作举办工商管理硕士学位教育项目●

西安交通大学与香港理工大学合作举办信息管理硕士学位教育项目●

西安工程大学与香港理工大学合作举办服装及纺织品硕士学位教育项目●

西安交通大学与加拿大阿尔伯塔大学合作举办财务管理硕士学位教育项目▲

西安交通大学与意大利米兰理工大学合作举办建筑学专业(古迹与遗址保护方向)硕士学位教育项目▲

黑龙江

哈尔滨医科大学与澳大利亚拉筹伯大学合作举办社会医学与卫生事业管理硕士学位教育项目●▲

哈尔滨工程大学与英国朴茨茅斯大学合作举办教育管理学(教育领导与管理)硕士学位教育项目▲

辽宁

大连海事大学与瑞典世界海事大学合作举办海上安全与环境管理硕士学位教育项目●

沈阳工业大学与美国班尼迪克大学合作举办企业管理硕士学位教育项目●

沈阳建筑大学与美国班尼迪克大学合作举办信息管理硕士学位教育项目●

大连医科大学与美国班尼迪克大学合作举办公共卫生硕士学位教育项目▲

东北大学与美国德克萨斯大学阿灵顿分校合作举办软件工程专业硕士研究生教育项目▲

吉林

长春理工大学与俄罗斯圣彼得堡国立研究型信息技术机械与光学大学合作举办光学工程硕士研究生教育项目▲

云南

云南财经大学与英国格林威治大学合作房地产硕士学位教育项目●
云南财经大学与英国格林威治大学合作项目管理硕士学位教育项目●
云南民族大学与印度辨喜瑜伽大学合作举办体育硕士（瑜伽）教育项目▲

贵州

贵州大学与加拿大魁北克大学席库提米分校合作举办项目管理硕士学位教育项目●

后　记

　　现在出国留学日趋低龄化，我当年却属高龄留学。2001—2007 年，三口之家一起在日本度过了难忘的留学生涯。本书就是在当年的博士论文基础上完成的。感谢为本书出版提供资助的杭州师范大学，让我下决心开始了日译中工作，在此基础上再进行修改和充实。有机会理性地反省与审视五年前的作品，在这过程中，收获大于艰辛。

　　2002 年，我进入了向往已久的日本广岛大学高等教育研究开发中心，开始认真考虑今后的研究方向。偶然看到"跨国教育全球联盟"（Global Alliance for Transnational Education，GATE）的网站，抱着好奇的心态给对方发去邮件，没想到之后收到 GATE 从美国寄来的一堆资料，信封内中还附着一支精美的签字笔。这一"事件"促成了我选做这个课题。

　　当时，跨境教育还是一个全新的研究领域，缺乏相关文献，了解跨境教育的学者也寥寥无几，很幸运，我的导师是黄福涛教授。导师精通四国语言，在高等教育国际化研究方面造诣颇深，导师对我的硕士论文和博士论文给予了最实质性的帮助。导师渊博的学识、广阔的视野、严谨的治学作风和平易近人的态度，也永远值得我学习和效仿。

　　广岛大学高等教育开发中心的每位老师都不同程度地对我进行过指导，限于篇幅，仅列举其中三位：北垣郁雄教授是工学博士，他独特的思维方式使我看到了自己的不足之处；有本章教授是国际知名学者，他总是能用儒雅的语调指出我的问题所在；羽田贵史教授是学历史的，博览群书，似乎没有什么问题能难倒他，他的质量保障观点对我影响很大……

　　在充满荆棘的学术之路，我结识了很多朋友，他们让我明白一个貌似肤浅的道理：学问和为人应兼而有之：难忘在德国泰希勒（Ulrich Teichler）教授家中品尝其夫人曜子自制的蛋糕和美酒；难忘在韩国听来自加拿大的简·奈特（Jane Knight）教授讲述自己踏遍世界各国的研究经历；难忘在某次访谈后，熊庆年教授骑着自行车载我回复旦招待所；难忘日本同学们的热情相助，福留、小贯、串本……已经记不得这些同学们给我提过多少次建议，改过多少次日语了，还有资料室的关内和胜本，这种跨越国境的友谊永生难忘。

　　要感谢的人太多了！感谢引我进入高教研究领域的林正范教授；感谢给我指明新方向的陈昌贵教授；感谢在我留学期间多次来信并一直给予支持的徐小洲教授和顾建民教授；感谢浙江大学出版社李玲如老师、石国华老师为书稿的出版付出的辛劳；感谢日本东北大学"亚洲联合学位项目"的本乡一夫教授和清水祯文教授邀请我赴日，让我有充足的时间对书稿进行最后的润色……

　　感谢家人长期以来对我的关爱、支持和帮助。难忘我的舅舅多次打越洋电话激励我，并资助我留学，难忘我的岳父岳母专程赴日承担家务，使我得以集中精力完成博士论文的写作。最想感谢的是我的妻子和女儿，风雨同路，甘苦与共，是我们三口之家最真实的写照。2012 年该书初版正好是我们的水晶婚纪念年，此书也是我献上的礼物之一。本次再版，主要是对原书中的一些数据进行了更新。

　　一位跨境学位项目的学生在递交问卷时曾写下这么一段话："希望你的论文不仅成为你获得博士论文的工具，而且能让它产生影响，为我们带来帮助。"多年来，这位同学说的话一直留在我的脑海中。也许，我没能帮上这位同学，但希望本书的出版多少能为今后跨境学位项目的质量保障做出一点贡献。

　　跨境学位项目的质量保障依然任重道远。举一例说明，在这个高度信息化的时代，我们可以从网络上轻而易举地获取大量有关跨境高等教育的研究文献，但是，当你想要去了解某个具体的跨境学位项目时，你会发现很困难，有时甚至是不可完成的任务。希望有一天，我们可以随时随地在每所大学的网站上查阅到每一个跨境学位项目的详细信息，希望有一天，我们可以使用某个软件，根据自身要求来对每个跨境学位项目提供的信息进行比较，当这一天到来的时候，才意味着跨境学位项目的质量保障有了突破。

　　跨境高等教育的发展日新月异，还有很多和质量保障有关的问题，本书中没有提及或没能深入研究，加上本人水平有限，书中不妥之处在所难免，敬请读者多加指正。欧洲大学协会的高级顾问安德烈·瑟索克（Sursock A.）说过："质量保障就像打扫家庭卫生，是永远没有止境的。"（Paul，2010）我也将以本书为新起点，继续为跨境学位项目的质量问题贡献绵薄之力。

叶林

2019 年 10 月 1 日于中国杭州